චතුරාර්ය සත්‍යාවබෝධයට ධර්ම දේශනා....

බුදු නෙතින් දුටු
හෙට දවසේ ලෝකය

පූජ්‍ය කිරිබත්ගොඩ ඤාණානන්ද ස්වාමීන් වහන්සේ

චතුරාර්ය සත්‍යාවබෝධයට ධර්ම දේශනා....

බුදු නෙතින් දුටු හෙට දවසේ ලෝකය...

පූජ්‍ය කිරිබත්ගොඩ ඤාණානන්ද ස්වාමීන් වහන්සේ

ප්‍රථම මුද්‍රණය : ශ්‍රී බු.ව. 2555 ක් වූ වප් මස පුන් පොහෝ දින

© සියලුම හිමිකම් ඇවිරිණි.

ISBN 978-955-0614-56-1

- පරිගණක අකුරු සැකසුම, පිටකවර නිර්මාණය සහ ප්‍රකාශනය -

මහාමේඝ ප්‍රකාශකයෝ
වඩුවාව, යටිගල්ඔළුව, පොල්ගහවෙල.

- මුද්‍රණය -

ලීඩ්ස් ග්‍රැෆික්ස් (පුද්.) සමාගම,
අංක 35ϐ E, පන්නිපිටිය පාර, තලවතුගොඩ.
ටෙලි: 011-4301616 / 0112-796151

චතුරාර්ය සත්‍යාවබෝධයට ධර්ම දේශනා....

බුදු නෙතින් දුටු හෙට දවසේ ලෝකය

පූජ්‍ය කිරිබත්ගොඩ ඥාණානන්ද ස්වාමීන් වහන්සේ

විසින් පවත්වන ලද සදහම් වැඩසටහන් වලදී දේශනා කරන ලද සූත්‍ර දේශනා ඇසුරෙනි.

මහාමේඝ ප්‍රකාශනයකි

පෙළගැස්ම....

01. චක්කවත්ති සීහනාද සූත්‍රය 07

(දීඝ නිකාය 3 - පාථික වර්ගය)

02. ආටානාටිය සූත්‍රය 48

(දීඝ නිකාය 3 - පාථික වර්ගය)

03. සම්පසාදනීය සූත්‍රය 92

(දීඝ නිකාය 3 - පාථික වර්ගය)

04. දුතිය සම්පදා සූත්‍රය 139

(අංගුත්තර නිකාය 5 - යමක වර්ගය)

"දසබලසේලප්පභවා නිබ්බානමහාසමුද්දපරියන්තා
අට්ඨංග මග්ගසලිලා ජිනවචනනදී චිරං වහතූති"

දසබලයන් වහන්සේ නමැති ශෛලමය පර්වතයෙන් පැන නැගී
අමා මහා නිවන නම් වූ මහා සාගරය අවසන් කොට ඇති
ආර්ය අෂ්ටාංගික මාර්ගය නම් වූ සිහිල් දිය දහරින් හෙබි
උතුම් ශ්‍රී මුඛ බුද්ධ වචන ගංගාව
(ලෝ සතුන්ගේ සසර දුක නිවාලමින්)
බොහෝ කල් ගලාබස්නා සේක්වා!

(සළායතන සංයුත්තය - උද්දාන ගාථා)

නමෝ තස්ස භගවතෝ අරහතෝ සම්මාසම්බුද්ධස්ස
ඒ භාග්‍යවත් අරහත් සම්මා සම්බුදුරජාණන් වහන්සේට නමස්කාර වේවා!

01. චක්කවත්ති සීහනාද සූත්‍රය

(දීඝ නිකාය 3 - පාථික වර්ගය)

ශ්‍රද්ධාවන්ත පින්වත්නි,

අද අපි ඉගෙන ගන්නේ දීඝනිකායට අයිති දේශනයක්. පින්වතුනි, ගෞතම බුදුරජාණන් වහන්සේ තරම් මේ ලෝකය ගැන, අපේ ජීවිත ගැන, ඒ වගේම අතීතය, අනාගතය ගැන දන්නා කෙනෙක් වෙන කොහේවත් නෑ. ගෞතම බුදුරජාණන් වහන්සේගේ අවබෝධය හරිම පුදුමයි. 'ඒ අවබෝධය මෙච්චරයි' කියලා සීමාවක් පණවන්න බෑ. පින්වත්නි, බුදුරජාණන් වහන්සේ තමයි ජීවිතාවබෝධය කරා යන ආකාරය පෙන්වා දුන්නේ. ඒ වගේම සතර අපායේ ස්වභාවයන් පිළිබඳව උන්වහන්සේ පුදුම විදිහට කියලා දීලා තියෙනවා.

සක්විති රජතුමා ගැන පරිපූර්ණ විස්තරයක්...

බුදුරජාණන් වහන්සේ ජීවමාන කාලයේ සක්විති රජ කෙනෙක් සිටියේ නෑ. නමුත් උන්වහන්සේ පෙන්වා

දුන්නා, යම් කෙනෙකුට 'මහාපුරුෂ ලක්ෂණ 32ක් තියෙනවා නම් ඒ කෙනා ගිහි ගෙදර රැඳී සිටියොත් සක්විති රජ වෙනවා. පැවිදි වුණොත් සම්මා සම්බුදු බවට පත්වෙනවා කියලා. ඉතින් බුදුරජාණන් වහන්සේ විසින් 'සක්විති රජතුමා ගැන, සක්විති රජතුමා කියන්නේ කවුද, සක්විති රජතුමාගේ කාර්යභාර්ය කුමක්ද' යන වග පැහැදිලි කරදෙන දේශනාවක් තමයි අද ඔබ ඉගෙන ගන්නේ. මේ දේශනාවේ නම "**චක්කවත්ති සීහනාද සූත්‍රය.**"

තමාව දූපතක් කරගන්න...

ඒ දවස්වල බුදුරජාණන් වහන්සේ වැඩසිටියේ මගධ රට 'මාතුල' කියන නගරයේ. එදා බුදුරජාණන් වහන්සේ භික්ෂූන් වහන්සේලා රැස්කරලා මෙන්න මෙහෙම අවවාදයක් කළා, "(අත්තදීපා භික්ඛවේ විහරථ අත්ත සරණා අනඤ්ඤ සරණා) මහණෙනි, වාසය කළ යුත්තේ තමාව ද්වීපය කරගෙනයි. තමාව පිහිට කරගෙනයි. ඒ වගේම තමාව සරණ කරගෙනයි වාසය කළ යුත්තේ. වෙන බාහිර පුද්ගලයෙක් පිහිට කරගෙන නෙවෙයි. මේකෙන් අදහස් කරන්නේ සතර අපායෙන් මිදීම පිණිස බුදුරජාණන් වහන්සේ දේශනා කළ වැඩපිළිවෙල තමන්ම වීරියෙන් අනුගමනය කරන්න කියන එක. තමන් සීලය තුළ පිහිටලා ඉන්නවා නම්, අන්න තමා තමාට පිළිසරණ කරගත්තා. තමන්ගේ සිතේ ඇතිවෙන අකුසල් දුරුකරන්න තමන් මහන්සි ගන්නවා නම්, අන්න තමන් තමාව පිළිසරණ කරගත්තා. ඒකට තමයි තමන්ට තමන් පිහිට කරගන්නවා කියන්නේ.

ධර්මය හැර වෙන සරණක් නෑ...

(ධම්මදීපා ධම්ම සරණා අනඤ්ඤ සරණා) මෙතැනදී

'දීප' කියන්නේ පහන නෙවෙයි. පහනට කියන්නේ 'පදීප'. දීප කියන්නේ දිවයිනට. වතුරට යට වෙන්නේ නැති දූපත. ධර්මය තුළින් මේ දූපත ගොඩනගා ගන්න. (ධම්ම සරණා) ධර්මය පිහිට කරගන්න. (අනඤ්ඤ සරණා) වෙන දෙයක් පිහිට කරගන්න එපා. ධර්මය පිහිට කරගන්න කෙනා ධර්මය හැටියට පිහිට කරගන්නේ මොකක්ද කියන එක මෙන්න විස්තර කරනවා. තමාව දූපතක් කරගන්නේ කොහොමද? තමාව පිළිසරණ කරගන්නේ කොහොමද? ධර්මය දූපතක් කරගන්නේ කොහොමද? ධර්මය පිළිසරණ කරගන්නේ කොහොමද?' කියලා බුදුරජාණන් වහන්සේ විස්තර කරනවා මෙහෙම.

පිළිසරණ සතිපට්ඨානය තුළයි...

"මහණෙනි, යමෙක් තමාව පිළිසරණ කරගන්නවා නම්, ධර්මය පිළිසරණ කරගන්නවා නම් එයා කරන්නේ කය පිළිබඳව කායානුපස්සනාවෙන් වාසය කිරීමයි." මේකයි තමාව පිළිසරණ කරගැනීම, ධර්මය පිළිසරණ කරගැනීම. ඒ වගේම තමාට ඇතිවෙන සැප-දුක් විඳීම් ගැන වේදනානුපස්සනාවෙන් වාසය කිරීමයි. සිත ගැන චිත්තානුපස්සනාවෙන් වාසය කිරීමයි. පංච උපාදාන ස්කන්ධ, ආයතන, ධාතු, ආර්ය සත්‍ය ආදී ධර්මයන් ගැන නුවණින් විමසමින් ධම්මානුපස්සනාවෙන් වාසය කිරීමයි. එහෙනම් තමාව පිළිසරණ කරගන්නවා, ධර්මය පිළිසරණ කරගන්නවා' කියලා කියන්නේ මොකක්ද? සතර සතිපට්ඨානය තුළ වාසය කිරීමට කියන නමක්. හරිම පැහැදිලියි.

එතකොට කෙනෙක් කායානුපස්සනාවේ, වේදනානුපස්සනාවේ, චිත්තානුපස්සනාවේ,

ධම්මානුපස්සනාවේ යෙදෙන්නට මහන්සියක් ගන්නේ නැත්නම් එයා තමාව පිළිසරණ කරගෙන නෑ. එයා ධර්මය පිළිසරණ කරගෙනත් නෑ. කොහොමද එයා මේ සතර සතිපට්ඨානය තුළ වාසය කරන්නේ? (ආතාපී) ආසාවන් මැඬලන වීරියෙන් යුක්තව. (කෙලෙස් තවන වීර්යයෙන් යුක්තව)

අපේ හිතේ හටගන්නා වූ හැඟීම් හඳුනාගන්නේ නැතුව, පාලනයක් නැතුව ඒවාට ඉඩදෙන්න ගියොත්, බොහෝවිට නවතින්න වෙන්නේ නිරයේ. නමුත් බුද්ධ දේශනාවේ තියෙන්නේ එහෙම නොවෙයි. කෙලෙස් තවන වීර්යය. කෙලෙස් තවන වීර්යය කියලා කියන්නේ මේකයි. ඔන්න එකපාරට අපේ හිතේ යම්කිසි ආශාවක් හටගන්නවා කියමු. එතකොට ඒ ආශාව කැමැත්තත් එක්කනේ තියෙන්නේ. ඒ කැමැත්ත මැඬලන්න වීර්යයක් ඕන. ඒකයි කෙලෙස් තවන වීරිය කියලා කියන්නේ. වීර්යයෙන් හා නුවණින් ඇලීම් ගැටීම් දෙක දුරුකොට තමයි මේ සතර සතිපට්ඨානය පුරුදු කරන්නට තියෙන්නේ.

පිය උරුමයේම සැරිසරන්න...

ඊළඟට බුදුරජාණන් වහන්සේ දේශනා කරනවා, "ඒ නිසා මහණෙනි, (ගෝචරේ භික්ඛවේ චරථ සකේ පෙත්තිකේ විසයේ) පියාගේ උරුමයෙන් ලැබිච්ච භූමියේ හැසිරෙන්න" කියලා. පියාගේ උරුමයෙන් ලැබිච්ච භූමිය මොකක්ද? සතර සතිපට්ඨානය. අපි සියලු දෙනාම ගෞතම බුදුරජාණන් වහන්සේගේ ශ්‍රාවක දරුවන්. අපි ඔක්කොම එකතු වෙලා තියෙන්නේ ගෞතම බුදුරජාණන් වහන්සේ වටා. අපගේ ශාස්තෘ වූ ඒ උතුම් පියාණන් කවුද? ගෞතම බුදුරජාණන් වහන්සේ. ගෞතම බුදුරජාණන් වහන්සේගෙ

න් උරුම වූ භූමිය මොකක්ද? සතර සතිපට්ඨානය. බලන්න කොච්චර ලස්සනට විස්තර කරනවාද?

මාරයාට හසුනොවන ක්ෂේමභූමිය...

ඊළඟට බුදුරජාණන් වහන්සේ වදාළා, "මහණෙනි, තමන්ගේ පිය පරපුරෙන් උරුමවෙච්ච භූමිය තුළ ඔබ ඉන්නවා නම්, **(න ලච්ඡති මාරෝ ඕතාරං, න ලච්ඡති මාරෝ ආරම්මණං)** මාරයාට නුඹව අරමුණු වෙන්නේ නෑ. 'ආ... මෙන්න ගොදුරක්' කියලා මාරයාට අරමුණු වෙන්නේ නෑ. මාරයාට හොයාගන්න බෑ. පිය පරපුරෙන් ලැබිච්ච භූමිය තුළ වාසය කරනවා නම් මාරයාට සිදුරක්වත් ලැබෙන්නේ නෑ. **(කුසලානං භික්ඛවේ ධම්මානං සමාදානහේතු ඒවමිදං පුඤ්ඤං පවඩ්ඪති)** මහණෙනි, ඔය විදිහට කුසල ධර්මයන් සමාදන් වෙනකොට පින් වැඩෙනවා." අපට ලැබිච්ච මේ මනුස්ස ජීවිතයේදී පින් එකතු කරගැනීම වැදගත් නැද්ද? ඉතාමත්ම වැදගත් දෙයක්. මොකද හේතුව? මනුෂ්‍ය ජීවිතය අපට ලැබිලා තියෙන්නේ බොහෝම සුළු කාලයකට.

පෙරදිග ධාන්‍යාගාරයට වෙච්ච විපත...

බුදුරජාණන් වහන්සේ මේ විදිහට සතර සතිපට්ඨානය ගැන දේශනා කරලා, ඊළඟට දේශනා කරනවා අතීත සිද්ධියක් ගැන. බුදුවරු තමයි අතීතය ගැන විස්තරය හෙළිදක්වන්නේ. මොකද අතීතය කියන එක කාලයක් යනකොට අනිත්‍ය වෙලා යනවා. අපි ගනිමු අනුරාධපුර රාජධානිය ගැන. ඒ තිබුණු සෑම දෙයක්ම අනිත්‍ය වෙලා ගියේ නැද්ද? අනුරාධපුරය කියන්නේ ඉස්සර බොහොම සශ්‍රීක, විශාල ගොඩනැගිලි තිබුණු, කෝටි සංඛ්‍යාත ජනකායක් හිටපු පෙරදිග ධාන්‍යාගාරයේ මූලස්ථානය.

පෙරදිග ධාන්‍යාගාරය කියන්නේ ලංකාව ඉස්සර මහ ධනවත්, සැප සම්පත්වලින් පිරී ඉතිරී ගිය රටක්. කාලයාගේ ඇවෑමෙන් නොයෙක් අනතුරුවලට පත්වෙලා, කොහේද කියලා හොයාගන්න බැරිවෙන්නම අනිත්‍ය වුණා. ඒ වගේ අනිත්‍ය වෙච්ච යුගයක් ගැන බුදුරජාණන් වහන්සේ මතු කරලා දෙනවා.

සක්විති රජුට මාණික්‍ය හතක්...

උන්වහන්සේ දේශනා කරනවා, "මහණෙනි, 'දළ්හනේමි' කියලා සක්විති රජ්ජුරු කෙනෙක් හිටියා. ඒ රජ්ජුරුවෝ තමයි සකල ලෝකයම ධර්මයෙන් පාලනය කළේ. මහා පෘථිවියම ධර්මයෙන් පාලනය කළා. මුළු පෘථිවියටම අධිපති වෙලා හිටියා. ඒ රාජ්‍ය තාන්ත්‍රික පරිසරය තුළ බිය සැක නැතුව හිටියා. ධර්මය තුළින් පාලනය කරන නිසා සක්විති රජ්ජුරුවරුන්ට සතුරු උවදුරු හටගන්නේ නෑ, ඒ වගේම ආක්‍රමණ වලින් විනාශ කරන්නත් බෑ. ඒ සක්විති රජ්ජුරුවන්ට තියෙනවා මාණික්‍ය හතක්. ඒ තමයි චක්‍ර රත්නය, හස්ති රත්නය, අශ්ව රත්නය, මාණික්‍ය රත්නය, ස්ත්‍රී රත්නය, ගෘහපති රත්නය සහ පුත්‍ර රත්නය. මේ අතරින් ඉස්සෙල්ලාම පහළ වෙන්නේ චක්‍ර රත්නයයි.

ඉර්ධියෙන් පහළවන දිව්‍ය මාණික්‍යය...

ඉතින් මේ රජ්ජුරුවෝ හිස සෝදා නාලා ඉන්න වෙලාවක, දහසක් අර තිබෙන, නැබ තිබෙන, කරකැවෙන දිව්‍යමය මැණිකක් පහළ වෙනවා. මේක ඉර්ධියෙන් පහළ වෙන දිව්‍ය මැණිකක්. එතකොට රජ්ජුරුවෝ වම් අතින් කෙණ්ඩිය අරගෙන, දකුණු අතින් මේ මැණිකට පැන් වඩනවා. පැන් වඩනකොට ඒ මැණික කරකැවෙන්න

පටන්ගන්නවා. මෙහෙම කරකැවි කරකැවී යනකොට ඇත්, අස්, රිය, පාබල කියන සිව්රඟ සේනාවම ඒ පස්සෙන් යනවා.

ඒ විදිහට මේ සක්විති රජතුමා එනකොට අනිත් රාජධානිවල ඉන්න රජවරු සක්විති රජතුමාව පිළිඅරගෙන කියනවා, "මහ රජතුමනි, මේ දේශයත් ඔබවහන්සේගේ. ඔබවහන්සේ අපට අවවාද කරන්න" කියලා. ඉතින් ඒ ඔක්කෝම මිනිස්සුන්ව පංචසීලයේ පිහිටුවනවා. එහෙම තමයි මේ ලෝකය සශ්‍රීක වුණේ.

ඉතින් මේ "දළ්හනේමි" කියන රජ්ජුරුවෝ අවුරුදු දහස් ගානක් රජකම් කරලා, තමන්ගේ පුරුෂයෙකුට කියනවා, "එම්බා පුරුෂය, මේ චක්‍ර රත්නය මේ තියෙන තැනින් වෙනස් වුණොත් ඉක්මණට මට කියන්න." ඒ චක්‍ර රත්නය තියෙන්නේ නගරයට ඇතුළුවන දොරටුව ළඟ. ඒක තැනක ස්ථිරවම හිටිනවා.

මනුලොව සැප වින්දා ඇති... ඊළඟට දෙව්ලොව...

ඊට පස්සේ අවුරුදු දහස්ගාණක් ගියාට පස්සේ මේ පුරුෂයා දැක්කා 'චක්‍ර රත්නය තිබ්බ්ච තැන නෑ, දැන් තියෙන්නේ වෙන තැනක' කියලා. එතකොට ගිහිල්ලා රජ්ජුරුවන්ට කිව්වා, "දේවයන් වහන්ස, චක්‍ර රත්නය දැන් තියෙන්නේ වෙන තැනක, එතැන නෑ." ඊට පස්සේ රජ්ජුරුවෝ මොකද කළේ? එයාගේ කුමාරයන් සියල්ලන්වම කැඳවලා වැඩිමහල් කුමාරයට කියනවා, "කුමාරය, චක්‍ර රත්නය තිබ්බ්ච තැන දූන් නෑ. වෙන තැනකයි තියෙන්නේ. තව ටික දවසකින් ඕක අතුරුදහන් වෙනවා. ඒ කියන්නේ කුමාරය, දූන් මගේ ආයුෂ ඉවර වේගෙනයි මේ යන්නේ. ඒ නිසා දැන් මට මේ මනුෂ්‍ය

ලෝකේ සැප වින්දා ඇති. ඒ නිසා දැන් මම දෙවියන් අතරට යනවා, දිව්‍ය ලෝකේ සැප විඳින්න. ඒ නිසා මට දැන් මහණ වෙන්නට ඕන."

මෙහෙම කියලා රජතුමා වැඩිමල් කුමාරයාට රජකම භාර දීලා, පැවිදි වුණා. පැවිදි වෙලා දවස් හතයි ගියේ, අර චක්‍රවර්තී මාණික්‍යය නොපෙනී ගියා. අතුරුදහන් වුණා.

පියාගෙන් ලැබෙන දැවැද්දක් නොවෙයි...

ඔටුනු පළඳලා දැන් ඉන්නේ පුතානේ. පුතා ඉක්මණට ගියා ඒ රාජ ඍෂීන් වහන්සේ ළඟට. ගිහින් කිව්වා, "අනේ දේවයන් වහන්ස, නුඹවහන්සේ ඉන්දැද්දී තිබ්බ චක්‍රවර්තී මාණික්‍ය නොපෙනී ගියා. අතුරුදහන් වුණා. ඒ මැණික දැන් නෑ." එතකොට පැවිදි වෙලා ඉන්න මේ රාජ ඍෂීන් වහන්සේ කියනවා, "පුතා, ඔය දිව්‍ය වූ සක්විති මැණික අතුරුදහන් වුණා කියලා අඬන්න එපා. ඕකට හිත නරක් කරගන්න එපා. ශෝක කරන්න එපා. ඕක පියාගෙන් පුතාට ලැබෙන දැවැද්දක් නෙවෙයි. ඕක ලැබෙන්න නම් ආර්ය සක්විති වත් අනුගමනය කරන්න ඕන. චක්‍රවර්ති කෙනෙකුට වුවමනා ගුණධර්ම ටික නුඹ පුරුදු කරන්න ඕන. ආර්ය සක්විති වත් පුරුදු කරලා, පොහොය දවසට හිස සෝදා නාලා, උඩතට්ටුවට ගිහින් සඳඑතලයට වෙලා උපෝසථ සිල් සමාදන් වෙලා ඉන්න. එතකොට දහසක් අර ඇති නැබ සහිත කරකැවෙන චක්‍රවර්තී මාණික්‍යය පහළ වෙයි."

එතකොට මේ කුමාරයා අහනවා, "අනේ එහෙනම් පියාණෙනි, මේ චක්‍රවර්ති මාණික්‍ය ලබාගන්න තියෙන සක්විති වත් මොනවාද?"

ධර්මයටම ගරුසත්කාර කරන්න...

එතකොට කියනවා, "එහෙනම් පුතා, නුඹ ධර්මයටම සලකන්න. ධර්මයටම සත්කාර කරන්න. ධර්මයටම ගෞරව කරන්න. ධර්මයටම පූජා කරන්න. ධර්මයම ධජය කරගන්න. කොඩියක් හැටියට උස්ව තියෙන්න ඕන ධර්මයයි. ධර්මයම අධිපති කරන්න. තමාගේ ජනපදයේ ඉන්න මිනිසුන්ට ධාර්මිකව රැකවරණය සළසන්න. තමන්ගේ සේනාවට, ධාර්මිකව සලකන්න. තමන්ගේ ක්ෂත්‍රිය රාජ පිරිසට ධාර්මිකව සලකන්න. බ්‍රහ්මණ ගෘහපතිවරුන්ට ධාර්මිකව සලකන්න. ඒ වගේම ඈත ජනපදවල ඉන්න අයටත් ධාර්මිකව සලකන්න. ශ්‍රමණ බ්‍රාහ්මණවරුන්ටත් ධාර්මිකව සලකන්න. සතා සිව්පාවන්ටත් ධාර්මිකව සලකන්න. ඒ වගේම තමාගේ විජිතය තුළ කිසිම අධර්ම වැඩක් සිදු නොවීම පිණිස ධාර්මික වැඩපිළිවෙලක් යොදන්න.

ඒ වගේම මේ විජිතයේ ඉන්න පුළුවනි සල්ලි නැති අය, ධනය නැති අය. අන්න ඒ අයට සල්ලි ලැබෙන්න සලස්වන්න.

ඔබේ විජිතයේ ඉන්නවා ධර්මය අවබෝධ කිරීමට වීරිය කරන, ඉවසීම පුරුදු කරන, ගුණධර්ම දියුණු කරන ශ්‍රමණ බ්‍රාහ්මණවරු. ඒ වගේම සිත දමනය කරන, සිත සංසිඳුවන, පිරිනිවීමට මහන්සි වන ශ්‍රමණ බ්‍රාහ්මණවරු ඉන්නවා. උන්වහන්සේලාව සොයාගෙන ගිහිල්ලා අහන්න, **(කිං භන්තේ කුසලං)** "ස්වාමීනි, කුසල් කියන්නේ මොනවාද? **(කිං අකුසලං)** අකුසල් කියන්නේ මොනවද? **(කිං සාවජ්ජං)** වැරදි සහගතයි කියන්නේ මොනවාද? **(කිං අනවජ්ජං)** වැරදි නැත කියන්නේ මොනවාද? මොකක්ද සේවනය කළ යුත්තේ? මොකක්ද සේවනය නොකළ

යුත්තේ? මොකක්ද කළ යුත්තේ? මොකක්ද නොකළ යුත්තේ? කියලා. එහෙම අහලා තමයි හැම එකක්ම කරන්න ඕන" කියලා කිව්වා.

අධර්මයට කිසිම ඉඩක් නෑ...

දැන් මේ අවවාද කළේ චක්‍රවර්තී රජ කෙනෙක් වෙලා හිටපු තාත්තා මහණ වෙලා හිට, තමන්ගේ පුතාට කියනවා සක්විති රජ කෙනෙක් වෙන්න තියෙන සුදුසුකම් ගැන. මොනවද ඒ සුදුසුකම්? ධර්මයට ගරු සම්මාන දැක්වීම, තමන්ගේ රටවැසියන්ට ධාර්මිකව සැලකීම, බලසේනාවට ධාර්මිකව සැලකීම, ක්ෂත්‍රිය වංශිකයන්ට ධාර්මිකව සැලකීම, බ්‍රාහ්මණ ගෘහපතිවරුන්ට ධාර්මිකව සැලකීම, ඈත නියම්ගම් ජනපදවාසීන්ට ධාර්මිකව සැලකීම, ශ්‍රමණ බ්‍රාහ්මණයන් වහන්සේලාට ධාර්මිකව සැලකීම, සතාසිව්පාවන්ට ධාර්මිකව සැලකීම සහ අධර්මයට ඉඩ නොතැබීම.

ඊළඟ එක සල්ලි නැති අයට තම තමන්ගේ ජීවන මාර්ගය දියුණු කරගැනීම පිණිස ධනය ලබාදීම. ඒ වගේම ධර්මයේ හැසිරෙන ශ්‍රමණ බ්‍රහ්මණයන් වහන්සේලා කරා ගිහින් කුසල්-අකුසල්, හොඳ-නරක, හරි-වැරැද්ද, කළ යුතු දේ-නොකළ යුතු දේ අසා දැනගැනීම. ඔන්න ඔය ටිකට තමයි 'ආර්ය සක්විති වත්' කියලා කියන්නේ.

හොඳ දියුණු කළා... නරක අයින් කළා...

ඊට පස්සේ මේ රජතුමා මේක අහගෙන ගිහිල්ලා, මේ ඔක්කොම පුරුදු කරන්න පටන් ගත්තා. ධර්මයට ගරු කළා. ධාර්මිකව සැලකුවා. අධර්මයට ඉඩ දුන්නේ නෑ. සල්ලි නැති අයට සල්ලි දුන්නා. ධනය නැති අයට ධනය

දුන්නා. කුඹුරු නැති අයට කුඹුරු දුන්නා. හරකබාන නැති අයට හරකබාන දුන්නා. එතකොට මිනිස්සු ධනවත් වුණා. මිනිස්සු හොඳ-නරක ගැන කතා කරන්න ගත්තා. හොඳ දියුණු කළා. නරක අයින් කළා.

දැන් මෙයා හිතුවා, "මම දැන් ආර්ය සක්විති වත් පුරුදු කරලා තියෙන්නේ." ඊට පස්සේ මෙයා පෝය දවසක වතුර නාලා, සුදු පිරුවට ඇඳගෙන, උඩ තට්ටුවට නැගලා, සඳළුතලයේ ඉඳගෙන උපෝසථය සමාදන් වෙලා ඉන්නකොට චක්‍රවර්තී මාණික්‍ය පහළ වුණා.

තාත්තටත් ලැබුණා... පුතාටත් ලැබුණා...

එතකොට පුතාටත් අර විදිහටම ඒ සක්විති මාණික්‍යම පහළ වුණා. පුතාත් මොකද කළේ? වම් අතින් රන් කෙණ්ඩිය අරගෙන, දකුණු අතින් පැන් වැඩුවා 'භවත් චක්‍ර රත්නය, කරකැවේවා' කියලා. එහෙම කියනකොට චක්‍ර රත්නය කරකැවී කැවී ගියා. මේක ඉර්ධි බලෙන් සිද්ධ වෙන්නේ පිනකට. ඉතින් ඇත්, අස්, රිය, පාබල කියන චතුරංගනී සේනාව මේ මැණික පිටිපස්සෙන් යනවා. මේ විදිහට ගිහිල්ලා, හැමදෙනාම මෙයාට යටත් වුණා.

මේ සක්විති රජ්ජුරුවෝ හැමෝටම කියන කරුණු ටික තමයි, (**පාණෝ න හන්තබ්බෝ**) මනුෂ්‍ය ඝාතන කරන්න එපා. සත්ව ඝාතන කරන්න එපා. (**අදින්නං නාදාතබ්බං**) තමන්ට දීපු නැති, අනුන් සතු දේවල් කිසිවක් සොර සිතින් ගන්න එපා. (**කාමේසු මිච්ඡා න චරිතබ්බා**) වැරදි කාම සේවනයේ යෙදෙන්න එපා. (**මුසා න භාසිතබ්බා**) බොරු කියන්න එපා. (**මජ්ජං න පාතබ්බං**) මත්පැන් පානය කරන්න එපා. (**යථාභුත්තඤ්ච භුඤ්ජථා'ති**) ඕගොල්ලෝ

කාලා බීලා සතුටින් ජීවත් වෙන්න. මේක තමයි සක්විති රජ්ජුරුවෝ කරන අනුශාසනාව.

සක්විති රජුගේ අනුශාසනාවත් පංචශීල ප්‍රතිපදාවයි...

එතකොට මේ සක්විති රජ්ජුරුවන්ගේ අනුශාසනාව තුළ තියෙන්නේ මොකක්ද? පංචසීල ප්‍රතිපදාව තියෙන්නේ. නමුත් අද අපට තියෙන පරිහානිය මොකක්ද? දූන් කවුරුත් පංචසීලය දන්නවා. ඒ වගේම පංචසීලය ආරක්ෂා කිරීමට කාටත් ආශාව තියෙනවා. නමුත් වීරිය නෑ. ඒ නිසා අකුසල් එනකොට ඒ අකුසල් පස්සේ එයා යනවා. ඒ අකුසල්වලට යටවෙනවා. වීරිය තියෙනවා නම්, සිහිය තියෙනවා නම් අකුසල් ගැන දූනගන්නවා. මේකට තමයි පරිහානිය කියන්නේ.

සක්විති පරපුරවල් හතක් එකදිගට...

අපි ඉන්නේ කොයිතරම් පරිහානි මට්ටමකද කියලා, ඔබට මේ සූත්‍රයෙන් හොඳට තේරුම් ගන්න පුළුවන්. මොකද අපේ අනාගතේ ගැනත් මේ දේශනාවේ තියෙනවා. ඉතින් මේ සක්විති රජ්ජුරුවෝ මේ විදිහට පංචසීල ප්‍රතිපදාව ගැන, අට දිසාවෙම ඉන්න සියලු දෙනාටම කිව්වා. ඉතින් මිනිස්සු සතුන් මැරීමෙන් වැළකිලා, සොරකමින් වැළකිලා, වැරදි කාමසේවනයෙන් වැළකිලා, බොරු කීමෙන් වැළකිලා, මත්පැන් වලින් වැළකිලා ඉන්නවා. එතකොට මිනිස්සු හොඳ ලස්සනට ජීවත් වෙනවා. මේ රජ්ජුරුවෝ අවුරුදු දහස් ගාණක් මේක කරගෙන ගියා. මේ විදිහට සක්විති පරම්පරාවල් හතක් එකදිගට ආවා. තාත්තා ගෙන් පුතා ඉගෙන ගත්තා මේක. ඒ පුතාගෙන් අනික් පුතා ඉගෙන ගත්තා. ඒ පුතාගෙන් අනික් පුතා ඉගෙන ගත්තා.

ඒ විදිහට සක්විති රජ පරම්පරාවල් හතක් ආවා.

සත්වෙනි සක්විති රජ්ජුරුවොත් අවුරුදු දහස් ගාණක් ගියාට පස්සේ සේවකයන්ට කිව්වා, "යම් දවසක මේ චක්‍රවර්ති මාණික්‍යය තිබ්බ්ච තැනින් වෙනස් වුණා නම් කියන්න" කියලා.

අවසන් සක්විති රජු...

අවුරුදු දහස් ගාණක් ගියාට පස්සේ කිව්වා, "දේවයන් වහන්ස, අර චක්‍රවර්ති මාණික්‍ය දැන් එතැන නෑ. අන්න වෙන තැනක තියෙනවා" කියලා. ඊට පස්සේ රජ්ජුරුවෝ දරුවෝ ඔක්කොම කැඳවලා, වැඩිමහල් පුතාට කිව්වා, "පුතා, දැන් ඉතින් මම මේ මනුෂ්‍ය ලෝකෙ හිටියා ඇති. දැන් මගේ ආයුෂ ඉවර වේගෙනයි එන්නේ. මම දැන් ඉතින් දෙවියන් අතරට යනවා" කියලා. එතකොට සක්විති රජ කෙනෙක් අනිවාර්යයෙන්ම මියගිය ගමන් කොහේද ගිහින් උපදින්නේ? දිව්‍ය ලෝකේ.

ඊට පස්සේ මේ රජ්ජුරුවොත් රජකම අත්හැරලා ගිහින් පැවිදි වුණා. මහණවෙලා ඉන්න කොට ඔන්න හරියටම දවස් හතයි ගියේ අර සක්විති මැණික අතුරුදහන් වුණා. මැණික අතුරුදහන් වුණාට පස්සේ, අර පුතාට හරිම දුකයි. අඬන්න ගත්තා.

අවාසනාවේ ඇරඹුම...

මැණික අතුරුදහන් වුණාට පස්සේ කලින් වතාවල දරුවෝ මොකද කළේ? රාජ ඍෂීන් වහන්සේව හම්බවෙලා, "අනේ දේවයන් වහන්ස, චක්‍රවර්තී මාණික්‍ය අතුරුදහන් වුණා. ඉතින් මම මොකද කරන්නේ?" කියලා ඇහුවනේ.

නමුත් මෙයා ඇහුවේ නෑ. මෙයා මෙයාගේ පාඩුවේ හිටියා. මෙයා තමන්ගේ හිතුමනාපෙට, තමන්ට හිතෙන විදිහට පාලනය කරන්න ගියා. නමුත් සක්විති රජ්ජුරුවරු එහෙම නෑනේ. තමන්ට හිතෙන විදිහට පාලනය කරන්න යන්නේ නෑ. කුසල්-අකුසල්, හරි-වැරැද්ද, හොඳ-නරක ඔක්කොම ශ්‍රමණ බ්‍රාහ්මණයන්ගෙන් අහලා තමයි කරන්නේ.

දැන් මෙයා තමන්ට හිතෙන දේ කරන්න පටන් ගත්තා. තමන්ට හිතෙන දේ කරන්න පටන්ගත්තාම, කලින් වගේ සශ්‍රීක වෙන්නේ නෑ. දියුණු වෙන්නේ නෑ. අර්බුද හටගත්තා. කලින් ගරු කළේ ධර්මයටනේ. ප්‍රතිපත්තියකට, වැඩපිළිවෙලකටනේ ගරු කළේ. ඒක නැතිවෙලා පුද්ගලික මතයක් දැන් ආවා. තමන්ට හිතෙන විදිහට තමන් කරගෙන යනවා.

මේ හැමදේටම මුල හිතුමනාපෙට වැඩකිරීම...

ඊට පස්සේ මැති ඇමතිවරු පිරිස, රජ්ජුරුවන්ට උපදෙස් දෙන අය ඔක්කොම රැස්වුණා. රැස්වෙලා කිව්වා, "දේවයන් වහන්ස, දැන් තමුන්වහන්සේ තමන්ගේ හිතුමනාපෙට තමයි පාලනය කරගෙන යන්නේ. තමුන්ගේ හිතුමනාපෙට පාලනය කරගෙන යාමෙන් තමයි, ජනපදවල අවුල් හටගන්න පටන් අරගෙන තියෙන්නේ. ඒ නිසා ඔබවහන්සේ සක්විති වත් ඇති කරගන්න ඕන. දේවයන් වහන්ස, දැන් රාජ ඍෂීන් වහන්සේත් මැරිලා. නමුත් සක්විති වත් අපි දන්නවා. ඒ නිසා අපෙන් අහන්න. අපි කියලා දෙන්නම්" කියලා කිව්වා.

ඊට පස්සේ රජ්ජුරුවෝ කියනවා, "ආ... එහෙනම් ඔහේලා කියන්න බලන්න සක්විති වත් මොනවද?" කියලා.

එතකොට අර විදිහටම සක්විති වත් ගැන පැහැදිලිව කියලා දුන්නා, 'ධර්මයටම සලකන්න. ධර්මයටම ගරු කරන්න. තමන්ගේ රටවැසියන්ට ධාර්මිකව රැකවරණය යොදන්න. ක්ෂත්‍රියවරුන්ට ධාර්මික රැකවරණ යොදන්න. බ්‍රාහ්මණ ගෘහපතිවරුන්ට ධාර්මික රැකවරණ යොදන්න. නිගම්-ජනපදවාසීන්ට ධාර්මික රැකවරණ යොදන්න. ශ්‍රමණ බ්‍රාහ්මණයන්ට ධාර්මික ආරක්ෂාව සපයන්න. සතා සිව්පාවට, කුරුල්ලන්ට ධාර්මික ආරක්ෂාව යොදන්න. අධර්මයට ඉඩදෙන්න එපා. ධර්මය පුරුදු කරන්න. ධනය නැති අයට ධනය දෙන්න. ශ්‍රමණයන් වහන්සේලා ළඟට ගිහිල්ලා ධර්මය ඉගෙන ගන්න' කියලා කිව්වා.

ඉස්සෙල්ලාම ඇතිවුනේ හොරකමයි...

මෙයා ඔක්කොම කළේ නෑ, කොටසක් කළා. ධාර්මික රැකවරණය යෙදෙව්වා. නමුත් ධනය නැති අයට ධනය දුන්නේ නැහැ. ධනය නැති අයට ධනය නුදුන්නාම දිළිඳුකම වැඩිවුණා. දිළිඳුකම වැඩිවුණාම, ඔන්න එක මනුෂ්‍යයෙකුට ජීවත්වෙන්න විදිහක් නැතිකමටම ඒ මනුස්සයා අනුන් සතු දෙයක්, තමන්ට නුදුන් දෙයක් හොරෙන් ගත්තා. එතකොට ඉස්සෙල්ලාම ඇතිවෙලා තියෙන්නේ ප්‍රාණඝාතය නෙමෙයි. ඉස්සෙල්ලාම ඇතිවෙලා තියෙන්නේ සොරකම. මිනිස්සුන්ට හරි පුදුමයි මේක. මොකක්ද? තමා සතු නොවන දෙයක් අන් කෙනෙක් පැහැර ගැනීම. ඒ මිනිස්සු මෙයාව ඇල්ලුවා. අල්ලගෙන රාජපුරුෂයොත් එක්ක ගිහිල්ලා රජ්ජුරුවන්ට පෙන්නුම් කළා,

"රජතුමනි, මෙන්න මෙයා නුදුන් දෙය, අනුන් සතු දෙය සොරකම් කළා."

එතකොට රජ්ජුරුවෝ ඇහුවා, "සැබෑද නුඹ අනුන් සතු දෙයක් හොරාට ගත්තද?" කියලා.

"එහෙමයි දේවයන් වහන්ස" කිව්වා. එතකොට ඒ කාලේ බොරු කියන්නෙත් නෑ.

"ඒ මොකෝ ඔබ ඒක ගත්තේ?"

එතකොට කියනවා, "අනේ දේවයන් වහන්ස, මම හොරකම් කළේ මට ජීවත්වෙන්න විදිහක් නැතිකමටයි."

හරි ලේසියි... හොරකම් කළාද... රජයෙන් මුදල්...

"ආ... එහෙනම් මම උඹට සල්ලි දෙන්නම්." කියලා රජ්ජුරුවෝ අර හොරාට ජීවත් වෙන්න සල්ලි දුන්නා. හොරා බොහෝම සතුටින් ගියා. රජ්ජුරුවෝ සල්ලි දීලා කිව්වා, "උඹ මීට පස්සේ හොරකම් කරන්න එපා. දෙමව්පියන්ට සලකපන්. අඹුදරුවන්ට සලකපන්. ව්‍යාපාරයකට යොදවපන්. දැන් ඉතින් හොඳින් හිටපන්."

ඊට පස්සේ තවත් මනුස්සයෙක් හොරකම් කළා. එතකොට ඒ සොරකම් කරපු මනුස්සයාව අල්ලගෙන රජ්ජුරුවෝ ඉස්සරහට ගෙනාවා. රජ්ජුරුවෝ ඉස්සරහට ගෙනත් කිව්වා, "දේවයන් වහන්ස, මෙන්න මේ පුද්ගලයාත් සොරකම් කළා. නුදුන් දේ ගත්තා. මේකා හොරෙක්..." කිව්වා.

"නුඹ මේ හොරකම් කළා කියන්නේ හැබෑද...?"

"අනේ ස්වාමීනි, ඒක හැබෑව. මම හොරකම් කළා."

"ඇයි හොරකම් කළේ?"

"අනේ ස්වාමීනි, මට ජීවත් වෙන්න විදිහක් නෑ."

හරි ෂෝක් වැඩක් නේ...

ඉතින් රජ්ජුරුවෝ භාණ්ඩාගාරයට අණ කළා 'මේකාට සල්ලි දෙන්න" කියලා. ඊට පස්සේ අඬගහලා කිව්වා, "හැබැයි මෙහෙමයි. මීට පස්සේ නුඹ හොරකම් කරන්න එපා. මේ සල්ලිවලින් දෙමව්පියන්ට සලකපන්. නෑදෑයින්ට, හිත මිත්‍රාදීන්ට සලකපන්. තමන්ගේ ව්‍යාපාර පටන්ගනින්." මෙහෙම කිව්වට පස්සේ මිනිස්සු කතා වුණා, "හරි ෂෝක් වැඩක්නේ මේ හොරකම් කිරිල්ල..." කියලා.

ධනය වෙනුවට මරණ දඬුවම...

එතකොට දුප්පත් මිනිස්සු කතා වුණා, 'රජ්ජුරුවෝ දූන් හොරකම් කරන අයට සල්ලි දෙනවා. ඒ නිසා අපිටත් කරන්න තියෙන ලේසිම වැඩේ තමයි සොරකම් කරන එක' කියලා. ඉතින් මිනිස්සු මොකද කළේ? 'සොරකම් කළොත් අපිටත් සල්ලි දේවී...' කියලා මිනිස්සු කණ්ඩායම් හැදිලා සොරකම් කළා. සොරකම් කළාම ඇල්ලුවා හොරු සේරම. අල්ලලා සේරම රජ්ජුරුවෝ ළඟට එක්කගෙන ගියා.

රජ්ජුරුවෝ ළඟට ගියාට පස්සේ ඇහුවා, "හැබෑද නුඹ මේ හොරකම් කළා කියන්නේ?" කියලා. "අනේ ස්වාමීනි, ඒක හැබෑව" කිව්වා. "ඇයි සොරකම් කළේ?" "අනේ දේවයන් වහන්ස, මට ජීවත් වෙන්න විදිහක් නෑ." රජ්ජුරුවෝ කල්පනා කළා, 'මේ වැඩේ හරියන්නේ නෑ. හොරකම් කරන කරන ගානේ හොරුන්ට සල්ලි දෙන්න බෑ. මේක හරියන්නේ නෑ. මේකා මරලා දාන්න ඕන."

රජ්ජුරුවෝ කිව්වා, "මේ වැඩේ හරියන්නේ නෑ. දැන් ඉඳන් සොරකම් කරන අයට ධනය දෙන්නේ නෑ. ඒ නිසා මේ සොරකම මම දැන්ම ඉවරකරලා දානවා. ඒකට කරන්න තියෙන්නේ මේ සොරකම කරන කරන කෙනාව අල්ලලා මරලා දාන එකයි." ඊට පස්සේ රජ්ජුරුවෝ අණ කළා, "මේකා අරන් පලයන්. ගිහිල්ලා අත් දෙක පිටිපස්සට බැඳපන්. අඬබෙර ගගහා හැමතැනම ඇවිද්දවලා, දකුණු දොරටුවෙන් එළියට අරගෙන ගිහින් මරපන්..." කිව්වා.

ඔන්න ඔහොමයි ප්‍රාණඝාතය ඇතිවුනේ...

ඔය විදිහට ඉස්සෙල්ලාම ඇතිවුණා සොරකම. ඊළඟට ප්‍රාණඝාතය ඇතිවුණා. ප්‍රාණඝාතය කියන එක හොඳට තේරෙන තැනක් ඒක. ඊට පස්සේ මේ සොරාව දකුණු දොරටුවෙන් එළියට අරගෙන ගිහිල්ලා ඝාතනය කළා. ඊට පස්සේ මිනිස්සුන්ට ආරංචි වුණා, 'අන්න රජ්ජුරුවන්ට හොරෙක් අහුවුණා. ඒ හොරාට සල්ලි දුන්නේ නෑ. රජ්ජුරුවෝ ඒ හොරාව මැරෙව්වා' කියලා.

මේකට හොරු ටිකට කේන්ති ගියා. හොරු කල්පනා කළා, 'දැන් එහෙනම් අපට සල්ලි දෙන්නෙත් නෑ. අපට හැමදාම හොරකම් කර කර තමයි ඉන්න වෙන්නෙත්. එහෙනම් අපට කරන්න තියෙන්නේ 'මරණ එකයි' කියලා ආයුධ ලෑස්ති කරන්න පටන්ගත්තා. සම්පූර්ණයෙන් ආයුධ ලෑස්ති කරගෙන ගම්-නියම්ගම් විනාශ කරන්න පටන්ගත්තා. පාරේදි මංකොල්ල කන්න පටන්ගත්තා.

දිළින්දන්ට නෙවෙයි සල්ලි දුන්නේ හොරුන්ට...

එතකොට ඉස්සෙල්ලාම ඇතිවුණේ මොකක්ද? දිළිඳුකම. දිළිඳු එක්කෙනාට ධනය නැතිව ගියා. ඒක

තමයි ඉස්සෙල්ලාම ඇතිවුණ ප්‍රශ්නය. දිළිඳුකෙනාට ධනය නැතිවීම නිසා එයා පෙළඹුණා සොරකම් කරන්න. ඒක තමයි දෙවෙනි ප්‍රශ්නය. සොරකම් කිරීම තුළ විසඳුම සොයාගන්න බැරිවෙච්ච නිසා රජ්ජුරුවෝ තේරුම් ගත්තේ 'සොරකම නැතිකරන්න දිළින්දන් ධනවත් කරන්න ඕනේ' කියලා නෙමෙයි. රජ්ජුරුවෝ හිතුවේ 'සොරා මරන්න ඕන' කියලයි. බලන්න තමන්ගේ මතයෙන් පාලනය කරන්න ගිහින් වෙච්ච දේ. ඉස්සෙල්ලා සොරාට සල්ලි දුන්නා. ඒක බේරලා ඉවර කරන්න බෑ. මොකද සොරාටනේ සල්ලි දෙන්නේ, දිළින්දාට නෙවෙයිනේ.

අකුසල් දෙකයි - ආයු පරිහානිය 40,000 යි...

එතකොට සොරා දිගට හරහට හොරකම් කරන්න පටන්ගත්තා. ඊට පස්සේ රජ්ජුරුවෝ කල්පනා කළා, 'සොරමුල් සමූළ ඝාතනය කරන්න ඕන' කියලා දිගට හරහට සොරුන්ට ඝාතනය කරන්න පටන්ගත්තා. එතකොට ප්‍රාණඝාතය ඇතිවුණා. අකුසල් දෙකයි. ඒ කාලේ මිනිස්සුන්ගේ වයස අවුරුදු 80,000 යි. 'දළ්හනේමි' රජ්ජුරුවන්ගෙන් ඇතිවෙච්ච සක්විති පරම්පරා කාලේ මිනිස්සුන්ගේ වයස අවුරුදු 80,000 යි. සොරකම් කිරීමයි, ප්‍රාණඝාතයයි කියන අකුසල් දෙක නිසා ආයුෂ අඩක් පිරිහුණා. මිනිසුන්ගේ රූප ලස්සනය පිරිහුණා. වර්ණය පිරිහුණා. එතකොට ඒ අවුරුදු 80,000 ආයුෂ තියෙන දෙමව්පියන්ගේ දරුවෝ ඉපදුණා. ඒ දරුවන්ගේ ආයුෂ අවුරුදු 40,000යි. ආයුෂ අඩක් අඩුවුණා.

ලෝකයේ පළමු බොරුව...

ඊට පස්සේ ආයෙත් හොරුන්ව අල්ලා ගත්තා. දැන් හොරු ටික දන්නවා 'තමන්ව මරනවා' කියලා. රජ්ජුරුවෝ

ඇහුවා, "හැබෑද නුඹ හොරකම් කළාද? නුඹ අනුන් සතු දේවල් ගත්තාද?" එතකොට හොරා කිව්වා, "අනේ නෑ දේවයන් වහන්ස" කියලා. මොකක්ද ඒ කිව්වේ? බොරුවක් කිව්වා. ඇයි ඇත්ත කිව්වා නම් මරනවා නෙව. "අනේ නෑ දේවයන් වහන්ස, මම ගත්තේ නෑ. දන්නෙවත් නෑ" කිව්වා. ඔන්න දන දන බොරු කීම පහළ වුණා.

"මහණෙනි, මේ විදිහට නිර්ධනයින්ට ධනය නැති වී යනකොට දිළිඳුකම වැඩිවෙනවා. දිළිඳුකම වඩා වර්ධනය වුණහම සොරකම ඇතිවෙනවා. සොරකම වැඩිවුණහම ප්‍රාණඝාතය වැඩිවෙනවා. ප්‍රාණඝාතය වැඩිවුණාම බොරු කීම වැඩි වෙනවා. ආයුෂ තව පිරිහෙන්න පටන්ගත්තා."

ලස්සන කැත භේදය...

ආයුෂ පිරිහිලා අවුරුදු 40,000 ආයුෂ ඇති දෙමව්පියන්ගේ දරුවන්ගේ ආයුෂ අවුරුදු 20,000 ක් වුණා. මුලින්ම සොරකම පටන් ගත්තා. සොරකම් කරන්න අවිආයුධ හදන්න පටන්ගත්තා. අවිආයුධ හදන්න පටන් අරගෙන ප්‍රාණඝාතය පටන්ගත්තා. ප්‍රාණඝාතය පටන් අරගෙන බොරු කීම පටන්ගත්තා. බොරුකීම පටන් අරන් කේළාම් කීම පටන්ගත්තා. කේළාම් කියන්න පටන් ගත්තාම, අවුරුදු 20,000 ක් ආයුෂ තියෙන දෙමව්පියන්ගේ දරුවන්ගේ ආයුෂ අවුරුදු 10,000 ක් වුණා. අවුරුදු 10,000ක් වයස තියෙන කාලේ සමහරු ලස්සනයි, සමහරු කැතයි. මේ වගේ ලස්සන අය දැක්කාම මේගොල්ලන්ට රාගය ඇතිවුණා.

කාම මිථ්‍යාචාරයත් බලවත් වුණා...

රාගය ඇතිවෙලා, මේගොල්ලෝ මේගොල්ලන්ගේ

තිබිච්ච ධාර්මික චාරිත්‍රය වන වැරදි කාම සේවනයෙන් වැළකීම අත්හැරලා, වැරදි කාම සේවනයේ යෙදුණා. අනුන්ගේ බිරින්දෑවරුන් ගාවට ගියා. අනුන්ගේ ස්වාමිවරුන් ගාවට ගියා. ඔන්න තවත් අර්බුදයක් හටගත්තා. කාම මිත්‍යාචාරය බලවත් වුණ ගමන් ආයුෂ 5,000 ට බැස්සා.

දැන් මේ මිනිසුන් තුළ අධර්ම රාගය තියෙනවා. බොරුකීම තියෙනවා. කේලාම්කීම තියෙනවා. නමුත් බනින්නේ නෑ. පරුෂ වචන කියන්නේ නෑ. නමුත් ආයුෂ අවුරුදු 5000 වෙනකොට, මිනිස්සු පරුෂ වචන, කුණුහරුප කියන්න පටන්ගත්තා. නපුරු වචන, අපහාස, ගැරහිලි... 'තෝ... තොපි...' කියලා කියන්න පටන් ගත්තා. එතකොට තවත් ආයුෂ අඩුවෙලා ගිහිල්ලා මිනිස්සුන්ගේ ආයුෂ අවුරුදු 2500 ට බැස්සා.

මිනිස්සුන්ගේ ආයුෂ අවුරුදු 2500 ට බහිනකොට තවදුරටත් මේ සත්වයන්ගේ ආයුෂ පිරිහුණා. වර්ණය පිරිහුණා. නුවණ පිරිහුණා. මිනිස්සු මේ විදිහට පරුෂ වචන කියන්න පටන් ගත්තාම, අනුන්ගේ දේවල්වලට ආශා කිරීමයි, ව්‍යාපාදයයි පටන්ගත්තා. ඔන්න මනසින් අකුසල් කරන්න පටන්ගත්තා. තමන් සතු දේවල් තමන්ට නැති වෙනකොට අනුන් සතු දේවල් බලලා, 'අනේ මේ දේවල් මට ඇත්නම්... අරුන්ට විතරක් මොකද...' කියලා හිතන්න පටන්ගත්තා. ඒ මොකක්ද? අනුන් සතු දේවල්වලට ආශා කිරීම (**අභිජ්ඣාව**) හටගත්තා. ඒ වගේම ද්වේෂය හටගත්තා. එතකොට මිනිසුන්ගේ ආයුෂ අවුරුදු 1000 ට බැස්සා.

ආයුෂ පරිහානිය වේගයෙන්...

දැන් මේ මිනිස්සු තුළ අධර්ම රාගයයි, ලෝභයයි

තියෙනවා. ඒ නිසා මිනිස්සු තුළ පින් පව් පිළිබඳ විශ්වාසය ටික ටික අඩුවෙන්න පටන්ගත්තා. එතකොට මිනිස්සුන්ගේ ආයුෂ අවුරුදු 500 ට බැස්සා. අවුරුදු 500 ක් ආයුෂ ඇති මිනිස්සුන්ගේ දරුවන්ගේ ආයුෂ අවුරුදු 250 ක් වුණා.

මිනිස්සුන්ගේ ආයුෂ අවුරුදු 250 වෙනකොට මිනිස්සු දෙමව්පියන්ට සලකන්නේ නැතුව ගියා. අම්මට, තාත්තට සලකන්නේ නැතුව ගියා. වැඩිහිටියන්ට සලකන්නේ නැතුව ගියා. ගුරුවරුන්ට සලකන්නේ නැතුව ගියා. ශ්‍රමණ බ්‍රාහ්මණවරුන්ට සලකන්නේ නැතුව ගියා.

"මහණෙනි, මේ ආකාරයෙන් ධනය නැති අයට ධනය නොලැබීම නිසා දිළිඳුබව ඇතිවුණා. දිළිඳුබව වැඩිවීම නිසා සොරකම ඇතිවුණා. සොරකම වැඩිවීම නිසා අවිආයුධ පරිහරණය ඇතිවුණා. අවිආයුධ පරිහරණය නිසා ප්‍රාණඝාතය ඇතිවුණා. ප්‍රාණඝාතය වැඩිවීම නිසා බොරු කීම ඇතිවුණා. බොරු කීම වැඩිවීම නිසා කේලාම් කීම ඇතිවුණා. කේලාම් කීම වැඩි වූ නිසා කාම මිත්‍යාචාරය ඇතිවුණා. කාම මිත්‍යාචාරය වැඩිවීම නිසා පරුෂ වචනය ඇතිවුණා. පරුෂ වචනය වැඩිවීම නිසා අනුන්ගේ දේට ආශා කිරීමයි, ද්වේෂ කිරීමයි ඇතිවුණා. ඒ දෙක වැඩිවීම නිසා මිථ්‍යා දෘෂ්ටිය ඇතිවුණා. මිථ්‍යා දෘෂ්ටිය වැඩිවීම නිසා අධර්ම රාගයයි, විෂම ලෝභයයි වැඩිවුණා. අධර්ම රාගයයි, විෂම ලෝභයයි, මිථ්‍යා දෘෂ්ටියයි නිසා අම්මාට සලකන්නේ නැතුව ගියා. තාත්තාට සලකන්නේ නැතුව ගියා. ශ්‍රමණ බ්‍රාහ්මණවරුන්ට සලකන්නේ නැතුව ගියා. වැඩිහිටියන්ට සලකන්නේ නැතුව ගියා. මිනිසුන්ගේ ආයුෂ අවුරුදු 100 ට බැස්සා.

ඔන්න අපේ යුගයේ විස්තරය...

එතකොට මොකක්ද අපේ යුගයේ ලක්ෂණය? දිළිඳුකම තියෙනවා. දිළිඳුකම නිසා සොරකම තියෙනවා. අවිආයුධ පරිහරණය තියෙනවා. ප්‍රාණඝාතය තියෙනවා. බොරුකීම තියෙනවා. කේලාම් කීම තියෙනවා. කාමමිථ්‍යාචාරය තියෙනවා. පරුෂ වචන තියෙනවා. අනුන්ගේ දේවල්වලට ඊර්ෂ්‍යා කිරීම තියෙනවා. ද්වේෂය, ක්‍රෝධය, වෛරය, පළිගැනීම තියෙනවා. මිථ්‍යා දෘෂ්ටිය තියෙනවා. දෙමව්පියන්ට සැලකීම නෑ. වැඩිහිටියන්ට සැලකීම නෑ. ගුරුවරුන්ට සැලකීම නෑ.

ආයුෂ අවුරුදු දහයට බහිනවා...

"මහණෙනි, මේ විදිහට මිනිසුන්ගේ ආයුෂ කෙමෙන් කෙමෙන් අඩුවේගෙන යනවා." ඒ අවුරුදු 100න් කීයක් දැන් බැහැලද? අවුරුදු 30 ක් විතර දැන් බැහැලා තියෙන්නේ. මේ කාලේ මිනිස්සුන්ගේ සාමාන්‍ය වයස ආයුෂ අවුරුදු 65 යි, 70 යි. ඒක වේගෙන් ඉස්සරහට අඩු වෙනවා. මේ විදිහට ආයුෂ අඩුවේගෙන අඩුවේගෙන ගිහිල්ලා, "මහණෙනි, මිනිස්සුන්ගේ ආයුෂ අවුරුදු 10 ට බහිනවා. අවුරුදු 10 ට බැස්සාම ඒ මිනිස්සුන්ගේ ආයුෂ අවුරුදු 5 වෙනකොට, දෙමව්පියෝ දරුවන්ට මඟුල් හොයනවා. එතකොට මිනිස්සුන්ට වයස අවුරුදු 5 යි. කසාද බැඳලා ජීවත්වෙන්න තියෙන්නේ අවුරුදු 5 යි.

ආහාර රසයට මක්වුණාද...?

"මහණෙනි, ඒ කාලේදී ගිතෙල්, වෙඬරු, තලතෙල්, මී, හකුරු, ලුණු යන මේවායේ රසය නැත." දැනුත් මේ ආහාරවල රසය වේගයෙන් අඩුවීමක් පේන්නේ නැද්ද ඔබට? හොඳට පැහැදිලිව පේනවා. මට හොඳට මතකයි....

ඉස්සර පළතුරු කැපුවහම හරි සුවඳයි. අපි කුඩා කාලයේ අපේ අම්මා ගේ පිටිපස්සේ තියෙන පැපොල් ගහේ හැදිච්ච පැපොල් කපනවා කුස්සියේ ඉඳගෙන. ඒ පැපොල් වල සුවඳ එනවා ඉස්සරහා ඉස්තෝප්පුවට. අම්මා කුස්සියේ කොස් තම්බනවා. ඉස්සරහට සුවඳ එනවා. දැන් මුට්ටිය ඉම්බත් සුවඳ නෑ. හොයන්න බෑ මොනවද තියෙන්නේ කියලා. මොකද හේතුව? වේගයෙන් මේ ආහාර රසය අතුරුදහන් වේගෙන යනවා.

ඉස්සර කිතුල් පැණි, කිතුල් හකුරු කොයිතරම් රසද? දැන් ඒ රස නෑ. මේ රටේ ටිකක් හරි රසය තියෙනවා. අනිත් රටවල්වල... බටහිර රටවල්වල කිසිම රසක් නෑ. හරි පුදුමයි. ඒ රටවල්වල පළතුරු නිකම්ම නිකම් කෑමක් විතරයි. කිසිම රහක් නෑ.

දැන්මම ලකුණු පහළවෙලා...

"මහණෙනි, තව කාලයක් එනවා ඊට පස්සේ මිනිස්සුන්ට නිකම් පොතු ගොඩවල්, ගොරෝසු කෑම තමයි ප්‍රණීත කෑම, අග්‍ර කෑම වෙන්නේ." දැන්මම ලකුණු පහළවෙලා නැද්ද? 'පොතු සහිත කෑම, කෙඳි සහිත කෑම කන්න හොඳයි' කිය කියා ඒවාමනේ කන්නේ. ප්‍රණීත රසවත් කෑම දැන් කන්නේ නෑ. ඉස්සරහට මේක තවත් නැතුව යනවා. මිනිස්සුන්ගේ පිරිහීමත් එක්ක ගොරහැඩි කෑම තමයි ඉස්සරහට ප්‍රණීත කෑම විදිහට සලකන්නේ.

හොඳම ආහාරය වෙන්නේ රොඩු ටික...

නමුත් බුද්ධ කාලයේ එහෙම නෙවෙයි. "(**සෙය්‍යථාපි භික්ඛවේ, ඒතරහි සාලිමංසෝදනෝ අග්ගං භෝජනානං**) ඒ කාලේ මිනිස්සු අග්‍ර භෝජනය හැටියට සැලකුවේ ඇල්

හාලේ බතුයි, මසුයි තමයි.” මිනිස්සුන්ගේ ආයුෂ අවුරුදු 10 වෙනකොට මිනිස්සුන්ගේ ප්‍රණීත භෝජනය වෙන්නේ අර ගොරහැඩි කෑම. දූන්මම ඒ විදිහට හැදිලා තියෙන්නේ. ඉස්සර මිනිස්සුන්ට හොඳට තෙලෙන් බැදලා කන්න පුළුවන්. නමුත් දූන් ඉන්න අයට තෙල් කෑම කන්න බෑ. ඉස්සර මිනිස්සුන්ට හොඳ, ප්‍රණීත යොදය සහිත ආහාර කන්න පුළුවන්. දූන් යොදය අයින් කරනවා. යොදය සහිත කෑම කන්න බෑ. ඔහොම ගිහින් ගිහින් නිකම්ම රොඩු තමයි මිනිස්සුන්ගේ හොඳම ආහාරය බවට පත්වෙන්නේ.

කුසල් අකුසල් මොනවද කියලවත් නොදන්න කලක්...

අන්න ඒ කාලෙට, මිනිස්සු දන්නේ නෑ ‘දස කුසල් කියන්නේ මොනවාද?’ කියලා. ප්‍රාණඝාතය කියන්නේ අකුසලයක් කියලා දන්නේ නෑ. සොරකම කියන්නේ අකුසලයක් කියලා පිළිගන්නේ නෑ. වැරදි කාම සේවනය කියන්නේ අකුසලයක් පිළිගන්නේ නෑ. ඒක අවශ්‍යතාවයක් කියනවා. බොරු කීම විනෝදයක් ලෙස සලකනවා. කේළාම් කීම් අකුසලයක් හැටියට පිළිගන්නේ නෑ. පරුෂ වචන කීම අකුසලයක් කියලා පිළිගන්නේ නෑ.

අම්හිරි අනාගතයක පෙර නිමිති...

මේ විදිහට කාලයක් ගියාට පස්සේ දස කුසල් නැතිව යනවා. මිනිස්සු බොනවා කියන එක සාමාන්‍ය දෙයක් බවට පත්වෙනවා. ගිහිපැවිදි දෙගොල්ලොම එකට බොන කාලයක් එයි. ඒක සාමාන්‍ය දෙයක් වෙනවා. ඊට පස්සේ මවට, පියාට සලකන්නේ නෑ. ‘ඔහේලා මේ විනෝදෙට අපිව හදලා තියෙන්නේ’ කියලා බනිනවා. අදටත් සමහර දෙමව්පියෝ දරුවන්ගෙන් මේ චෝදනාව

ලබන්නේ නැද්ද? අන්න... මේ ලක්ෂණය දැන් පහල වෙලා තියෙන්නේ. අම්මා, තාත්තාට මොනතරම් වේදනාවක් එනවා ඇද්ද? අපිට තේරෙන්නේ නෑ ඒක. අම්මා, තාත්තා කෙනෙකුගේ දුක දකින්නේ අම්මා, තාත්තා කෙනෙක්මයි. ඒක වෙන කෙනෙකුට පේන්නේ නෑ. දරුවෙක් දස මාසයක් කුසේ තියාගෙන හදලා, නොකා නොබී, කන්න බොන්න දීලා ලොකු මහත් කළාට පස්සේ ඒ ළමයි කියනවා නම් 'ඔහේලා මේ විනෝදෙට අපිව හදලා තියෙන්නේ... අපි හැදුණා මිසක් ඔහේලා හැදුවේ නෑ.' කියලා අම්මලාට මොනතරම් වේදනාවක් එනවා ඇද්ද...? අන්න ඒවා දැන් සිද්ධ වෙනවා.

ඊට පස්සේ පියාට ගරු කරන්නේ නෑ. ගුරුවරයාට ගරු කරන්නේ නෑ. ශ්‍රමණ බ්‍රාහ්මණවරුන්ට ගරු කරන්නේ නෑ. වැඩිහිටියන්ට ගරු කරන්නේ නෑ. ඔවුන්ට සලකන්නේ නෑ. යම්කිසි කෙනෙක් අම්මට, තාත්තට ගරහනවා නම් යාළුවෝ කියනවා, 'යසයි... වැඩේ...' කියලා. ගෝලයෙක් ගුරුවරයාට ගරහනවා නම් "හරි යසයි... තව ගරහපන්..." කියනවා. ශ්‍රමණ බ්‍රාහ්මණවරුන්ට මිනිස්සු විහිළු තහළු කරනවා නම් අර සාමාන්‍ය මිනිස්සු ටික හිනාවෙනවලු "බොහොම යසයි වැඩේ... තව විහිළු කරපන්" කියලා. දැන් වෙනකොට ඒ ලක්ෂණ මතුවෙලා නැද්ද මේ සමාජයේ? මතුවෙලා තියෙනවා.

ඉස්සරහට තියෙන්නේ අපි හිතන ලෝකය නෙවෙයි...

දැන් අපි හිතාගෙන ඉන්නේ ඉස්සරහට තියෙන්නේ විශාඛා, සුමනා, සුජාතා, බන්ධුල මල්ලිකා ලා හිටපු යුගයක් කියලනේ. නමුත් ඉස්සරහට තියෙන්නේ මේ යුගය. ඒකයි ඔබට කියන්නේ 'මේ ලැබිච්ච මනුෂ්‍ය ජීවිතයේදී ඔබ

චතුරාර්ය සත්‍ය ධර්මයේ සිත පිහිටුවාගෙන, ශ්‍රද්ධා, සීල, ශ්‍රැත, ත්‍යාග, ප්‍රඥා කියන සේඛ බල වර්ධනය කරගෙන මෙතැනින් පැනගන්න....' කියලා. මොකද ඉස්සරහට තියෙන්නේ මෙවන් යුගයක්.

පිරිහෙන ලොවක කොටස්කරුවෝ වෙමුද...?

ආයෙමත් ඔබ ඉපදුණොත් ඉපදෙන්නේ මේ පරිහානිකර යුගයේ කොටස්කාරයෙක් හැටියටයි. මේ පිරිහීගෙන යුගයේ කොටස්කාරයෝ වෙලා විඳවන ඒවා මදිද අපට? නවීන තාක්ෂණය තුළින්, රූපවාහිනී ඔස්සේ ඔක්කොම වල්පල් ටික ගෙදරටම ගෙනැත් දෙනවා. කුණුහරුප පැකට් එක මොබයිල් ෆෝන් එකටම එනවානේ. ඉස්සරහට ඒක මොන විදිහට සිද්ධවෙයිද කියලා කියන්න බෑ. තවදුරටත් ඒක බලවත් වෙනවා.

මාධ්‍ය වලින් කියන්න ගනීවි, 'කසාද බඳින්න ඕනේ නෑ. එකට හිටපන්' කියලා. දැනටමත් බටහිර ඒක පටන් අරන් නේ තියෙන්නේ 'ලිවින් ටුගෙදර්' (living together) කියලා. බටහිර අය කියන්නේ, 'අපි බඳින්නේ නෑ දැන්. අපි කැමති කෙනෙක් එක්ක ඉන්නවා.' අනාගතයේදී මේ රටවල්වලටත් ඒක බෝවෙනවා. ඔන්න ඊළඟ විනාසේ. 'අපිට බඳින්න ඕනේ නෑ. අපිට ඔය නිකම් විනෝදයෙන් ඉන්න තිබ්බාම ඇති.

ඊට පස්සේ මේ රටවල්වලටත් ඒක බෝවෙනවා. එහෙම ආවට පස්සේ අපිත් විශාල පරිහානියක කොටස්කාරයෝ බවට පත්වෙනවා. චූටි ළමයි පොඩි කාලේ ඉඳලා මේක පටන් ගන්නවා. ඊට පස්සේ ඒකෙන් තමයි සතුටු වෙන්නේ. අවුරුදු 12, 13 වෙනකොට රාගයෙන් පිස්සු වැටෙනවා.

හිතෙන හිතෙන කෙනාත් සමඟ පවුල් කනවා...

මේ විදිහට ගිහිල්ලා මිනිස්සුන්ගේ ගුණධර්ම වේගෙන් පරිහානියට පත්වෙලා යනවා. ඊට පස්සේ අවුරුදු 10 වෙනකොට මිනිස්සු, 'මේ මගේ අම්මා... මේ මගේ තාත්තා... මේ මගේ අයියා... මේ මගේ අක්කා... මේ මගේ මල්ලි... මේ මගේ නංගී... මේ මගේ නැන්දා... මේ මගේ මාමා...' කියලා ගණන් ගන්නේ නෑ. ආයුෂ අවුරුදු 10 වෙනකොට, හිතෙන හිතෙන කෙනාත් එක්ක පවුල් කනවා.

ඔන්න අපි සංසාරයේ හිටියොත් මුහුණ දෙන්න තියෙන අනාගත ලෝකේ. හිතෙන හිතෙන කෙනාත් එක්ක පවුල් කරන්න පටන් ගන්නවා. ඒ කාලෙට කවුරුවත් මේ තියෙන චාරිත්‍ර, කුල සිරිත් පිළිගන්නේ නෑ, 'ඔය චාරිත්‍ර කියන්නේ පිස්සු වැඩ. ඕවා හණමිටි කාලේ ඒවා' කියලා ඒවා අයින් කරනවා. 'දැන් මේ විනෝදයෙන් ඉන්න කාලේ මොනවද ඔය කියන විකාර' කියලා හිතනවා. දැන්මම ඒ කථාවල් යන්නේ නැද්ද? දැන්මම යනවා.

අනාගත අර්බුදයෙන් ගැලවෙන පිරිස...

බලන්න... අපේ මොකක්දෝ වාසනාවට අපට මේ ධර්මය මුණගැසුණා. ඉතින් ඒ නිසා අපිට සසර දුකෙන් මිදෙන්න ගෞතම සාසනයේ යම්කිසි පිහිටක් තියෙනවා. එහෙම පිහිටක් තියෙනවා කියන්න ලකුණ මොකක්ද? චතුරාර්ය සත්‍ය අවබෝධ කරන්න දහස් ගණන්, ලක්ෂ ගණන් දැන් එක් රැස්වෙනවා. ඒ විදිහට එක් රැස්වෙන්නේ අනාගතයේ මේ ඉරණමෙන් ගැලවෙන්න වාසනාව තියෙන පිරිසයි. දූලා, පුතාලා, තරුණ අය, දරුවන්, පොඩි

දරුවන්ගේ ඉඳලා දෙමව්පියන්ට සලකන, වැඩිහිටියන්ට සලකන, ධර්මයේ හැසිරෙන අලුත් පිරිසක් බිහිවෙලා තියෙනවා. මේ පිරිස, අනාගත අර්බුදයෙන් ගැලවෙන පිරිසයි. සමහරවිට ඒ අවුරුදු 10 වගේ වෙනකොට ගෞතම ශාසනයේ පිහිට ලබාගෙන තියෙන අය පිහිට ලබාගෙන ඉවරයි. ඊට පස්සේ ශාසනයක් නෑ.

හොඳට මතක තියාගන්න... මේ අවස්ථාව ඉතා සුළු කාලයයි...

දැන් මේ ශාසනය වේගයෙන් අතුරුදහන් වේගෙන යනවා. මේ ධර්ම කථාව බොහෝම සුළු කාලයකට තියෙන්නේ. 2500 බුද්ධ ජයන්තියේ ඉඳලා ඇහිච්ච නැති ත්‍රිපිටක කථාවක් දැන් ඇහෙන්න පටන් අරන් තියෙනවා. මේක ඇහුනේ මහමෙව්නාවෙන් පටන්ගත්තු වැඩපිළිවෙල නිසා. ඉතින් ඒ නිසා මේ බුද්ධ දේශනා කථාව සුළු කාලෙකට තියෙන්නේ. අපි ඒක හොඳට මතක තියාගන්න ඕන. මේ කාලයේ මොකක්දෝ වාසනාවකට තමයි අපට මේ අවස්ථාව ලැබුණේ.

වධක චිත්තය බලවත් වෙනවා...

මේ විදිහට මිනිසුන් තුළ අකුසල් බලවත් වෙලා, තියුණු රාගය ඇතිවෙනවා. එතකොට අම්මලා, පුතාලා හඳුනන්නේ නෑ. තාත්තලා, දූලා හඳුනන්නේ නෑ. අක්කලා, මල්ලිලා හඳුනන්නේ නෑ. අයියලා, නංගිලා හඳුනන්නේ නෑ. එහෙම යුගයක් ඉදිරියට එනවා. ඊට පස්සේ පොඩ්ඩක් එහාමෙහා වෙනකොට අධික ද්වේෂයක් එනවා. 'වධක චිත්තයේ' පිහිටනවා. මේක හිතෙන් අයින් කරගන්න බෑ. එහෙම දරුණු හිතක් ඇතිවුණාම 'අම්මා මරනවා'

කියලා කිසි ප්‍රශ්නයක් නෑ. 'තාත්තා මරනවා' කියලා කිසි ප්‍රශ්නයක් නෑ. බලන්න, කොහොම ආනන්තරික පාපකර්ම මිනිස්සු කරගනීවිද කියලා අපිට හිතාගන්නවත් බෑ.

එක එක්කෙනාට වධක චිත්තය පිහිටුවා ගත්තට පස්සේ, ඒක හරියට වැද්දෙක් සතෙක් දැක්කා වගේ කියනවා. වැද්දෙකුට සතෙක් දැක්කොත් මොකද හිතෙන්නේ? 'අනේ, මට මූව මරන්න ඇත්නම්...' කියලානේ හිතෙන්නේ. අන්න එහෙම සිතුවිලි තමයි එන්නේ. හිතට ද්වේෂය ආපු ගමන් 'මට මූව මරන්න ඇත්නම්...' කියලා හිතෙනවා. මේ විදිහට අම්මට, දරුවා ගැන ඇතිවෙනවා වධක චිත්තය. දරුවාට ඇතිවෙනවා අම්මව මරන්න වධක චිත්තය. තාත්තට පුතා මරන්න ඇතිවෙනවා වධක චිත්තය. පුතාට ඇතිවෙනවා තාත්තා මරන්න චිත්තය. සහෝදරයට, සහෝදරිය මරන්න හිතෙනවා. සහෝදරියට, සහෝදරයාව මරන්න හිතෙනවා.

ආයුධ අන්තර කල්පයක්...

මේ විදිහට වධක චිත්තය ඇතිවෙන්න පටන්ගත්තට පස්සේ, දවස් හතක ආයුධ පරිහරණය කරන කාලයක් එනවා. ඒකට කියන්නේ සතියක 'ආයුධ අන්තර කල්පයක්' එනවා කියලා. සතියටත් 'අන්තර කල්පය' කියන වචනය මේකෙදි පාවිච්චි කරලා තියෙනවා.

එතකොට සතියක ආයුධ අන්තර කාලයක් ඉදිරියේදී එනවා. එතකොට 'මේ අම්මා... මේ තාත්තා... මේ නංගී... මේ අයියා... මේ අක්කා... මේ මල්ලී...' කියලා වෙනසක් හිතේ නෑ. එතකොට හිතෙන්නේ 'මට මේකාව මරන්න ඇත්නම්...' කියලා විතරයි. මේ විදිහට වධක චිත්තය පහළවුණාම ආයුධ අතට එනවා. ආයුධ අතට ඇවිල්ලා එක එකා මරාගන්න පටන්ගන්නවා 'මෙන්න සතෙක්...

මෙන්න සතෙක්...' කියලා මරාගන්නවා.

මේකද අපි හොයපු ලෝකය...

මේ විදිහට මරා ගන්නකොට කීප දෙනෙකුට සිහිය එනවා. සිහිය ආවට පස්සේ ඒගොල්ලෝ ආයුධ දාලා කැලෑවට දුවනවා. ඒ ගොල්ලෝ දුවලා පඳුරු අස්සේ, කැලෑවල් අස්සේ, ගල්මුල් අස්සේ, ගුහා අස්සේ ගිහිල්ලා හැංගෙනවා. දවස් හතක් නොකා නොබී ඉන්නවා. අනිත් පිරිස ඒ දවස් හතම එකදිගට ආයුධවලින් ගහගන්නවා. දවස් හතෙන් එකාට එකා මරාගෙන ඉවර වුණාට පස්සේ අර හැංගිච්ච පිරිස එනවා එළියට. ඇවිල්ලා එක එක්කෙනා බදාගෙන අඬන්න පටන් ගන්නවා, 'අනේ අපට වෙච්ච දේ... මේකද අපි හොයපු ලෝකේ... අපි මෙහෙම ලෝකයක් සකස් කරන්නද මහන්සි වුණේ...' කියලා එකිනෙකා බදාගෙන අඬන්න පටන්ගන්නවා.

ආයෙමත් ආයුෂ ක්‍රමයෙන් ඉහළට...

ඊට පස්සේ ඒගොල්ලේ කල්පනා කරනවා, 'මේ ක්‍රමය අපට හරියන්නේ නැහැ. අපි මේ ක්‍රමේ නවත්වන්න ඕන. ඒ නිසා අපි ආයෙ නම් 'මනුෂ්‍ය ඝාතනය කරා යන්නේ නෑ. සතෙක් මරන්නේ නෑ' කියලා ඒගොල්ලෝ සියලුදෙනා එකතුවෙලා ප්‍රාණඝාතයෙන් වළකිනවා.

ප්‍රාණඝාතයෙන් වැළකීම නිසා, ඒගොල්ලන්ගේ ඊළඟ දරු පරම්පරාවේ ආයුෂ අවුරුදු 20 ක් වෙනවා. ඊට පස්සේ ඒගොල්ලො කතා වෙනවා, 'දැන් අපි ප්‍රාණඝාතයෙන් වැළකිලා අපිට සෑහෙන වෙනසක් වුණා. ඒක අපිට සෑහෙන ලාභයක් වුණා. එහෙමනම් අපි දැන් ඊළඟට සොරකම්නුත් වළකිමු' කියලා, ඔන්න සොරකමින්

වළකිනවා.

සොරකමින් වැළකුණාට පස්සේ ඒ ගොල්ලන්ගේ දරුවන්ගේ ආයුෂ අවුරුදු 40 ක් වෙනවා. ඊට පස්සේ කල්පනා කරනවා, 'අපි දැන් ප්‍රාණඝාතයෙන් වැළකුණා, සොරකමින් වැළකුණා. මේ නිසා අපට හරි යහපතක් සිද්ධ වුණා. එහෙම නම් දැන් අපි වැරදි කාමසේවනයෙනුත් වළකින්න ඕන' කියලා, වැරදි කාමසේවනයෙනුත් වළකනවා. ඒකෙනුත් වැළකුණාට පස්සේ මිනිස්සුන්ගේ ආයුෂ අවුරුදු 80 බවට පත්වෙනවා.

අපි කවුරුත් බොරු නොකියා ඉම්මු...

ඊට පස්සේ කල්පනා කරනවා, 'වැරදි කාම සේවනයෙන් වැළකීම නිසා අපේ ආයුෂ අවුරුදු 80 ක් වුණා. එහෙම නම් අපි බොරු කීමෙනුත් වළකින්න ඕනේ. එහෙනම් දැන් අපි කවුරුත් බොරු නොකියා ඉම්මු' කියලා. ඊට පස්සේ කවුරුත් බොරු කියන්නේ නෑ. එතකොට වයස අවුරුදු 160 ක් වුණා. ඊට පස්සේ කල්පනා කළා, 'දැන් අපේ වසය අවුරුදු 160 යි. අපි බොරු කියන්නෙත් නෑ. අපි එහෙනම් කේළමුත් නොකියා ඉම්මු" කියලා කේළමෙන් වළකිනවා. එතකොට ආයුෂ අවුරුදු 320 ක් වෙනවා.

ඊට පස්සේ මේගොල්ලෝ කතා වෙනවා, 'අපි එහෙනම් දැන් පරුෂ වචන කීමෙනුත් වළකිමු. අපි කාටවත් බනින්නේ නැතුව, සැර වෙන්නේ නැතුව, නපුරු වචන කියන්නේ නැතුව ඉමු. අපි කුණුහරුපත් කියන්නේ නැතුව ඉමු." මේ විදිහට කතාවෙලා ඒක හොඳට පුරුදු කරනකොට, ඒ අයගේ දරුවන්ගේ ආයුෂ අවුරුදු 640 ක් වෙනවා.

ඊට පස්සේ කල්පනා කළා, 'හරි පුදුමයි... දැන් අපේ ආයුෂ වැඩිවෙනවා. අපේ වර්ණය වැඩිවෙනවා. අපේ ගුණධර්ම වැඩිවෙනවා' කියලා. දැන් මේ අය කේළාම් කියන්නේ නෑ, සොරකම් කරන්නේ නෑ, බොරු කියන්නේ නෑ... මේ වගේ ගුණධර්ම දියුණු කරන කොට ඒ අයගේ දරුවන්ගේ ආයුෂ අවුරුදු 2000 ක් වෙනවා.

ඊට පස්සේ කල්පනා කරනවා, 'අපි තවතවත් ගුණධර්ම දියුණු කරගනිමු. එතකොට අපිට තවත් දියුණුවක් සැලසේවි' කියලා. ඊට පස්සේ අනුන්ගේ දේවල්වලට ආසාකිරීම නමැති 'අභිජ්ඣාව' දුරු කරනවා. දුරුකරපු ගමන් මිනිස්සුන්ගේ ආයුෂ අවුරුදු 4000 ක් වෙනවා. එහෙනම් ආයුෂ වැඩිකරගන්න තියෙන විටමින් ගුණධර්ම දියුණු කරගැනීමයි.

ආයුෂ වැඩිවෙන බෙහෙතක්...

අපි දැන් බලාගෙන ඉන්නේ විද්‍යාඥයෝ ආයුෂ වැඩිකරනකම් නේ. අපි ඉතින් බලාපොරොත්තුවෙන් ඉන්නවා, විද්‍යාඥයෝ දැන් හොයාගනීවි 'ආයුෂ වැඩිවෙන බෙහෙතක්' කියලා. 'දැන් ජානත් කොපි කරනවා. තව පොඩ්ඩයි තියෙන්නේ කරගන්න. ඉක්මණට හොයාගනීවි.' කියලා. ඒ අය හොයාගන්න දේවල්වලින් තමයි අනාගත ලෝකයේ මිනිස්සුන්ගේ ආයුෂ අවුරුදු 10 ට බහින්නේ.

ඊට පස්සේ අවුරුදු 4000 ක් ආයුෂ තියෙන අය තරහ දුරුකරන්න මහන්සි ගන්නවා. තරහ දුරුකළාම එයාලගේ දරුවන්ගේ ආයුෂ අවුරුදු 8000 ක් වෙනවා.

මේ ඔක්කොම මේ භද්‍ර කල්පයේමයි...

ඊට පස්සේ ඒ අය කල්පනා කරනවා, 'අපි දැන් පින්-පව්, කුසල්-අකුසල්, හොඳ-නරක හඳුනාගෙන සම්මා දිට්ඨිය ඇති කරගනිමු" කියලා. ඒ හේතුවෙන් අවුරුදු 8000 ක් ආයුෂ තියෙන දෙමාපියන්ගේ දරුවන්ට ආයුෂ අවුරුදු 20,000 ක් වෙනවා. ඊට පස්සේ අධර්ම රාගයයි, විෂම ලෝභයයි, මිත්‍යා දෘෂ්ටියයි කියන මේ ඔක්කෝම බැහැර කරනවා. මේ අකුසල් බැහැර කළාට පස්සේ මේ අයගේ දරුවන්ගේ ආයුෂ අවුරුදු 40,000 වෙනවා. ඒ කාලෙට ආයෙමත් දෙමාපියන්ට සලකන්න පටන් ගන්නවා. මව්පියන්ට සලකන්න පටන්ගන්නවා. ගුරුවරුන්ට සලකන්න පටන්ගන්නවා. ශ්‍රමණ බ්‍රාහ්මණයන්ට සලකන්න පටන්ගන්නවා. වැඳුම් පිදුම් කරන්න පටන්ගන්නවා. එතකොට මිනිස්සුන්ගේ ආයුෂ අවුරුදු 80,000 ක් වෙනවා. මේ මහා භද්‍ර කල්පයේම වෙන්න තියෙන දෙයක් මේ කියන්නේ. මිනිස්සුන්ගේ ආයුෂ අවුරුදු 80,000 වෙනකම් ම වර්ධනය වෙන්නේ මේ විදිහටයි.

ආයෙමත් වාසනාවන්ත යුගයක්...

මිනිසුන්ගේ ආයුෂ අවුරුදු 80,000 ක් වුණාම, අවුරුදු 500 දී තමයි මංගල යෝජනා ගේන්නේ. එතකොට අවුරුදු 80,000 ක් ආයුෂ වෙන කාලෙට මිනිස්සුන්ට බඩගින්න, පිපාසය, තණ්හාව තියෙනවා. ඒ වගේම ආහාර තෘෂ්ණාව, ආහාර ක්ලාන්තය වගේ දේවල් තියෙනවා. වයසට ගිහිල්ලා මැරෙන එක තියෙනවා. නමුත් ලෙඩ නෑ. "මහණෙනි, මිනිසුන්ගේ ආයුෂ අවුරුදු 80,000 ක් වෙන කාලෙට ජම්බුද්වීපය භව භෝගවලින්, ධනධාන්‍ය වලින්, ඇඳුම් පැළඳුම්වලින් සරු වෙනවා.

ඒ කාලේට දඹදිව පුරාම කොච්චර නගර නිර්මාණය

වෙනවාද කියන්නේ, කුකුළෙකුට ගෙයින් ගෙට පනිමින් ගෙවල් දහස් ගණනකට පැනගෙන යන්න පුළුවන්. ඒ කාලෙට දඹදිව සෙනඟ කොච්චර වැඩියිද කියන්නේ, මහණෙනි, එතකොට මේ දඹදිව හරියට අවීචිය වගෙයි.” කියනවා. ඒකේ තේරුම මොකක්ද? වැඩිම සෙනඟක් ඉන්නේ අවීචියේ.

කේතුමතී රජදහනට සක්විති රජෙක්...

මහණෙනි, මේ බරණැස් රාජධානිය 'කේතුමතී' කියලා තමයි එතකොට හඳුන්වන්නේ. ඒ බරණැස් රාජධානිය මුල්කොටගෙන ඉන්දියාවේ නගර 84,000ක් බිහිවෙනවා. ඒ කාලෙදී සක්විති රජ කෙනෙක් රජ වෙනවා 'සංඛ' කියලා. මේ සක්විති රජ්ජුරුවොත් ධාර්මිකව රජ කරනවා. එහෙනම් ඒ කාලෙට සමාජය තුළ තියෙන්නේ පන්සිල්.

මෛත්‍රී බුදුන් පහළවෙන්නේ ආයුෂ 80000 වෙන කාලෙදියි...

එතකොට සක්විති රජ්ජුරුවෝ පහළ වෙන කාලේට, එහෙම නැත්නම් මිනිස්සුන්ගේ ආයුෂ අවුරුදු 80,000 වෙන කාලේට අරහං, සම්මාසම්බුද්ධ, විජ්ජාචරණ සම්පන්න, සුගත, ලෝකවිදූ, අනුත්තරෝ පුරිසදම්මසාරථී, සත්ථා දේවමනුස්සානං, බුද්ධෝ, භගවා කියන නව අරහාදී ගුණයන්ගෙන් යුතු තථාගත අරහත් 'මෛත්‍රී' නම් වූ සම්මා සම්බුදුරජාණන් වහන්සේ ලෝකයේ පහළ වෙනවා. "මහණෙනි, මම යම් ආකාරයට දෙවියන්, බඹුන් සහිත ලෝකයේ චතුරාර්ය සත්‍ය දේශනා කරනවාද, ඒ ආකාරයෙන්ම තථාගත, භගවත්, අරහත් මෛත්‍රී සම්මා

සම්බුදුරජාණන් වහන්සේත් චතුරාර්ය සත්‍ය දේශනා කරනවා.

මහණෙනි, වර්තමානයේ 'ගෞතම' නම් වූ තථාගතයන් වහන්සේ යම් සේ මුල, මැද, අග කළ්‍යාණ වූ, අර්ථ සහිත, ව්‍යංජන සහිත, පිරිසිදු නිවන් මග දේශනා කරමින් සියදහස් ගණන් භික්ෂු සංඝයා පරිහරණය කරනවාද, ඒ 'මෛත්‍රී' බුදුරජාණන් වහන්සේත් සියදහස් ගණන් භික්ෂු සංඝයා පිරිවරා ඉන්නවා."

බරණැස 'ගංගා' නම් ගඟක් තියෙනවා. ඒක විශාල ගඟක්. මේ 'ගංගා' නම් ගඟේ තියෙනවා 'මහාපනාද' කියන රජ්ජුරුවන්ගේ මාළිගාව. දැන් ඒක ගඟෙන් යටවෙලා, වැල්ලෙන් වැහිලා තියෙන්නේ. එතකොට මහාපනාද කියන රජ්ජුරුවන්ගේ මේ මාළිගාව 'සංඛ' කියන සක්විති රජ්ජුරුවෝ ගඟෙන් උඩට ගන්නවා. ඒකේ තමයි එයා කාලයක් ඉන්නේ.

සක්විති රජතුමාත් පැවිදි වෙනවා...

මේ සක්විති රජ්ජුරුවන්ට දැනගන්න ලැබෙනවා, 'බුදුරජාණන් වහන්සේ නමක් සම්මාසම්බුද්ධත්වයට පත්වෙලා ධර්මය දේශනා කරනවා' කියලා. එතකොට මේ සක්විති රජ්ජුරුවෝ ඒ බුදුරජාණන් වහන්සේව බැහැදකින්න යනවා. ඊට පස්සේ බොහොම හිත පහදවා ගෙන ඒ බුදුරජාණන් වහන්සේගේ ශිෂ්‍යයෙක් හැටියට පැවිදි වෙනවා.

නමුත් බුදු කෙනෙක් පහළවෙලා ඉන්න වෙලාවක සක්විති රජ කෙනෙක් පැවිදි වුණාට බුදු කෙනෙක් බවට පත්වෙන්නේ නෑ. බුදු කෙනෙක් පහළ වෙලානේ ඉන්නේ.

එක තැන බුදුවරු දෙනමක් පහළ වෙන්නේ නෑ. ඒ සක්විති රජ්ජුරුවෝ අරහත්වයට පත්වෙනවා.

අප්‍රමාදී වීම පිණිස මිස ප්‍රමාද වීමට නොවෙයි...

ඊට පස්සේ බුදුරජාණන් වහන්සේ වදාළා, "ඒ නිසා මහණෙනි, තමා ද්වීපය කොට වාසය කරන්න. තමා පිළිසරණ කොට වාසය කරන්න. ධර්මය ද්වීපය කොට වාසය කරන්න. ධර්මය පිළිසරණ කොට වාසය කරන්න." කියලා. ධර්මය ද්වීපය කරගෙන වාසය කරනවා කියන්නේ, සතර සතිපට්ඨානයේ යෙදී වාසය කිරීමයි.

"මහණෙනි, මේ විදිහට 'සතර සතිපට්ඨානය' නම් වූ පියාගෙන් ලැබූ භූමියේ, තමන්ට පරපුරෙන් ලැබිච්ච තමන්ගේ බිම වාසය කළොත් ආයුෂයෙන් වැඩේවි, වර්ණයෙන් වැඩේවි, සැපයෙන් වැඩේවි, භෝගයෙන් වැඩේවි, බලයෙන් වැඩේවි. මහණෙනි, ආයුෂය තමයි සතර ඉර්ධිපාද වැඩීම. එහෙනම් සතර සතිපට්ඨානයේ යෙදී වාසය කළොත් සතර ඉර්ධිපාද වැඩේවි. වර්ණය තමයි සීලය. සතර සතිපට්ඨානයෙන් යුතුව වාසය කළොත් ප්‍රාතිමෝක්ෂ සංවර සීලයෙන් යුතුව පිරිසිදු සීලයකින් වාසය කරාවි." එතකොට පිරිසිදු සීලයකින් වාසය කරන්න උපකාරී වෙන්නේ සතර සතිපට්ඨානයයි.

"මහණෙනි, සතර සතිපට්ඨානයේ යෙදී වාසය කළොත් සැපයෙන් වැඩේවි. සැපය යනු පළවෙනි ධ්‍යානය, දෙවෙනි ධ්‍යානය, තුන්වෙනි ධ්‍යානය, සතරවෙනි ධ්‍යානයයි. සතර සතිපට්ඨානයෙන් යුතුව වාසය කළොත් භෝග සම්පත්වලින් වැඩේවි. මහණෙනි, භෝග සම්පත් තමයි දස දිසාවට මෛත්‍රී, කරුණා, මුදිතා, උපේක්ෂා

කියන සිව්බඹ විහරණයෙන් වාසය කිරීම. බලයෙන් වැඩේවි. මහණෙනි, බලය තමයි ප්‍රඥාව. ප්‍රඥා බලය දියුණු කරගෙන, අරහත්වයට පත්වෙලා වාසය කරන්න පුළුවන් වේවි.”

මැඩලමට අසීරුම බලවේගය...

ඊට පස්සේ බුදුරජාණන් වහන්සේ දේශනා කරනවා, **(නාහං භික්ඛවේ අඤ්ඤං ඒකං බලම්පි සමනුපස්සාමි. යං එවං දුප්පසහං. යථයිදං භික්ඛවේ මාර බලං)** “මහණෙනි, මේ මාරයාගේ මාර බලය මැඬලන්න තරම් බලයක් මම බුදු ඇසින් දකින්නේ නෑ. ඒ කියන්නේ මාරයාගේ බලය මැඬලන්න අමාරුයි.

මේ යුගය සම්පූර්ණයෙන්ම මාර වසඟයේ...

එහෙනම් ‘මාරයා’ කියලා පුද්ගලයා ඉන්නවා. එයාට සේනාවකුත් ඉන්නවා. එයා අධිපතිකමකුත් දරනවා. ඇසට, කණට, නාසයට, දිවට, කයට, මනසට තමයි මාරයා අධිපතිකම් දරන්නේ. කෙලෙස් වසඟයේ ඉන්නකම් මාරයාට අධිපතිවෙලා ඉන්න පුළුවන්. නමුත් යම් පුද්ගලයෙක් කෙලෙසුන්ගෙන් නිදහස් වුණොත් එයාට අධිපති වෙන්න මාරයාට බෑ. එහෙනම් එයා මොකද කරන්නේ? කෙලෙස් වසඟයේ තබාගන්න දස මාර සේනාව යොදනවා. එතකොට දස මාර සේනාවට වුවමනා කරන දේවල් තමයි කාම ආශාව, ධර්මයට තියෙන නොඇලීම, පිපාසය, බඩගින්න, භය, තණ්හාව, විචිකිච්ඡාව(සැකය), ලාභසත්කාර, කීර්ති ප්‍රශංසා, ගුණමකුබව. එතකොට අප තුළ තියෙන කෙලෙස් තමයි එයා පාවිච්චි කරන්නේ. නමුත් යම් කෙනෙක් සතර සතිපට්ඨානය තුළ ඉන්නවා

නම්, මාරයාට ඕන දේ කරන්න බැරිව යනවා. නැත්නම් සම්පූර්ණයෙන්ම මාර වසඟයේ, මාර සේනාවට යටත්ව තමයි මේ ලෝක සත්වයාට මේ යුගයේ ඉන්න තියෙන්නේ.

ඒ නිසා මේ මාර බලයෙන් යම්කිසි ප්‍රමාණයකින් හෝ මිදෙන්න අපිට විශාල පිනක් තියෙන්න ඕන. පෙර කරන ලද පිනක් තියෙන්නත් ඕන. ඒ වගේම මේ ජීවිතයේදි කරන ලද පිනක් තියෙන්නත් ඕන. **(කුසලානං භික්ඛවේ ධම්මානං සමාදානහේතු, ඒවමිදං පුඤ්ඤං පවඩ්ඪතීති)** මහණෙනි, ඒ නිසා කුසල ධර්මයන්ගේ සමාදානයෙන් තමයි, මේකට වුවමනා ආකාරයට පින් වැඩෙන්නේ."

ගස් හිටවනවට වඩා අතිශයින් දුෂ්කර වැඩක්...

මේ මාර බලය ගැන මම පුංචි උදාහරණයක් කියන්නම් ඔබට තේරෙන්න. අපි කියමු ඔබට වටිනා පැළයක්. දැන් ඔබ මේක හිටවගන්නවා. ඊට පස්සේ ඔබ එන එන එක්කෙනාට පෙන්වනවා, 'මේ තියෙන්නේ වටිනා පැළයක්' කියලා. ඔබ දැන් මේකට ආරක්ෂාවක් සපයන්නෙත් නෑ. එතකොට මොකක් වෙයිද? එක්කෝ කවුරුහරි හොරකම් කරයි. එහෙම නැත්නම් යන ගමන් පාගාගෙන යයි. එහෙමත් නැත්නම් දණ හිස කහනවා වගේ පාත්වෙලා හිමීට ඒක උදුරයි. උදුරා දාලා දන්නේ නෑ වගේ යයි. ඊට පස්සේ ඉතින් ඒ ගහ ඉවරයිනේ. පෙනෙන ලෝකෙන් ගහකට එහෙම අනතුරු තියෙනවා නම්, නොපෙනෙන මාරයාගෙන් අපට කොහොම අනතුරක් ඇද්ද? ගුණධර්ම දියුණු කරනවා කියන එක ගස් හිටවන එකට වඩා අතිශයින්ම දුෂ්කර වැඩක්. ඒ මොකද? මාර බලය ලේසියෙන් මැඬලන්න බෑ. බුද්ධ දේශනාවේ තියෙනවා, "මහණෙනි, දුක සේ මැඬලිය යුතු දේවල් අතර,

මාර බලය වැනි දෙයක් මම බුදු ඇසින් දකින්නේ නෑ." කියලා.

බුදු කෙනෙක් පහළවෙලා මේවා කියාදෙන තුරු ලෝකේ කිසිකෙනෙක් දන්නේ නෑ මේ පිළිබඳව. මේවා පිළිගන්නේ නැති ගිහි පැවිදි අය කොච්චර ඉන්නවද?

හැකි ඉක්මණින් සේඛබල ඇතිකරගන්න...

එතකොට අපි මේකෙන් එකක් තේරුම් ගන්න ඕනේ. ඒ තමයි මාර පිරිසගේ බලය ඉක්මවා යනවා කියන එක හිතන්න බැරිතරම් අමාරු දෙයක්. ඒකයි පින්වතුනි මම බොහෝ විට කියලා තියෙන්නේ, 'හැකි ඉක්මනින් සේඛ බල ඇති කරගන්න' කියලා. ශ්‍රද්ධා, සීල, ශ්‍රැත, ත්‍යාග, ප්‍රඥා කියන මේ පහ ඇති කරගන්න කියන්නේ ඒකයි. එතකොට එයා අඩු ගණනේ සද්ධානුසාරී, ධම්මානුසාරී තත්වයට ධර්ම මාර්ගය දියුණු කරගත්තොත්, එයාට ඒකාන්තයෙන්ම ඊළඟ ජීවිතේ සුගතියේ යන්න ඒක උපකාරී වෙනවා. එතකොට ආයෙමත් ධර්මය අවබෝධ කරගන්න අවස්ථාවක් ලබාගන්න පුළුවන්.

ඉදිරියට මනුස්ස ලොව නම් පතන්න එපා...

හැබැයි ඒ අවස්ථාව තියෙන්නේ මිනිස්සුන් අතර නෙමෙයි. ඒ අවස්ථාව තියෙන්නේ දෙවියන් අතරයි. අනාගතයේ මිනිස්සුන්ට ධර්ම මාර්ගය නෑ. ඒක නැතිකරලා දානවා. ඒක විවෘත කරන්න දෙන්නේ නෑ. ධර්මය විවෘත වෙනවට දැන්මම මහා භීතියක් තියෙනවා. ඉතින් ඒ නිසා ඉස්සරහට කොහොමත් ධර්මය නෑ. ඒ නිසා අනාගතයේදී, මනුස්ස ලෝකය තුළ 'චතුරාර්ය සත්‍ය අවබෝධ කරගන්න ඕන' කියලා අදහසක් තියෙනවා නම් ඒ අදහස අත්හරින්න.

ඒක කරන්න පුළුවන් වැඩක් නෙමෙයි. ඒක කරනවා නම් කරගන්න තියෙන්නේ මේ ජීවිතයේදී කරගත්තු ටිකක් තමයි.

එතකොට මේ ජීවිතයේදි ශ්‍රද්ධා, සීල, ශ්‍රැත, ත්‍යාග, ප්‍රඥා දියුණු කරගෙන, සතර සතිපට්ඨානය ඉගෙනගෙන, ඒකත් ටික ටික පුරුදු කරගෙන, ඊළඟට දෙවියන් අතරට යන්න ලෑස්තිවෙන්න ඕන. එහෙදී මේ ශ්‍රද්ධා, සීල, ශ්‍රැත, ත්‍යාග, ප්‍රඥා තුළ පිහිටලා සතර සතිපට්ඨානය පුරුදු කරන්න ඕන. මාර්ගඵල ලාභීන්, කුසල් වඩපු අය එහේ ඉන්නවා. ගෞතම ශාසනයේ පිහිටක් ලබාගන්න තියෙන ක්‍රමය තමයි මම මේ කිව්වේ. ඉස්සරහට නම් මේ මනුස්ස ලෝකය තුළ ඒක බලාපොරොත්තු වෙන්න එපා.

ඔබට දරුවන්ටත් උගන්වන්න තියෙන්නේ මෙන්න මේ ක්‍රමය තමයි. අනාගතය ලෝකය අපි හිතනවාට වඩා විෂම, දරුණු එකක්. වර්තමානය ඊට වඩා හොඳයි. ඉතින් ඒ නිසා අනාගතය ගැන ඔබ සැලසුම් කරනවා නම්, මනුස්ස ලෝකය සැලසුම් කරන්න එපා. ඒ නිසා ඔබට ගෞතම බුදුරජාණන් වහන්සේ පෙන්වා දුන්, තමා තමාව පිළිසරණ කරගෙන, තමා ධර්මය පිළිසරණ කරගෙන, සතර සතිපට්ඨානය තුළ සිහිය පිහිටුවාගෙන, සිත දියුණු කරගෙන, සිත පිහිටුවාගෙන ඔබට ද මේ ගෞතම බුද්ධ ශාසනයේදී උතුම් චතුරාර්ය සත්‍ය අවබෝධ කරගන්න වාසනාව ලැබේවා!

සාදු! සාදු!! සාදු!!!

නමෝ තස්ස භගවතෝ අරහතෝ සම්මාසම්බුද්ධස්ස
ඒ භාග්‍යවත් අරහත් සම්මා සම්බුදුරජාණන් වහන්සේට නමස්කාර වේවා!

02.

ආටානාටිය සූත්‍රය

(දීඝ නිකාය 3 - පාථික වර්ගය)

ශ්‍රද්ධාවන්ත පින්වත්නි,

අද අපි ඉගෙනගන්නේ දීඝ නිකායට අයිති විශේෂ දේශනාවක්. මේ දේශනාවේ නම **'ආටානාටිය සූත්‍රය'**. ඔබ දන්නවා සත්වයින්ගේ ලෝකය හරිම විවිධයි. ඒ වගේම විචිත්‍රයි. නමුත් මේ සත්ව ලෝකයෙන් අපට පෙනෙන්නේ මිනිස් ලෝකයේ සිටින මනුෂ්‍යයන් හා තිරිසන් ලෝකයේ සිටින යම්කිසි සත්වයන් කොටසක් පමණයි. නාග ලෝකය අයිති වෙන්නෙත් තිරිසන් ලෝකයටයි. නමුත් අපට ඒ නාග ලෝකය පේන්නේ නෑ. එහෙනම් තිරිසන් ලෝකයේ එක්තරා කොටසක් විතරක් පමණයි අපට පේන්නේ. පෙනෙන ලෝකය සහ නොපෙනෙන ලෝකය යන මේ සියල්ල අවබෝධ කළ, ලෝකය දකිනා සැබෑ ඇස බුදුරජාණන් වහන්සේයි. උන්වහන්සේ මේ පෙනෙන ලෝකයේ තියෙන ප්‍රශ්න ගැනත් දන්නවා. ඒ

වගේම නොපෙනෙන ලෝකයේ තිබෙන ප්‍රශ්න ගැනත් උන්වහන්සේ දන්නවා.

මැදුම් රැයේ දේව සභාව...

ඉතින් මේ නොපෙනෙන ලෝකයෙන් අපට සිද්ධවෙන යම් යම් අවැඩ වැළැක්වීම පිණිස, වෙසමුණි දිව්‍යරාජයා බුදුරජාණන් වහන්සේ ළඟට ඇවිදින් කියාපු කරුණු මුල්කරගෙන තමයි බුදුරජාණන් වහන්සේ භික්ෂූන් වහන්සේලා කැඳවලා මේ ආටානාටිය සූත්‍රය වදාළේ.

එදා බුදුරජාණන් වහන්සේ වැඩසිටියේ රජගහනුවර ගිජ්ඣකූට පර්වතයේ. එදා රාත්‍රියේ මධ්‍යම යාමයේ, (ඒ කියන්නේ පෙර යාමය අවසන් වුණාට පස්සේ) සතරවරම් දෙවිවරු බුදුරජාණන් වහන්සේව බැහැදකින්න පැමිණියා. කවුද ඒ සතර වරම් දෙවිවරු? ධතරාෂ්ඨ, විරූඪ, විරූපාක්ෂ, වෛශ්‍රවණ. වෛශ්‍රවණ දෙවියන්ටම තමයි අපි 'වෙසමුණි' කියලා කියන්නේ. 'විසාණ' කියන රාජධානියට අධිපති නිසයි 'වෙස්සවණ' කියන නම හැදිලා තියෙන්නේ.

නොපෙනෙන ලොවක් ගැන අපූරු විස්තරයක්...

ඒ වෛශ්‍රවණ දිව්‍ය රාජයාගේ පිරිස තමයි යක්ෂ පිරිස. ධතරාෂ්ඨ දෙවියන්ගේ පිරිස තමයි ගාන්ධර්ව පිරිස. ඒ වගේම විරූඪ දෙවියන්ගේ පිරිස කුම්භාණ්ඩ පිරිසයි. (කුම්භාණ්ඩ කියලා ඉන්න භූත කොට්ඨාශයක්.) විරූපාක්ෂ දෙවියන්ගේ පිරිස තමයි නාග පිරිස. එතකොට ගාන්ධර්ව, කුම්භාණ්ඩ, නාග, යක්ෂ කියන මේ පිරිස් පිරිවරාගෙන ධතරාෂ්ඨ, විරූඪ, විරූපාක්ෂ, වෛශ්‍රවණ කියන සතරවරම් දෙවිවරු බුදුරජාණන් වහන්සේව

බැහැදකින්න පැමිණියා. (චතුද්දිසං රක්ඛං ඨපෙත්වා)

උතුරු, නැගෙනහිර, දකුණු, බටහිර කියන දිශාවලින් උතුරු දිශාවට අධිගෘහිතයි වෙසමුණි දිව්‍ය රාජයා. නැගෙනහිර දිශාවට අධිගෘහිතයි ධතරාෂ්ඨ දිව්‍ය රාජයා. දකුණු දිශාවට අධිගෘහිතයි විරූඪ දිව්‍ය රාජයා. ඒ වගේම බටහිර දිශාවට අධිගෘහිතයි විරූපාක්ෂ දිව්‍ය රාජයා.

තම තමන්ගේ සේනාව ආරක්ෂා පිණිස සිව් දිශාවේ රඳවලා, (චතුද්දිසං ගුම්බං ඨපෙත්වා) තමන්ගේ දිව්‍ය ශරීර ඒකාලෝක කරගෙන බුදුරජාණන් වහන්සේ ළඟට මේ සතරවරම් දෙව්වරු ආවා.

චාතුම්මහාරාජිකයේ පාලනය යටතේ...

මේ ලෝකයේ මනුෂ්‍යයින් ඉන්නවා වගේම චාතුම්මහාරාජිකයට අයිති දිව්‍ය පිරිසකුත් ඉන්නවා. මේ සතරවරම් දෙව්වරු අයිති වෙන්නෙත් චාතුම්මහාරාජිකයට. එතකොට චාතුම්මහාරාජික දිව්‍ය ලෝකයට අයිති පිරිසෙන් තමයි, මනුෂ්‍ය ලෝකයට සම්බන්ධව සිටින මේ නොපෙනෙන ලෝකය පාලනය වෙන්නේ.

ඉතින් මේ පිරිසෙන් ඉස්සරවෙලාම සතරවරම් දෙව්වරු ඇවිල්ලා බුදුරජාණන් වහන්සේට ආදරයෙන් වන්දනා කළා. සමහර යක්ෂයෝ ඇවිල්ලා බුදුරජාණන් වහන්සේ එක්ක කතාබස් කරලා ඒ ඇත්තන්ගේ නම් ගොත් පැවසුවා. සමහර යක්ෂයෝ ඇවිල්ලා නිශ්ශබ්දවම පැත්තකින් වාඩිවුණා. එතකොට මෙතැන තියෙන විශේෂත්වය තමයි, බොහෝ සූත්‍රවල තියෙන්නේ (ඒකමන්තං අට්ඨාසි) 'එකත්පස්ව සිට ගත්තේය' කියලා.

නමුත් මෙතැන තියෙන්නේ (**ඒකමන්තං නිසීදිංසු**) 'එකත්පස්ව හිඳ ගත්තාහුය' කියලා.

හැමදෙනා තුළම පැහැදීම නෑ...

වෛශ්‍රවණ දිව්‍ය රාජයාත් ඇවිත් බුදුරජාණන් වහන්සේ ළඟින් වාඩිවුණා. වාඩිවෙලා බුදුරජාණන් වහන්සේට කියනවා, (**සන්ති හි භන්තේ උළාරා යක්ඛා භගවතෝ අප්පසන්නා**) "ස්වාමීනි, භාග්‍යවතුන් වහන්සේ කෙරෙහි පැහැදීමක් නැති, අපැහැදීමෙන් යුතු ව සිටින බලවන්ත යක්ෂයෝ ඉන්නවා. '**උළාරා**' උළාර කියන්නේ බලවන්ත. ඒ වගේම භාග්‍යවතුන් වහන්සේ කෙරෙහි ඉතාම පැහැදීමකින්, ශ්‍රද්ධාවකින් යුතු යක්ෂයෝ ඉන්නවා. (**සන්ති හි භන්තේ මජ්ඣිමා යක්ඛා භගවතෝ පසන්නා**) ඒ වගේම භාග්‍යවතුන් වහන්සේ කෙරෙහි පැහැදිච්ච මධ්‍යම ආනුභාව ඇති යක්ෂයෝ ඉන්නවා. ඒ වගේම භාග්‍යවතුන් වහන්සේ කෙරෙහි අපැහැදිච්ච මධ්‍යම ආනුභාව ඇති යක්ෂයොත් ඉන්නවා."

"ස්වාමීනි, ඒ වගේම භාග්‍යවතුන් වහන්ස, භාග්‍යවතුන් වහන්සේ කෙරෙහි කිසිම පැහැදීමක් නැති නීච, පහත්, ලාමක ගතිගුණ ඇති යක්ෂයන් ඉන්නවා. ඒ වගේම භාග්‍යවතුන් වහන්සේ කෙරෙහි පැහැදිච්ච ලාමක ගතිගුණ ඇති යක්ෂයනුත් ඉන්නවා."

දුස්සීල අය සීලයට විරුද්ධයි...

"ස්වාමීනි, මේ අය මේ විදිහට අපහදින්න කාරණාවල්, හේතූන් තියෙනවා. ඒ තමයි (**භගවා හි භන්තේ පාණාතිපාතා වේරමණියා ධම්මං දේසේති**) භාග්‍යවතුන් වහන්සේ සතුන් මැරීමෙන් වැළකීම පිණිස

ධර්මය දේශනා කරනවා. සොරකම් කිරීමෙන් වැළකීම පිණිස ධර්මය දේශනා කරනවා. වැරදි කාමසේවනයෙන් වැළකීම පිණිස ධර්මය දේශනා කරනවා. බොරු කීමෙන් වැළකීම පිණිස භාග්‍යවතුන් වහන්සේ ධර්මය දේශනා කරනවා. ඒ වගේම මත්පැන් මත්ද්‍රව්‍ය පාවිච්චියෙන් වැළකීම පිණිස භාග්‍යවතුන් වහන්සේ ධර්මය දේශනා කරනවා."

"ඒ වුණාට ස්වාමීනි, භාග්‍යවතුන් වහන්ස, ඒ යක්ෂයන් බොහෝ සෙයින් සිටින්නේ සතුන් මැරීමෙන් වැළකිලා නොවෙයි. මේ යක්ෂයින් හරියට සත්ව ඝාතනයෙහි යෙදෙනවා. සොරකමින් වැළකිලා නොවෙයි ඉන්නේ. සොරකමේ යෙදෙනවා. යකුන් කාමමිත්‍යාචාරයෙන් වැළකිලා නොවෙයි ඉන්නේ. කාම මිත්‍යාචාරයේ යෙදෙමිනුයි වාසය කරන්නේ. බොරුත් කියනවා. ඒ වගේම මත්පැන්, මත්ද්‍රව්‍යත් පාවිච්චි කරනවා."

දැන් බලන්න මේ කියන්නේ අපට නොපෙනෙන ලෝකයක් ගැන. බොහෝවිට යකුන් මේවා කරන්නේ මිනිස්සු හරහායි. මිනිස්සුන්ට ආවේශ වෙලා තමයි මේ දේවල් කරන්නේ. නමුත් සාමාන්‍ය මිනිස්සුන්ට තමන් ග්‍රහණය වෙලා ඉන්නවා කියලා තේරෙන්නේ නෑ. බුදුරජාණන් වහන්සේ ධර්මය දේශනා කළේ යකුන්ට නොවෙයි. උන්වහන්සේ ධර්මය දේශනා කළේ දෙවියන්ටයි, මිනිසුන්ටයි. දෙවියන්ටයි, මිනිසුන්ටයි ධර්මය දේශනා කරද්දී බුදුරජාණන් වහන්සේ ධර්මය දේශනා කළා "සතුන් මැරීමෙන් වළකින්න. සොරකම් කිරීමෙන් වළකින්න. වැරදි කාමසේවනයෙන් වළකින්න. සොරකම් කිරීමෙන් වළකින්න. මත්පැන්, මත්ද්‍රව්‍ය

පාවිච්චියෙන් වළකින්න" කියලා.

අමනාපයට හේතුව...

බුදුරජාණන් වහන්සේ මේ විදිහට ධර්මය දේශනා කළාට පස්සේ, මිනිසුන්ගේ ඇඟවල්වලට කිට්ටු වෙලා ඒ කටයුතු කරමින් ඉන්න අමනුස්සයන්ට ඒ කටයුතු හරියට කරගන්න බැරි වෙනවා. මිනිස්සු බුදුරජාණන් වහන්සේව සරණ ගිහිල්ලා, මේ දේවල්වලින් වැළකුණාට පස්සේ යක්ෂයින්ට තමන්ගේ ආනුභාවය පවත්වන්න බැරි වෙනවා. (**තේසන්තං හෝති අප්පියං අමනාපං**) ඒ නිසා ඒගොල්ලන්ට බුදුරජාණන් වහන්සේ අප්‍රිය, අමනාප වෙනවා.

සිල්වත් අයටත් අමනුෂ්‍ය කරදර...?

එහෙනම් අපි තේරුම්ගන්න ඕන, බුදුරජාණන් වහන්සේව අප්‍රිය කරන යකුන්, අමනුෂ්‍යයින් ඉන්නවා. සමහරු සිල්වත් ජීවිතයක් ගත කරද්දිත් ඒ අයට යකුන් ගෙන් අමනුෂ්‍යයින්ගෙන් උපද්‍රව වෙනවා. එතකොට අනිත් අය ගරහනවා 'සිල්වත් කෙනෙකුට යකුන් ගෙන් කරදර වෙන්නේ කොහොමද? අමනුෂ්‍යයින්ගෙන් කරදර වෙන්නේ කොහොමද? සිල්වතුන්ට හානිවෙන්න පුළුවන්ද?' කියලා. ඒකෙන් පේන්නේ අඩුගණනේ එයා මේ ආටානාටිය සූත්‍රයවත් තේරුම් ඇතිව කියවලා නෑ. එහෙම කියන්නේ අමනුෂ්‍යයින්ගේ හැටි දන්නේ නැතිකම නිසයි.

"ඉතින් ඒ නිසා ස්වාමීනි භාග්‍යවතුන් වහන්ස, දුෂ්චරිතයේ යෙදෙන යක්ෂයන්ට, අමනුෂ්‍යයින්ට නම් භාග්‍යවතුන් වහන්සේව කිසිසේත්ම ප්‍රිය මනාප නෑ."

සිව්වණක් පිරිසට ආරක්ෂාවක් වුවමනායි...

"ඒ වගේම ස්වාමීනි, භාග්‍යවතුන් වහන්ස, හුදෙකලා වාසයට කැමති භාග්‍යවතුන් වහන්සේගේ ශ්‍රාවකයෝ ඉන්නවා. ඒ ශ්‍රාවකයන් හුදෙකලා තැන් සොයාගෙන වනාන්තර ඇතුළටම යනවා. ගල්ලෙන්වල තියෙන කුටි හොයාගෙන යනවා. සද්දබද්ද නැති, මනුෂ්‍යයින් අල්ප වශයෙන් ඉන්න ඈත වනාන්තරවලට භාවනා කරන්න යනවා. නමුත් භගයවතුන් වහන්ස, ඒ වගේ සමහර තැන්වල අමනුෂ්‍යයෝ ඉන්නවා. **(තත්ථ සන්ති උළාරා යක්ඛා නිවාසිනෝ)** ඒ වගේ තැන්වල නිරන්තරයෙන් බලවන්ත යක්ෂයෝ අරක්ගෙන ඉන්නවා. **(යේ ඉමස්මිං භගවතෝ පාවචනේ අප්පසන්තා)** ඒ අය භාග්‍යවතුන් වහස්සේගේ බුද්ධ ශාසනය කෙරෙහි අපැහැදුණු අය. **(තේසං පසාදාය)** ඒ අයගේ ප්‍රසාදය පිණිස, භික්ෂූන්ට, භික්ෂුණීන්ට, උපාසකයන්ට, උපාසිකාවන්ට ආරක්ෂාව පිණිස භාග්‍යවතුන් වහන්සේ මේ ආටානාටිය සූත්‍රය කියාදෙන සේක්වා! මේ ආටානාටිය සූත්‍රය හොඳට ඉගෙනගත්තොත් හොඳ ආරක්ෂාවක්, රැකවරණයක් ඇතුව, හිංසාවක් නැතුව ඉන්න පුළුවන්. මේකෙන් භාග්‍යවතුන් වහන්සේගේ සිව්වණක් පිරිසට කිසි හිංසාවක් නොලබා, පහසුවෙන් වාසය කරන්න පුළුවන්කමක් ලැබෙයි" කියලා කිව්වා. එතකොට බුදුරජාණන් වහන්සේ ඒ අදහස පිළිගත්තා.

එකල එසේ නම් මෙකල...?

එහෙනම් මේකෙන් අපට පේනවා, බුදුරජාණන් වහන්සේ හොඳාකාරවම දන්නවා මේ භික්ෂු, භික්ෂුණී, උපාසක, උපාසිකාවන් ධර්මය වඩන්න මහන්සි

ගන්නකොට, පංචසීලය ආරක්ෂා කරන්න මහන්සි ගන්නකොට, සිල් රකින්න මහන්සි ගන්නකොට මේකට අමනුෂ්‍යයන් අකමැති බව. ඒ වගේම මේකට කැමති පිරිසකුත් ඉන්නවා. (**යේභුයෙය්න බෝ පන භන්තේ යක්ඛා අප්පටිවිරතා**) නමුත් බහුල වශයෙන් ඉන්නේ මේ පන්සිල් වලට කැමති පිරිසක් නොවෙයි. කැමති පිරිස ඉන්නේ බොහොම ටිකයි. දැන් මේ කියන්නේ අද කාලේ ගැනත් නෙමෙයි. බුදුරජාණන් වහන්සේ ජීවමාන වැඩසිටින කාලයේ විස්තරයක්. බුදුරජාණන් වහන්සේ මාර පරාජය කරලා තියෙද්දි, ඒ ජීවමාන කාලයේ විස්තරය.

මෙන්න දිව්‍ය ආඥාව...

භාග්‍යවතුන් වහන්සේ ඉවසීමෙන් මෙය පිළිගත්තා. එතකොට වෛශ්‍රවණ දිව්‍යරාජයා, භාග්‍යවතුන් වහන්සේ එය ඉවසීමෙන් පිළිගත්ත බව දැනගෙන මෙන්න මේ ආටානාටිය ආරක්ෂාව ප්‍රකාශ කළා.

විපස්සිස්ස නමත්ථු - චක්ඛුමන්තස්ස සිරීමතෝ
සිඛිස්ස'පි නමත්ථු - සබ්බභූතානුකම්පිනෝ

සදහම් ඇස් ඇති - සොඳුරු සිරිය ඇති
විපස්සී බුදුරජාණන් හට - නමස්කාර වේවා
සියලු සතුන් හට - අනුකම්පා ඇති
සිඛී බුදුරජාණන් හට - නමස්කාර වේවා

වෙස්සභුස්ස නමත්ථු - නහාතකස්ස තපස්සිනෝ
නමත්ථු කකුසන්ධස්ස - මාරසේනාපමද්දිනෝ

සියලු කෙලෙස් නැති - වෙර වීරිය ඇති
වෙස්සභූ බුදුරජාණන් හට - නමස්කාර වේවා
දස මර සේනා - ඔද තෙද බිඳ හළ

කකුසඳ බුදුරජාණන් හට - නමස්කාර වේවා

කෝණාගමනස්ස නමත්ථු - බ්‍රාහ්මණස්ස වුසීමතෝ
කස්සපස්ස නමත්ථු - විප්පමුත්තස්ස සබ්බධී

කෙලෙස් බැහැර කළ - බඹසර නිම කළ
කෝණාගමන බුදුරජාණන් හට - නමස්කාර වේවා
හැම කෙලෙසුන්ගෙන් - හොඳින් මිදී ගිය
කස්සප බුදුරජාණන් හට - නමස්කාර වේවා

අංගීරසස්ස නමත්ථු - සක්‍යපුත්තස්ස සිරීමතෝ
යෝ ඉමං ධම්මමදේසේසි - සබ්බදුක්ඛාපනූදනං

ලොවේ සියලු දුක් - මැනවින් දුරු වන
මේ සිරි සදහම් පවසා වදහළ - යම් කෙනෙකුන් වෙද
සොඳුරු සිරිය ඇති - ශාක්‍ය පුත්‍ර වූ
අංගීරස වූ අපගේ ගෞතම බුදු සමිඳුන් හට නමස්කාර වේවා

යේ චාපි නිබ්බුතා ලෝකේ - යථාභූතං විපස්සිසුං
තේ ජනා අපිසුණා - මහන්තා වීතසාරදා

ඒ බුදුවරු ලොව - නිවනට වැඩි සේක්මය
හැම දේ ගැන සැබෑ තත්වය - විදසුන් කළ සේක්මය
ඒ නරෝත්තමයන් වහන්සේලා - පිසුණු බස් නොපවසත්මය
මහානුභාව සම්පන්නමය - සසර බිය නැති සේක්මය

හිතං දේවමනුස්සානං - යං නමස්සන්ති ගෝතමං
විජ්ජාචරණසම්පන්නං - මහන්තං වීතසාරදං
විජ්ජාචරණසම්පන්නං - බුද්ධං වන්දාම ගෝතමං

දෙව් මිනිසුන් හට - හිත සුව සලසන

ගෞතම නම් වූ - විජ්ජාචරණ සම්පන්න වූ මහානුභාව සම්පන්න වූ - හැම බියෙන් නිදහස් වූ බුදුරජාණන් වහන්සේට - දෙවි මිනිසුන් නමස්කාර කරන්නාහුය.

සත්බුදු වන්දනාව බුද්ධ කාලේ ඉඳලා...

මෙහෙම තමයි වෙසමුණි දිව්‍ය රාජයා බුදුරජාණන් වහන්සේ ඉදිරියේ පෙන්නපු ආටානාටිය ආරක්ෂාව පටන් ගන්නේ. මම කල්පනා කරලා තමයි, මහමෙව්නාවේ වන්දනාවට මේ සත්බුදු වන්දනාව එක්කළේ. එතකොට සත්බුදුරජාණන් වහන්සේලාට වන්දනා කිරීම බුද්ධ කාලයේ ඉඳලාම තිබෙන එකක්. මේ සත්බුදු වන්දනාව බුදුරජාණන් වහන්සේගේ කාලේ තිබිච්ච බවට හොඳම සාධකය තමයි සාංචි තොරණේ, ඇතුළුවන දොරටුවේ උඩින්ම තියෙන්නේ සත්බුදු වන්දනාව. මේ නිසා මහමෙව්නාවේ ආරම්භයේ සිටම මා කල්පනා කළා මේ සත්බුදු වන්දනාව අපගේ වන්දනාවලට එක්කරගන්න ඕනේ කියලා. මා හිතන්නේ දැන් ඔබ සියලු දෙනාම වගේ සාමාන්‍ය දිනපතා වන්දනාවෙදි සත්බුදුරජාණන් වහන්සේලා වන්දනා කරනවා. මේක ඉතාමත්ම පැරණි බුද්ධ වන්දනාවක්. මෙය ඉස්සරවෙලාම අපට සූත්‍ර දේශනාවල හම්බවෙන්නේ මේ ආටානාටිය සූත්‍රයේදියි. වෙසමුණි දිව්‍යරාජයා කියූ ආකාරයටමයි අපි මේ ගාථා ප්‍රකාශ කළේ.

ඊට පස්සේ වෙසමුණි දිව්‍යරාජයා බුදුරජාණන් වහන්සේට කියනවා, "ස්වාමීනි, යම් තැනකින් සූර්යයා **(යතෝ උග්ගච්ඡති සුරියෝ ආදිච්චෝ මණ්ඩලී මහා)** මහා රශ්මියක්, රශ්මි මණ්ඩලයක් එක්ක නැගී එනවාද, **(යස්ස**

වුග්ගච්ඡමානස්ස සංවරී පි නිරුජ්ඣති) හිරු නැගඑද්දී අඳුර නිරුද්ධ වෙයි. හිරු නැග එද්දි රාත්‍රිය නැතිවෙලා යනවා. **(යස්ස වුග්ගතේ සූරියේ)** සූරියා උදාවූ කල්හී, **(දිවසෝ'ති පවුච්චති)** එතකොටයි කියන්නේ 'දවස' කියලා. **(රහදෝ පි තත්ථ ගම්භීරෝ)** අන්න ඒ හිරු නැගෙන පැත්තේ මහා ජලාශයක් තියෙනවා. **(සමුද්දෝ සරිතෝදකෝ)** ඒ මහා ජලාශයට කියනවා 'සමුද්‍රය' කියලා.

යසස් පිරිවර ඇති - ගාන්ධර්වයන්ට අධිපති...

ස්වාමීනි, භාග්‍යවතුන් වහන්ස, යම් පෙදෙසකින් හිරු නැග එයිද, ඒ පැත්තට, ඒ මහා ජලාශය තියෙන පැත්තට කියන්නේ **(පුරිමා දිසා)** 'පෙරදිග' කියලයි. පූර්ව දිශාව කියලයි මනුෂ්‍යයන් ඒ පැත්තට කියන්නේ. අන්න ඒ දිශාව මහා යසස් ඇති, කීර්තිමත් දිව්‍ය රාජයෙක් පාලනය කරනවා. **(ගන්ධබ්බානං ආධිපති)** ගාන්ධර්වයන්ට අධිපති, **(ධතරට්ඨෝ'ති නාම සෝ)** ඔහුව නමින් හඳුන්වන්නේ 'ධතරාෂ්ඨ' කියලයි. **(රමතී නච්චගීතේහි ගන්ධබ්බේහි පුරක්ඛතෝ)** ගාන්ධර්වයන් පෙරටු කොටගත් නැටුම් ගැයුම්වලින් ඔහු සතුටු වෙනවා. **(පුත්තාපි තස්ස බහවෝ ඒකනාමාති මේ සුතං)** ස්වාමීනි, මා අසා තිබෙන්නේ ඔහුට ඉන්න සියලුම දිව්‍ය පුත්‍රයන් එකම නමින් යුතු බවයි. **(අසීතිං දස ඒකෝ ච ඉන්දනාමා මහබ්බලා)** ඒ මහා බල සම්පන්න ධතරාෂ්ඨ දෙවියන්ගේ දිව්‍ය පුත්‍රස්ථානයේ දිව්‍ය පුත්‍රයන් 91 ක් ඉන්නවා. ඒ සියලුම දෙවිවරුන්ට කියන්නේ 'ඉන්ද' කියලා. **(තේ චාපි බුද්ධං දිස්වාන බුද්ධං ආදිච්චබන්ධුනං)** ඒ සියලුදෙනා සූර්යවංශයේ උපන් **(ආදිච්චබන්ධුනං)** මහත් ආනුභාව ඇති, බිය රහිත බුදුරජාණන් වහන්සේව දැකලා **(දූරතෝ'ව නමස්සන්ති)** ඈත සිටම නමස්කාර කරනවා. **(නමෝ තේ පුරිසාජඤ්ඤ)** අජානීය පුරුෂයාණෙනි,

ඔබවහන්සේට නමස්කාර වේවා. **(නමෝ තේ පුරිසුත්තම)** උතුම් පුරුෂයාණෙනි, ඔබවහන්සේට නමස්කාර වේවා කියලා.

දෙවියන්ගේත් ශාස්තෘන් වහන්සේ...

ස්වාමීනි, ඔබවහන්සේගේ කුසල් බලය නිසා මේ පිළිබඳව ඔබවහන්සේ දිවැසින් දැක වදාරණ සේක්වා! **(කුසලේන සමෙක්ඛසි)** ස්වාමීනි, ඔබවහන්සේට අමනුෂ්‍යයොත් වන්දනා කරනවා. **(අමනුස්සාපි තං වන්දන්ති සුතං නේතං අභිණ්හසෝ)** ඔබවහන්සේට 'අමනුෂ්‍යයෝ වන්දනා කරනවා' කියන කාරණය අපි නිතර නිතර අහලා තියෙනවා. ඒ නිසයි අපි අමනුෂ්‍යයන්ට කියන්නේ **(ජිනං වන්දථ ගෝතමං)** 'ගෞතම ජිනේන්ද්‍රයන් වහන්සේව වඳිව්' කියලා. **(ජිනං වන්දාම ගෝතමං)** 'ලෝකය ජයගත් ගෞතමයන් වහන්සේට අපිත් වන්දනා කරනවා. **(විජ්ජාචරණසම්පන්නං බුද්ධං වන්දාම ගෝතමං)** විජ්ජාචරණ ගුණයෙන් යුතු බුදුරජාණන් වහන්සේට අපිත් වන්දනා කරනවා' කියලා. මේ කියන්නේ කවුද? වෙසමුණි දිව්‍ය රාජයා.

දකුණේ කීර්තිමත් රජු...

ඊළඟට ඒ කාලේ තිබ්ච්ච දකුණු දිශාව ගැන හරි ලස්සන විස්තරයක් කියනවා. මේ සිද්ධිය කියන්නේ ගිජුකුළුපව්වේ ඉඳගෙනයි. ඔන්න රජගහනුවර දකුණු දිශාව ගැන විස්තරයක් කියනවා. **(යේන පේතා පවුච්චන්ති පිසුණා පිට්ඨිමංසිකා පාණාතිපාතිනෝ ලුද්දා චෝරා නේකතිකා ජනා)** ඒ කාලේ රජගහනුවර දකුණු පැත්තේ තමයි සොහොන තිබිලා තියෙන්නේ. ඒ පැත්තේ ඉන්නේ

කේලාම් කියන, පිටිමස් කන අයයි. (පිටිමස් කනවා කියන්නේ කථාකර කර ඉඳලා ගියාට පස්සේ බනින එකට) ඉතින් මෙයා කියනවා, **(ඉති නං ආචික්ඛති ජනෝ)** සොරකම් කරන අයව, රෞද්‍ර අයව මරලා දාන්නේ කවර පැත්තේද, ස්වාමීනි, අන්න ඒ පැත්තට කියන්නේ 'දකුණු දිශාව' කියලා. **(යං දිසං අභිපාලේති මහාරාජා යසස්සිසෝ)** ස්වාමීනි, අන්න ඒ පැත්ත කීර්තිමත් මහා රජ කෙනෙක් පාලනය කරනවා. **(කුම්භණ්ඩානං ආධිපති විරූළ්හෝ ඉති නාමසෝ)** කුම්භාණ්ඩයන්ට අධිපති (විරූළ්හ) 'විරූඪ' කියලා."

කුම්භාණ්ඩයෝ කොයි වගේද...?

කුම්භාණ්ඩ කිව්වාම අපි ඉස්සර අහලා තිබුණේ, අණ්ඩකෝෂය ගොඩාක් විශාල ප්‍රේත කොට්ඨාශයක් කියලා. එහෙම ප්‍රේත කොට්ඨාසයකුත් ඉන්නවා. නමුත් ඒගොල්ලො ගැන නෙමෙයි මේ කියන්නේ. අණ්ඩ කෝෂය ගොඩාක් විශාල ප්‍රේත කොට්ඨාශයක් ඉන්නවා. හරියට කලගෙඩියක් වගේ. එයා ඒක කරේ තියාගෙන තමයි යන්නේ එන්නේ. ඒකෙ තමයි එයා වාඩිවෙන්නෙත්. මෙතැන 'කුම්භාණ්ඩ' කියන්නේ එක්තරා භූත කොට්ඨාශයක් ගැන. එතකොට මේ විරූඪ දෙවියන් **(රමතී නච්චගීතේහි කුම්භණ්ඩේහි පුරක්ඛතෝ)** කුම්භාණ්ඩයන් විසින් කරන නැටුම්, ගැයුම් වලින් සතුටු වෙනවා. අර කලින් කියාපු අණ්ඩකෝෂය විශාල අයත් එක්ක නැටුම්, ගැයුම් කරන්න බෑනේ. ඒ කියන්නේ සම්පූර්ණයෙන් ප්‍රේත කොට්ඨාශයක් ගැන.

එකම නමින් අනූ එකක්...

"ස්වාමීනි, භාග්‍යවතුන් වහන්ස, කුම්භාණ්ඩයන්ගේ

අධිපති 'විරූළ්හ' දිව්‍ය රාජයාටත් පුත්‍රස්ථානයේ දිව්‍ය පුත්‍රයන් අනූ එකක් ඉන්නවා. ඒ සියලු දෙනාටමත් කියන්නේ 'ඉන්ද' කියලා. ඒ අයත් හරි බලසම්පන්නයි. ස්වාමීනි, ඒ පිරිසත්, **(තේ චාපි බුද්ධං දිස්වාන බුද්ධං ආදිච්චබන්ධුනං)** සූර්ය වංශයේ උපන්, ආදිච්ච බන්ධු වූ, **(මහන්තං වීතසාරදං)** මහත් වූ ආනුභාව ඇති බුදුරජාණන් වහන්සේව දැකලා, **(දූරතෝව නමස්සන්ති)** ඈත සිටම නමස්කාර කරනවා, **(නමෝ තේ පුරිසාජඤ්ඤ)** 'අජානීය පුරුෂයාණෙනි, ඔබට නමස්කාර වේවා. **(නමෝ තේ පුරිසුත්තම)** උතුම් පුරුෂයාණෙනි, ඔබට නමස්කාර වේවා' **(කුසලේන සමෙක්ඛසි)** ස්වාමීනි, කුසල් බලයෙන් දැක වදාරණ සේක්වා. සියලු අමනුෂ්‍යයන් ඔබවහන්සේට වන්දනා කරනවා. **(සුතං නේතං අභිණ්හසෝ)** අපි මේ කාරණය නිතර නිතර අහලා තියෙනවා. **(තස්මා ඒවං වදේමසේ)** ඒ නිසයි අපි අමනුෂ්‍යයින්ට කියන්නේ, **(ජිනං වන්දථ ගෝතමං)** 'ගෞතම බුදුරජාණන් වහන්සේව වඳිව්. **(ජිනං වන්දාම ගෞතම)** අපිත් ගෞතම බුදුරජාණන් වහන්සේට වන්දනා කරනවා. **(විජ්ජාචරණ සම්පන්නං බුද්ධං වන්දාම ගෝතමං)** අපිත් ඒ විජ්ජාචරණ වූ බුදුරජාණන් වහන්සේට වන්දනා කරනවා" කියලා. දකුණු දිශාව හැඳින්වූයේ මේ විදිහටයි.

මෙන්න බටහිර විස්තර...

"ස්වාමීනි, භාග්‍යවතුන් වහන්ස, **(යස්ස චොග්ගච්ජමානස්ස)** යම් තැනක හිරු බැස යද්දී, **(දිවසෝපි නිරුජ්ඣති)** දිවා කාලය නැති වී යයිද, **(යස්ස චොග්ගතේ සූරියේ)** යම් පෙදෙසකින් හිරු අවරට ගිය, කල්හී, **(සංවරීති පවුච්චති)** 'රැය' යයි කියයිද, **(රහදෝපි තත්ථ ගම්භීරෝ)** ඒ පැත්තේ තියෙනවා මහා ජලාශයක්.

(**සමුද්දෝ සරිතෝදකෝ**) ඒ මහා ජලාශය තියෙන ප්‍රදේශයට කියන්නේ 'සමුද්‍රය' කියලා. (**ඉතෝ සා පච්ඡිමා දිසා ඉති තං ආචික්ඛති ජනෝ**) ජනයා ඒ ප්‍රදේශයට කියන්නේ (**පච්ඡිමා දිසා**) 'බටහිර දිශාව, පැසුණු දිශාව, පශ්චිම දිශාව' කියලා.

නාගයන්ටත් මහානුභාව සම්පන්න රජෙක්...

ස්වාමීනි, මේ පශ්චිම දිශාවත් මහා කීර්තිමත් රජ කෙනෙක් පාලනය කරනවා, (**නාගානඤ්ච ආධිපති විරූපක්ඛෝ ඉති නාමසෝ**) නාගයන්ට අධිපති 'විරූපාක්ෂ' කියලා. (**රමතී නච්චගීතේහි නාගේහේව පුරක්ඛතෝ**) ඔහු නාගයින් විසින් කරන නැටුම්, ගැයුම්වලින් සතුටු වෙනවා. (**පුත්තාපි තස්ස බහවෝ**) ඔහුටත් බොහෝ දරුවන් ඉන්නවා.

පිනෙන් උපන් දිව්‍ය පුත්‍රයෝ...

මෙතැනදී 'දරුවෝ' කියලා කියන්නේ දිව්‍ය පුත්‍රස්ථානයේ ඉපදිච්ච අයට. තම තමන් කරන ලද පින්වලට අනුව තමයි දෙවියන් ගාව උපදින්න ලැබෙන්නේ. එහෙම ඉපදුණාට පස්සේ එයාට ලැබෙනවා 'පුත්‍ර' කියන තනතුර. එතකොට එයාට කියනවා 'දිව්‍ය පුත්‍රයා' කියලා.

"ස්වාමීනි, භාග්‍යවතුන් වහන්ස, ඒ 'විරූපාක්ෂ' දිව්‍යරාජයාටත් (**අසීතිං දස ඒකෝ ච ඉන්දනාමා මහබ්බලා**) මහා බල සම්පන්න දිව්‍ය පුත්‍රයන් අනූඑකක් ඉන්නවා. ඒ දිව්‍ය පුත්‍රයන්ට කියන්නෙත් 'ඉන්ද' කියලා. ස්වාමීනි, ඒ අයත් (**දූරතෝව නමස්සන්ති**) භාග්‍යවත් බුදුරජාණන් වන්සේව දකලා ඈත සිටම වන්දනා කරනවා. ස්වාමීනි,

ඔබවහන්සේගේ කුසල් බලයෙන් මෙය දැක වදාරන සේක්වා! අමනුෂ්‍යයෝ භාග්‍යවතුන් වහන්සේට වන්දනා කරනවා. ස්වාමීනි, මේක අපි අපි නිතර නිතර අහන කථාවක්. ඒ නිසයි අපි අමනුෂයන්ට කියන්නේ, (ජිනං වන්දථ ගෝතමං) භාග්‍යවතුන් වහන්සේට වන්දනා කරන්න. (ජිනං වන්දාම ගෝතමං) අපිත් ඒ ගෞතම මුනීන්ද්‍රයන් වහන්සේව වන්දනා කරනවා. (විජ්ජාචරණසම්පන්නං බුද්ධං වන්දාම ගෝතමං) විජ්ජාචරණ සම්පන්න වූ ගෞතම බුදුරජාණන් වහන්සේව වන්දනා කරනවා" කියලා.

වෙසමුණු දෙවියන්ගේ අණසක...

ඊළගට මේ වෙසමුණි දිව්‍යරාජයා කියනවා තමන් ඉන්න උතුරු ප්‍රදේශය ගැන. දැන් අපි ප්‍රදේශ තුනක් ගැන කතා කළා. නැගෙනහිර ප්‍රදේශය ගැන කිව්වා. 'ධතරාෂ්ඨ' දිව්‍ය රාජයා තමයි නැගෙනහිර ප්‍රදේශයට අධිගෘහිත. නැගෙනහිර ප්‍රදේශයේ ඉන්න සේනාව ගාන්ධර්ව සේනාවයි. ඊළඟට දකුණු දිශාව ගැන කිව්වා. විරූඪ දිව්‍ය රාජයා තමයි ඒ දිශාවේ කුම්භාණ්ඩ සේනාවට අධිගෘහිත වෙන්නේ. බටහිර දිශාවට 'විරූපාක්ෂ' කියන දිව්‍ය රාජයා අධිගෘහිතයි. එයාගේ පිරිස තමයි නාග සේනාව. උතුරු දිශාවට අධිගෘහිත වෙසමුණි දිව්‍යරාජයා දැන් තමන්ගේ දිශාව ගැන මෙන්න කියනවා.

සී සෑම්, බිජු වැපිරීම් එහි නෑ...

"ස්වාමීනි, භාග්‍යවතුන් වහන්ස, (යේන උත්තර කුරූ රම්මා මහානේරු සුදස්සනෝ) මහනේරු පර්වතය තිබෙන, 'උතුරුකුරු දිවයින' නම් රම්‍ය වූ ප්‍රදේශය තිබෙන,

(මනුස්සා තත්ථ ජායන්ති අමමා අපරිග්ගහා) ඒ පළාතේ ජීවත්වන මිනිස්සු මමත්වය නැති අයයි. **(අපරිග්ගහා)** ඒ පළාතේ ඉන්නේ කිසිදේකට දැඩිව ඇලීමක් නැති අයයි. **(න තේ බීජං පවපන්ති)** ඒ වගේම සීසෑමක්, බිජු වැපිරීමක් එහේ නෑ. **(නපි නීයන්ති නංගලා)** නගුල්ගෙන සෑමක් නෑ. **(අකට්ඨපාකිමං සාලිං පරිභුඤ්ජන්ති මානුසා)** එහේ ඉන්න මිනිස්සු වගා නොකළ බිමේ උපන් ඇල් හාල් තමයි අනුභව කරන්නේ. ස්වාමීනි, ඒ ඇල් හාල් වල පොත්ත නෑ. කුඩු නෑ. ඉතාම පිරිසිදු, සුවඳ හමන ඇල් හාල් රන්බඳුනේ ලා තමයි ඒ මිනිස්සු ඒවා අනුභව කරන්නේ. **(ගාවිං ඒකඛුරං කත්වා අනුයන්ති දිසෝදිසං)** ඒ සේනාව ගවයන්ව වාහනය කරගෙන හැම දිශාවෙම යනවා. ඒ කියන්නේ යක්ෂ පිරිස. **(පසුං ඒකඛුරං කත්වා අනුයන්ති දිසෝදිසං)** මෘගයින්ව වාහනය කරගෙන හැමදිශාවේම යනවා. **(ඉත්ථිවාහනං කත්වා)** ස්ත්‍රීන්ව වාහනය කරගෙන ඒගොල්ලෝ හැම දිශාවෙම යනවා. **(පුරිසවාහනං කත්වා)** පුරුෂයන් වාහනය කරගෙන හැම දිශාවෙම යනවා. **(කුමාරි වාහනං කත්වා)** කන්‍යාවන් වාහනය කොටගෙන ඒගොල්ලෝ හැමතැනම යනවා. **(කුමාර වාහනං කත්වා)** කුමාරවරු වාහනය කරගෙන ඒගොල්ලො හැමතැනම යනවා. **(හත්ථියානං අස්සයානං දිබ්බංයානං උපට්ඨිතං)** ඇත් යානාව, අශ්ව යානාව, දිව්‍ය යානාව ආදි යානා වලින් ඒගොල්ලෝ එහෙට මෙහෙට යනවා.

සැබෑම අහස් මාළිගා...

(තස්ස ච නගරා අහු අන්තලික්ඛෙ සුමාපිතා) මහා යසස් ඇති, ඒ ප්‍රදේශයට අධිගෘහිත 'වෙසමුණි' කියන මහාරාජයාට ප්‍රාසාද තියෙනවා. ඒ ප්‍රාසාද තියෙන්නේ

අන්තරීක්ෂයේ. **(අන්තලික්ඛේ සුමාපිතා)** ඒ කියන්නේ අහසේ තමයි ඒ ප්‍රාසාද මවලා තියෙන්නේ. ඒ විදිහේ ප්‍රාසාද පහක් තියෙනවා. ඒවාවල නම් තමයි, 'ආටානාටා, කුසිනාටා, පරකුසිනාටා, නාටපුරියා, පරකුසිතනාටා'. ඒ නගරවලට උතුරු පැත්තෙන් 'කපීවන්ත' කියලා නගරයක් තියෙනවා. ඒ වගේම 'ජනෝඝ' කියලා නගරයක් තියෙනවා. 'අම්බර අම්බරවතී' කියලා නුවරක් තියෙනවා. ඒ වගේම 'ආළකමන්දා, නවනවතිය' කියන රාජධානිද තිබෙනවා. **(කුවේරස්ස හි ඛෝ පන මාරිස මහාරාජස්ස විසාණා නාම රාජධානි)** නිදුකාණන් වහන්ස, මේ කුවේරගේ රාජධානියේ නම තමයි 'විසාණ' කියන්නේ. (වෙසමුණි මහා රජ්ජුරුවන්ට කියන තවත් නමක් තමයි 'කුවේර' කියන්නේ) ඒ නිසයි කුවේර මහ රජුට 'වෙසමුණි' කියලා කියන්නේ. **(තස්මා කුවේරෝ මහාරාජා වෙස්සවණෝති පවුච්චති)** එහෙනම් උතුරු දිශාවේ 'විසාණ' කියන රාජධානියට අධිගෘහිත නිසයි, 'වෛශ්‍රවණ' කියන්නේ. අපි සිංහලෙන් කියන්නේ 'වෙසමුණි' කියලා.

පොකුණ අසබඩ භගලවතී සභාව...

ඊළඟට මේකෙ තියෙනවා ඒ ඉන්න යක්ෂ සේනාවගේ නම්. **(තතෝලා, තත්තලා, තතෝතලා, ඕජසි, තේජසි, තතෝජසි, සූරෝ, රාජා, අරිට්ඨෝ නේමි)** මේ ඔක්කොම ඒ යක්ෂ කණ්ඩායම්වල නම්. **(රහදෝපි තත්ථ ධරණී නාම)** එහේ තියෙනවා විශාල වැවක්. ඒකට වැවට කියන්නේ 'ධරණී' කියලා. ඒ වැවෙන් තමයි වතුර අහසට ගන්නෙත්, ආයේ වැස්ස වහින්නෙත්. මේ 'ධරණී' කියන පොකුණ අසබඩ යක්ෂයන්ගේ සභාවක් තියෙනවා. ඒ සභාවේ නම තමයි 'භගලවතී'. **(සභාපි තත්ථ භගලවතී**

නාම) දිව්‍ය ලෝකයේ තියෙන දිව්‍ය සභාවේ නම 'සුධර්මා'. උතුරුකුරු දිවයිනේ යක්ෂයින්ගේ සභාවේ නම 'භගලවතී'.

ඒ ප්‍රදේශයේ නොයෙක් වෘක්ෂයන්, නොයෙක් පළතුරු වර්ග, නොයෙක් කුරුල්ලෝ ඉන්නවා. එහේ ඉන්න කුරුල්ලන් ගැන ලස්සන විස්තරයක් තියෙනවා. **(මයූරකොඤ්චාභිරුදා කෝකිලාදිහි වග්ගුභි)** මිහිරි හඬ දෙන මයුරන්, (මයූර කියන්නේ මොණරු) කොස්වාළිහිණියන්, කොවුලන්, 'ජීවංජීවක' නම් කුරුල්ලෝ ජාතිය, 'ඔට්ඨව චිත්තක' කියන කුරුල්ලෝ ජාතිය, වළිකුකුළෝ, රන් කුකුළෝ, 'පොක්ඛරසාතක' කියන කුරුල්ලෝ, ගිරව්, සැළලිහිණි, දණ්ඩමාන කියන පක්ෂීන් ඒ 'ධරණී' කියන විල ඇසුරු කරගෙන වාසය කරනවා.

උතුරට හා යක්ෂයන්ට අධිපති...

"ස්වාමීනි, ඒ ප්‍රදේශයට කියන්නේ **(ඉතෝ සා උත්තරා දිසා - ඉති නං ආචික්ඛතී ජනෝ)** 'උතුරු දිශාව' කියලා. **(යක්ඛානං ආධිපති)** යක්ෂයින්ට අධිපති. **(කුවේරෝ ඉති නාමසෝ)** ඔහු නමින් 'කුවේර'. **(රමතී නච්චගීතේහි - යක්ඛේහි පුරක්ඛතෝ)** යක්ෂයින් පෙරටු කොට, යක්ෂයින් විසින් කරනු ලබන නෘත්‍ය, ගීතාදියෙන් සතුටු වෙමින් තමයි ඔහු වාසය කරන්නේ. **(පුත්තාපි තස්ස බහවෝ ඒකනාමාති මේ සුතං)** එකම නම් ඇති පුත්‍රයන්, **(අසීතිං දස ඒකෝ ච)** අනූ එකක් ඔහුටත් ඉන්නවා. **(ඉන්දනාමා මහබ්බලා)** මහා බලසම්පන්න ඒ අයට කියන්නේ 'ඉන්ද' කියලා. ස්වාමීනි, ඒ පිරිසත් භාග්‍යවතුන් වහන්සේව දැක්කාම, **(දූරතෝව නමස්සන්ති මහන්තං වීතසාරදං)** ඈත සිටන්ම වන්දනා කරනවා,

(නමෝ තේ පුරිසාජඤ්ඤ) 'ආජානීය පුරුෂයාණෙනි, ඔබවහන්සේට නමස්කාර වේවා. **(නමෝ තේ පුරිසුත්තම)** උතුම් පුරුෂයාණෙනි, ඔබවහන්සේට නමස්කාර වේවා' කියලා. **(කුසලේන සමෙක්ඛසි)** ස්වාමීනි, භාග්‍යවතුන් වහන්ස, ඔබවහන්සේගේ කුසල් බලයෙන් මෙය දැක වදාළ මැනව. **(අමනුස්සාපි තං වන්දන්ති)** ඔබවහන්සේට අමනුෂ්‍යයනුත් වන්දනා කරනවා. ස්වාමීනි, අපිට ඒක නිතර අහන්න ලැබෙනවා. **(තස්මා ඒවං වදේමසේ)** ඒ නිසයි අපි අමනුෂ්‍යයන්ට කියන්නේ, **(ජිනං වන්දථ ගෝතමං)** 'ගෞතම බුදුරජාණන් වහන්සේට වඳිව්. **(ජිනං වන්දාම ගෝතමං)** අපිත් ගෞතම බුදුරජාණන් වහන්සේව වන්දනා කරනවා. **(විජ්ජාචරණ සම්පන්නං බුද්ධ වන්දාම ගෝතමං)** විජ්ජාචරණ සම්පන්න වූ බුදුරජාණන් වහන්සේට අපිත් වන්දනා කරනවා' කියලා.

වෛශ්‍රවණ දිව්‍ය රාජයා විසින් 'ආටානාටිය ආරක්ෂාව' මෙතැනට එනකම් තමයි කියන්නේ.

දෙව්ලොවෙන් ලැබුණු විශ්මිත ත්‍යාගය...

ඊට පස්සේ වෛශ්‍රවණ දිව්‍යරාජයා කියනවා, **(අයං ඛෝ සා මාරිස ආටානාටිය රක්ඛා)** "ස්වාමීනී, මේක තමයි 'ආටානාටිය ආරක්ෂාව'. එහෙනම් මේ ආටානාටිය ආරක්ෂාව කියන එක ඉදිරිපත් කරලා තියෙන්නේ දෙවිවරු විසින්. වෛශ්‍රවණ දිව්‍ය රාජයා තමයි මේ ආටානාටිය ආරක්ෂාව ඉදිරිපත් කළේ.

සත්බුදු වන්දනාවයි... දේවානුභාවයයි...

එතකොට මේ 'ආටානාටිය ආරක්ෂාව' පටන් ගත්තේ සත්බුදුරජාණන් වහන්සේලාට වන්දනා කරලයි.

ඊට පස්සේ නැගෙනහිර දිශාවේ විස්තරය ආවා. ඊළඟට නැගෙනහිර දිශාවට අධිගෘහිත දෙවියන් සහ ඒ සේනාව. ඊට පස්සේ දකුණු දිශාවේ විස්තරය ආවා. ඊළඟට දකුණු දිශාවට අධිගෘහිත දෙවියන් හා ඒ සේනාව. ඊළඟට බටහිර දිශාවේ විස්තරය ආවා. බටහිර දිශාවට අධිගෘහිත දෙවියන් හා ඒ සේනාව. ඊට පස්සේ උතුරු දිශාවට ආවා. උතුරු දිශාවේ සේනාව ගැන කිව්වා. මෙතැනට එනකල් තමයි 'ආටානාටිය ආරක්ෂාව' කියලා කියන්නේ.

ධර්මයේ හැසිරීමටයි මේ සියලු උපකාර...

"ස්වාමීනි, භාග්‍යවතුන් වහන්ස, මේ 'ආටානාටිය ආරක්ෂාව' භික්ෂු, භික්ෂුණී, උපාසක, උපාසිකා කියන සිව්වණක් පිරිසට රැකවරණය පිණිස, ආරක්ෂාව පිණිස, හිංසා නොවීම පිණිස පහසුවෙන් වාසය කිරීමට හේතු වෙනවා. ඒ වගේම ස්වාමීනි, යම්කිසි භික්ෂුවක්, භික්ෂුණියක්, උපාසක කෙනෙක්, උපාසිකාවක් මේ ආටානාටිය ආරක්ෂාවෙන් ආරක්ෂා වෙලා ඉන්නවා නම්, (ඒ කියන්නේ සතරවරම් දෙව්වරුන්ගේ නම් ගොත් කියලා, ඒගොල්ලන්ගේ විස්තරය කියලා ආරක්ෂා වෙලා ඉන්නවා නම්) එතකොටත් හාත්පසින්ම අමනුෂ්‍යයන් ඇවිදින් කරදර කරන්න පුළුවන්. **(තඤ්චේ අමනුස්සෝ)** ඒ අමනුෂ්‍යයා සමහරවිට, **(යක්ඛෝ වා)** යක්ෂයෙක් වෙන්න පුළුවන්. **(යක්ඛිණී වා)** යක්ෂණියක් වෙන්න පුළුවන්. **(යක්ඛපෝතකෝ වා)** යක්ෂ පැටියෙක් වෙන්න පුළුවන්. **(යක්ඛපෝතිකා වා)** යක්ෂ පැටවියක් වෙන්න පුළුවන්. **(යක්ඛමහාමත්තෝ වා)** බලසම්පන්න යක්ෂයෙක් වෙන්න පුළුවන්. **(යක්ඛපාරිසජ්ජෝ වා)** යක් පිරිවරට අයිති කෙනෙක් වෙන්න පුළුවන්. **(යක්ඛ පචාරෝ වා)** ඒ යක්ෂ පිරිස නියෝජනය කරන කෙනෙක් වෙන්න පුළුවන්.

ගාන්ධර්ව, කුම්භාණ්ඩ, නාග ඕන කෙනෙක්...

එහෙම නැත්නම්, (ගන්ධබ්බෝ වා) ගාන්ධර්වයෙක් වෙන්න පුළුවන්. (ගන්ධබ්බී වා) ගාන්ධර්වියක් වෙන්න පුළුවන්. (ගන්ධබ්බපෝතකෝ වා) ගාන්ධර්ව පැටියෙක් වෙන්න පුළුවන්. (ගන්ධබ්බ පෝතිකාවා) ගාන්ධර්ව පැටවියක් වෙන්න පුළුවන්. (ගන්ධබ්බමහාමත්තෝ වා) ගාන්ධර්ව අමාත්‍යයෙක් වෙන්න පුළුවන්. (ගන්ධබ්බ පාරිසජ්ජෝ වා) ඒ පිරිසේ නියෝජිතයෙක් වෙන්න පුළුවන්. (ගන්ධබ්බ පචාරෝ වා) ගාන්ධර්ව සේවකයෙක් වෙන්න පුළුවන්.

කුම්භාණ්ඩයෙක් වෙන්න පුළුවන්. කුම්භාණ්ඩියක් වෙන්න පුළුවන්. කුම්භාණ්ඩ පැටවෙක් වෙන්න පුළුවන්. කුම්භාණ්ඩ පැටවියක් වෙන්න පුළුවන්. කුම්භාණ්ඩ මහාමාත්‍යයෙක් වෙන්න පුළුවන්. කුම්භාණ්ඩ පිරිසේ නායකයෙක් වෙන්න පුළුවන්. කුම්භාණ්ඩ සේවකයෙක් වෙන්න පුළුවන්.

එහෙම නැත්නම්, නාගයෙක් වෙන්න පුළුවන්. නාගිනියක් වෙන්න පුළුවන්. නාග පැටවෙක් වෙන්න පුළුවන්. නාග පැටවියක් වෙන්න පුළුවන්. නාග මහාමාත්‍යයෙක් වෙන්න පුළුවන්. නාග පිරිසට අයිති කෙනෙක් වෙන්න පුළුවන්. නාග සේවකයෙක් වෙන්න පුළුවන්.

සතර ඉරියව්වේම සිහියෙන් ඉන්න...

ස්වාමීනි, මෙබඳු කෙනෙක්, (පදුට්ඨචිත්තෝ) දුෂ්ට සිතින් යුතුව, නපුරු සිතින් යුතුව, භික්ෂුවකට හෝ භික්ෂුණියකට, උපාසකයෙකුට හෝ උපාසිකාවකට කිට්ටු

වෙලා, **(ගච්ඡන්තං වා අනුගච්ඡෙය්‍ය)** තමන් යද්දි, තමන් එක්ක එකටම යන්න පුළුවන්. **(ඨිතං වා උපතිට්ඨෙය්‍ය)** හිටගෙන ඉද්දි, තමන් ළඟින් හිටගෙන ඉන්න පුළුවන්. **(නිසින්නං වා උපනිසීදෙය්‍ය)** වාඩිවෙලා ඉද්දි තමන් ළඟම වාඩිවෙලා ඉන්න පුළුවන්. **(නිපන්නනං වා උපනිපජ්ජෙය්‍ය)** තමන් නිදාගෙන ඉද්දි, තමන් සමඟම නිදාගන්නත් පුළුවන්.

කරදර කළොත් දැඩි දඬුවම්...

හැබැයි ඒ අමනුෂ්‍යයින්, මේ ආටානාටිය ආරක්ෂාවෙන් ආරක්ෂා වෙලා ඉන්න කෙනෙකුට ඒ විදිහට කළොත්, **(න මේ සෝ මාරිස අමනුස්සෝ ලභෙය්‍ය ගාමේසු වා නිගමේසු වා සක්කාරං වා ගරුකාරං වා)** ගමකින් හෝ නියම්ගමකින් හෝ කවර ආකාරයේවත් සත්කාරයක්, සම්මානයක් පිළිගන්න ඒගොල්ලන්ට කිසිම අවසරයක් නෑ. **(න මේ සෝ මාරිස අමනුස්සෝ ලභෙය්‍ය ආළකමන්දාය රාජධානියා වත්ථුං වා වාසං වා)** ඒගොල්ලන්ට මේ 'ආළකමන්දාව' කියන රාජධානියේ නවාතැන් නම් නෑ. **(න මේ සෝ මාරිස අමනුස්සෝ ලභෙය්‍ය යක්ඛානං සමිතිං ගන්තුං)** ඒගොල්ලන්ට 'භගලවතී සභාව' පැත්ත පළාතට එන්න දෙන්නේ නෑ. **(අපිස්සු නං මාරිස අමනුස්සා අනවය්හම්පි නං කරෙය්‍යුං අවිවය්හං)** ඒගොල්ලන්ගේ ආවාහ විවාහ කටයුතුවලට කිසිම ඉඩක් දෙන්නේ නෑ. **(අපිස්සු නං මාරිස අමනුස්සා, අත්තාහි' පි පරිපුණ්ණාහි පරිභාසාහි පරිභාසෙය්‍යුං)** ඒ විතරක් නොවෙයි, ආටානාටිය ආරක්ෂාවෙන් ආරක්ෂාවෙලා ඉන්න භික්ෂුවක් හෝ භික්ෂුණියක් හෝ උපාසකයෙක් හෝ උපාසිකාවක් ළඟට ගිහිල්ලා ඒ අයට කරදරයක් ලෙස හැසිරෙන්න ගත්තොත් ඒ අයට බොහෝම

බරපතල වචනවලිනුත් නින්දා අපහාස ලබන්න සිද්ධ වෙනවා. (**අපිස්සු නං මාරිස අමනුස්සා රිත්තම්පිස්ස පත්තං සීසේ නික්කුජ්ජෙය්‍යුං**) එහෙම කරදර කළොත්, ඒ අයට දඬුවම් ලැබෙනවා. ඒගොල්ලන්ගේ ඔළුව මුණින් අතට හරවපු පාත්තරයකින් වහනවා. (**අපිස්සු නං මාරිස අමනුස්සා සන්තධාපි'ස්ස මුද්ධං ඵාලෙය්‍යුං**) සමහරවිට ඒගොල්ලන්ගේ හිස හත්කඩකට පැලෙන ආකාරයේ දඬුවම් වුණත් ලබන්න පුළුවන්.

යකුන් එළවන මන්තරයක් නොවෙයි...

නමුත් අපි කරන්නේ මෙහෙම නෙවෙයි. යකෙක් වැහුණට පස්සේ තමයි, ඒ යක්ෂයාව එළවන්න හිතාගෙන ආටානාටිය කියන්නේ. අපි හිතාගෙන ඉන්නේ, මේ ආටානාටිය කියන්නේ යකුන් එළවන මන්තරයක් කියලා. මේකේ යකුන් එළවන මන්තර මොකවත් නෑ. අපි 'මහාප්‍රාණ ශබ්ද කළා' කියලා මොකවත් වෙන්නේ නෑ. මේක ධර්මයේ හැසිරෙන කෙනෙකුට ආරක්ෂා වෙන්න තිබෙන ආරක්ෂක පිරිතක්. එතකොට යම් කෙනෙක් මේ පිරිත කියලා, ඒ පිරිත කීම තුළින් ආරක්ෂාවක් සපයාගෙන සිටින්න පුළුවන්. නමුත් ඒ කෙනාට වුණත් ඒ අමනුෂ්‍යයින් අතින් කරදරයක් වෙන්න පුළුවන්.

සතරවරම් දෙවියන්ටත් අකීකරුයි...

"ස්වාමීනි, සමහර අමනුෂයෝ ඉන්නවා හරිම චණ්ඩයි, රෞද්‍රයි, හිතුවක්කාරයි, නපුරුයි. (**සන්ති හි මාරිස අමනුස්සා චණ්ඩා රුද්දා රභසා**) ඒ අමනුෂ්‍යයන් සතරවරම් මහරජවරුන්ගේ සේනාවේ අණටවත් යටත් නෑ. (**තේ නේව මහාරාජානං ආදියන්ති**) සතරවරම්

මහරජ්ජුරුවන්ගෙන් වරම් ගන්න පුරුෂයින්ටවත් යටත් නෑ. ස්වාමීනි, ඒ අමනුෂ්‍යයින්ට කියන්නේ 'සතරවරම් රජ දරුවන්ටත් විරුද්ධ අය' කියලා.

ස්වාමීනි, ඒක හරියට මේ වගේ. බලන්න මේ මගධ රාජ්‍යය දිහා. මේ මගධ රාජ්‍යයේ මහා හොරු ඉන්නවා. මගධ රජතුමාට මේ හොරු කිසිවෙක් අවනත නෑ. මගධ රජ්ජුරුවන්ගේ සේනාවේ ඉන්න බලසම්පන්න ඇමතිවරුන්ටවත් මේ හොරු අවනත නෑ. ඒ සේනාව නියෝජනය කරන නියෝජිතයින්ටවත් මේ හොරු අවනත නෑ. (**තේ බෝ තේ මහාරජ, මහාචෝරා රඤ්ඤෝ මාගධස්ස අවරුද්ධා නාම වුච්චන්ති**) මේ මහා හොරුන්ට කියන්නේ 'මගධ රජ්ජුරුවන්ටත් විරුද්ධ උදවිය' කියලයි.

ගොඩාක් භයියෙන් භඬනගා මෙහෙම කියන්න...

ස්වාමීනි, අන්න ඒ වගේමයි. සමහර අමනුෂ්‍යයෝ බොහොම චණ්ඩයි, රෞද්‍රයි, නපුරුයි, කුරිරුයි. ඒ අය සතරවරම් දෙවිවරුන්ගේ අණට අවනත වෙන්නේ නෑ. සතරවරම් දෙවිවරුන්ගේ අණ ක්‍රියාත්මක කරන පුරුෂයින්ට අවනත නෑ. සතරවරම් දෙවියන්ගේ අණ ක්‍රියාත්මක කරන සේවකයින්ටවත් අවනත නෑ. ඒ නිසා ස්වාමීනි, යම්කිසි අමනුෂ්‍යයෙක් වේවා, යක්ෂයෙක් වේවා, යක්ෂණියක් වේවා, යක්ෂ පැටියෙක් වේවා, යක්ෂ පැටික්කියක් වේවා, යක්ෂ මහාමාත්‍යයෙක් වේවා, යක්ෂ පාරිසජ්ජයෙක් වේවා, එහෙම නැත්නම් ගන්ධබ්බ... කුම්භාණ්ඩ... නාග කියන මේ කවුරුහරි කෙනෙක්, භික්ෂුවක් හෝ භික්ෂුණියක් හෝ උපාසකයෙක් හෝ උපාසිකාවක් ළඟින් ඉඳගෙන, එයා ඇවිදගෙන යද්දි එයා සමඟ යනවා නම්, එයා හිටගෙන ඉද්දි එයා සමඟ

හිටගෙන ඉන්නවා නම්, එයා වාඩිවෙලා සිටිද්දි එයා සමඟ වාඩිවෙලා ඉන්නවා නම්, එයා නිදාගෙන සිටිද්දී එයා සමඟ නිදාගන්නවා නම්, **(ඉමේසං යක්ඛානං මහායක්ඛානං, සේනාපතීනං, මහාසේනාපතීනං, උජ්ඣාපේතබ්බං වික්කන්දිතබ්බං විරවිතබ්බං)** මෙන්න මේ යක්ෂයින්ට, මෙන්න මේ මහා යක්ෂයින්ට, සේනාපතීන්ට, මහා සේනාපතීන්ට, **(උජ්ඣාපේතබ්බං)** හඬ නගා කියන්න කිව්වා. **(වික්කන්දිතබ්බං)** හයියෙන් කියන්න කියනවා. **(විරවිතබ්බං)** ගොඩක් හයියෙන් හඬනගා මෙන්න මෙහෙම කියන්න කියනවා, **(අයං යක්ඛෝ ගණ්හාති)** 'මෙන්න මේ යක්ෂයා මාව අල්ලගෙන ඉන්නවා. **(අයං යක්ඛෝ ආවිසති)** මේ යක්ෂයා මට ආවේශ වෙලා ඉන්නවා. **(අයං යක්ඛෝ හේඨේති)** මේ යක්ෂයා මාව පෙළනවා. **(අයං යක්ඛෝ විහේඨේති)** මේ යක්ෂයා මාව බෙහෙවින් පෙළනවා. **(අයං යක්ඛෝ හිංසති)** මේ යක්ෂයා මට හිංසා කරනවා. **(අයං යක්ඛෝ විහිංසති)** මේ යක්ෂයා මට බොහෝ සෙයින් හිංසා කරනවා. **(අයං යක්ඛෝ න මුඤ්චතීති)** අනේ! මේ යක්ෂයා මාව දාලා යන්නේ නෑ, මාව නිදහස් කරන්නේ නෑ...' කියලා කෑ ගහන්න කියනවා.

යක්ෂ සේනාධිපති මණ්ඩලය...

(කතමේසං යක්ඛානං මහායක්ඛානං සේනාපතීනං මහාසේනාපතීනං) ඒ ගැන කියන්න ඕන මහා යක්ෂයන්, යක්ෂ සේනාපතීන් තමයි... **(ඉන්දෝ සෝමෝ වරුණෝ ච භාරද්වාජෝ පජාපතී)** ඉන්ද්‍ර, සෝම, වරුණ, භාරද්වාජ, ප්‍රජාපතී, **(චන්දනෝ කාමසෙට්ඨෝ ච කින්නුඝණ්ඩු නිඝණ්ඩු ච)** චන්දන, කාමසෙට්ඨ, කින්නුඝණ්ඩු, නිඝණ්ඩු කියන යක්ෂ සෙන්පතිවරුන්ට, **(පනාදෝ ඕපමඤ්ඤෝ

ච දේවසූතෝ ච මාතලී) ඒවගේම 'පනාද' කියන යක්ෂ සේනාපතියාට, 'ඕපමඤ්ඤ' යක්ෂ සේනාපතියාට, දිව්‍ය රථාචාර්ය වූ 'මාතලී' දිව්‍ය පුත්‍රයාට. **(චිත්තසේනෝ ච ගන්ධබ්බෝ)** 'චිත්‍රසේන' ගාන්ධර්වයාට, **(නලෝ රාජා ජනේසභෝ)** නල, ජනවසභ කියන දිව්‍ය පුත්‍රයන්ට, **(සාතාගිරෝ හේමවතෝ)** 'සාතාගිර' යක්ෂයාට, 'හේමවත' යක්ෂයාට, **(පුණ්ණකෝ කරතියෝ ගුළෝ)** 'පූර්ණක, කරතිය' කියන යක්ෂයන්ට,

සීවකෝ මුචලින්දෝ ච - වෙස්සාමිත්තෝ යුගන්ධරෝ.
ගෝපාලෝ සුප්පගේධෝ ච - හිරිනෙත්තී ච මන්දියෝ,
පඤ්චාලචණ්ඩෝ ආළවකෝ
- පජ්ජුන්නෝ සුමනෝ සුමුඛෝ දදීමුඛෝ
මණි මාණි චරෝ දිඝෝ - අථෝ සේරිස්සකෝ සහ

මේ හැමෝම මනුෂ්‍යයන්ට කරදර කරන යකුන්ට දඬුවම් කරන්න ඉන්න යක්ෂ මණ්ඩලයයි.

අමාරුකාරයන් සෙන්පති දෙවියන් යටතට...

ස්වාමීනි, ආටානාටිය ආරක්ෂාවෙන් ආරක්ෂා වෙලා ඉන්න කෙනාටත්, සතරවරම් මහා රජදරුවන්ගේ අණට කීකරු නැති, චණ්ඩ, රෞද්‍ර අමනුෂයන් කරදර කරනවා නම්, **(ඉමේසං යක්ඛානං මහායක්ඛානං සේනාපතීනං මහාසේනාපතීනං)** එතකොට මෙන්න මේ මහා යක්ෂයින්ට, මහා සෙන්පතියන්ට අඬ ගහලා, කෑ ගහලා කියන්න කියනවා, 'අනේ! මේ යක්ෂයා මාව අල්ලගෙන ඉන්නවා. මට ආවේශ වෙනවා. මට හිරිහැර කරනවා. මට කරදර කරනවා. මට හිංසා කරනවා. මාව අත්හරින්නේ නෑ' කියලා.

සිව්වණක් පිරිසේ හිතසුව පිණිසයි...

ස්වාමීනි, මේක තමයි ආටානාටිය ආරක්ෂාව. **(අයං ඛෝ සා මාරිස ආටානාටිය රක්ඛා)** මේ ආටානාටිය ආරක්ෂාව භික්ෂූන්ට, භික්ෂුණීන්ට, උපාසකයන්ට, උපාසිකාවන්ට හිතසුව පිණිස, යහපත පිණිස, හිංසා නැතුව සිටීමට උපකාරී වෙනවා. ස්වාමීනි, අපට බොහෝ වැඩකටයුතු තියෙනවා. **(බහුකිච්චා මයං බහුකරණීයාති)** එහෙනම් අපි යන්නම්..."

බුදුරජාණන් වහන්සේ 'හොඳයි' කියා වදාළාට පස්සේ, මේ සතරවරම් දෙවිවරු ඒ ආසනයෙන් නැගිටලා, **(උට්ඨායාසනා)** භාග්‍යවතුන් වහන්සේට වන්දනා කරලා නොපෙනී ගියා. ඊට පස්සේ එතැන හිටපු යක්ෂ පිරිසක් භාග්‍යවතුන් වහන්සේට වන්දනා කරලා නොපෙනී ගියා. සමහරු භාග්‍යවතුන් වහන්සේට ආයෙමත් කතාබස් කරලා නොපෙනී ගියා. සමහරු ඇඟිලි බැඳගෙන වන්දනා කරා නොපෙනී ගියා. සමහරු නිශ්ශබ්දවම නොපෙනී ගියා.

ගෙවුණු රැයේ තතු...

ඒ රාත්‍රිය ඇවෑමෙන්, පසුදා උදෑසන බුදුරජාණන් වහන්සේ භික්ෂු සංඝයා රැස් කරලා කිව්වා, "මහණෙනි ගෙවුණු රාත්‍රියේදී වෛශ්‍රවණ දෙවියන් උතුරු දිශාවෙන්ද, නැගෙනහිර දිශාවෙන් ධතරාෂ්ඨ දෙවියන්ද, දකුණු දිශාවෙන් විරූඪ දෙවියන්ද, බටහිර දිශාවෙන් විරූපාක්ෂ දෙවියන්ද කියන මේ සතරවරම් දෙවිවරු මහත් වූ සේනාවක් සමඟ මා මුණගැසීමට පැමිණියා. ඒ විදිහට සේනාව පිරිවරාගෙන ඇවිල්ලා, මට මෙන්න මේ කාරණාව සැලකළා. ඒ තමයි...

"ස්වාමීනි, භාග්‍යවතුන් වහන්ස, තථාගතයන් වහන්සේ කෙරෙහි අපැහැදුණු බලසම්පන්න අමනුෂ්‍යයෝ ඉන්නවා. ඒවගේම තථාගතයන් වහන්සේ කෙරෙහි පැහැදුණු බලසම්පන්න යක්ෂයෝ ඉන්නවා. තථාගතයන් වහන්සේ කෙරෙහි පැහැදුණු මධ්‍යම බලය තියෙන අමනුෂ්‍යයෝත් ඉන්නවා. ඒ වගේම තථාගතයන් වහන්සේ කෙරෙහි පැහැදුණු මධ්‍යම ආනුභාවය ඇති යක්ෂයෝත් ඉන්නවා. තථාගතයන් වහන්සේ කෙරෙහි අපැහැදුණු නීච යක්ෂයෝ ඉන්නවා. ඒ වගේම තථාගතයන් වහන්සේ කෙරෙහි පැහැදුණු නීච යක්ෂයෝත් ඉන්නවා. භාග්‍යවතුන් වහන්ස, මේකට කාරණාවක් තියෙනවා. ඒ තමයි භාග්‍යවතුන් වහන්සේ ධර්ම දේශනා කරන්නේ සතුන් මැරීමෙන් වැළකීම පිණිසයි, සොරකමින් වැළකීම පිණිසයි, වැරදි කාම සේවනයෙන් වැළකීම පිණිසයි, බොරු කීමෙන් වැළකීම පිණිසයි, මත්ද්‍රව්‍යවලින් වැළකීම පිණිසයි. නමුත් ස්වාමීනි, ඒ බොහෝ දෙනා මේවා ඔක්කොම කරන අය. සතුන් මරනවා. සොරකම් කරනවා. වැරදි කාම සේවනයේ යෙදෙනවා. බොරු කියනවා. මත්පැන්, මත්ද්‍රව්‍ය පාවිච්චි කරනවා. ඒ නිසයි මේ ගොල්ලෝ භාග්‍යවතුන් වහන්සේට විරුද්ධ වෙලා ඉන්නේ. ඒගොල්ලන් ඒක කරන්නේ මනුෂ්‍යයින් හරහායි. නමුත් ඒ අය සිල් ආරක්ෂා කරද්දී, මේ අමනුෂ්‍යයින්ට ඕන දේවල් කරගන්න බැරිව යනවා. ඒ නිසා ඒගොල්ලෝ භාග්‍යවතුන් වහන්සේට විරුද්ධ වෙනවා.

නොපැහැදුණු අයගේ පැහැදීම පිණිස...

ඒ වගේමයි, "ස්වාමීනි, භික්ෂු, භික්ෂුණී, උපාසක, උපාසිකාවන්ගෙන් සමහර අය හුදෙකලා වාසයට වනාන්තරවලට යනවා. බණ භාවනා කරන්න හිතාගෙන

හුදෙකලා තැන්වලට, වනාන්තරවලට, ගල්ලෙන්වල තියෙන කුටිවලට යනවා. නමුත් ඒ තැන්වල භාග්‍යවතුන් වහන්සේ කෙරෙහි, බුද්ධ ශාසනය කෙරෙහි පැහැදිලා නැති බලසම්පන්න යක්ෂයන්, අමනුෂ්‍යයන් ඉන්න පුළුවන්. ඔවුන්ගේ ප්‍රසාදය පිණිස, භික්ෂු, භික්ෂුණී, උපාසක, උපාසිකා කියන සිව්වණක් පිරිසේ හිතසුව පිණිස, මේ ආටානාටිය ආරක්ෂාව පිළිගන්නා සේක්වා.”

බුදුරජාණන් වහන්සේ වදාළා, “මහණෙනි, ඒ වෙලාවේ වෙසමුණි දිව්‍යරාජයා මට මේ ‘ආටානාටිය ආරක්ෂාව’ කියා හිටියා. එතකොට මං මේක නිශ්ශබ්දව පිළිගත්තා. මා විසින් මෙය පිළිගන්නා බව දැනගෙන, වෙසමුණි දිව්‍යරාජයා මේ ආටානාටිය කියා හිටියා.” එතැන ඉඳලා ආයෙත් දිගටම මේ ආටානාටිය විස්තරය කියනවා.

ආළකමන්දා රාජධානිය...

වෛශ්‍රවණ දිව්‍යරාජයාගේ ප්‍රදේශයේ තමයි ‘ආටානාටා’ කියන නගරය තියෙන්නේ. එහේ තමයි ‘ආළකමන්දා’ රාජධානිය තියෙන්නෙත්. සමහරවිට මේ සූත්‍රයට ‘ආටානාටිය’ කියන නම ලැබිලා තියෙන්නේ ඒ නිසා වෙන්න පුළුවන්.

විපස්සී, සිඛී, වෙස්සභූ, කකුසඳ, කෝණාගමන, කාශ්‍යප, ගෞතම කියන සත්බුදුවරුන් උදෙසා වන්දනාවක් මුලින්ම පටන්ගන්නේ මෙතැනින් තමයි. සත්බුදු රජාණන් වහන්සේලා ගැන විස්තරය තියෙන්නෙ ‘මහාපධාන සූත්‍රයේයි’. එතකොට අපට පේනවා, බුදුරජාණන් වහන්සේගෙන් තමයි දෙවිවරුත් මේවා දැනගෙන තියෙන්නේ. එහෙම නැතිව මේවා දෙවිවරුන්ට

දැනගන්න වෙන ක්‍රමයක් නෑ.

අපට මේ දේශනාවෙන් පැහැදිලිවම පේනවා, බුදුරජාණන් වහන්සේ ජීවමානව වැඩඉඳිද්දීත්, සේනා සහිත මාරයා පරදවා සිටිද්දීත් මේ වගේ කරදර සිද්ධ වෙලා තියෙනවා.

ඉගෙනගන්න... පාඩම් කරගන්න... මතක තියාගන්න...

මේ දේශනාවේ අන්තිමට බුදුරජාණන් වහන්සේ භික්ෂු සංඝයා කැඳවලා ප්‍රකාශ කළා, "මහණෙනි, මෙන්න මේ විදිහට වෛශ්‍රවණ දිව්‍යරාජයා ඇවිදින් මේ ආටානාටිය ආරක්ෂාව ප්‍රකාශ කළා. **(උග්ගණ්හාථ භික්ඛවේ ආටානාටියං රක්ඛං)** ඒ නිසා මහණෙනි, මේ ආටානාටිය ආරක්ෂාව ඉගෙනගන්න. **(පරියාපුණාථ භික්ඛවේ ආටානාටියං රක්ඛං)** මහණෙනි, මේ ආටානාටිය ආරක්ෂාව පාඩම් කරගන්න. **(ධාරේථ භික්ඛවේ ආටානාටියං රක්ඛං)** මහණෙනි, මේ ආටානාටිය ආරක්ෂාව මතක තියාගන්න. **(අත්ථසංහිතා භික්ඛවේ ආටානාටියං රක්ඛා)** මහණෙනි, මේ ආටානාටිය ආරක්ෂාව අර්ථ සහිතයි. භික්ෂු, භික්ෂුණී, උපාසක, උපාසිකාවන්ට ආරක්ෂාව පිණිස, රැකවරණය පිණිස, හිංසා නැතිවීම පිණිස, පහසු විහරණය පිණිස මේ ආටානාටිය හේතු වෙනවා."

මේවා ප්‍රබන්ධ නොවෙයි...

බලන්න බුදුරජාණන් වහන්සේ විසින් මේ ආටානාටිය ආරක්ෂාව අනුමත කළා. නමුත් අපි ඉස්සර ආටානාටිය සූත්‍රය ඉගෙන ගනිද්දි මේ දේවල් දන්නේ නෑ. අපි මේවා ඉගෙනගත්තේ විවේචනය කර කර.

'මේවා මහායාන ඒවා... මේවා පස්සේ කාලේ ප්‍රබන්ධ...' කිය කියා. නමුත් බුද්ධ දේශනා ඉගෙන ගනිද්දි හොඳට තේරෙනවා, 'මේවා ප්‍රබන්ධ නෙමෙයි. සත්‍ය වශයෙන්ම බුද්ධ දේශනා...' කියලා.

දන්නේ නෑ කියලා දන්නවා නම්, 'නැණවතෙක්'...

ඉතින් මේ වගේ අපට නොපෙනෙන දේවල් බුද්ධ දේශනාවලින් ඉගෙන ගනිද්දි අපට තියෙන්න ඕන වැදගත්ම ලක්ෂණය තමයි 'තමන් නොදන්නා බව තමන් දැනගෙන සිටීම'. බුද්ධ දේශනාවේ තියෙනවා, **(යෝ බාලෝ මඤ්ඤති බාල්‍යයං පණ්ඩිතෝවා පි තේන සෝ)** යම්කිසි පුද්ගලයෙක් 'තමන් දන්නේ නෑ' කියන කාරණය දන්නවා නම්, ඒ කාරණයෙන්ම ඔහු නැණවතෙක් වෙනවා. **(බාලෝ ච පණ්ඩිතමානි)** 'තමන් දන්නවා' කියලා හිතාගෙන ඉන්න අයත් ඉන්නවා. **(සවේ බාලෝ ච වුච්චති)** ඒ කාරණයෙන්ම ඔහු සැබැවින්ම බාලයෙක් වෙනවා. ඉතින් ඒ නිසා 'තමන් දන්නවා' කියලා හිතට අරගෙන කල්පනා කිරීම සැබැවින්ම අඥානකමක්.

ආටානාටිය සූත්‍රයෙන් කියවෙන්නේ අපි කාටවත් පේන්නේ නැති ලෝකයක් ගැනයි. නමුත් බුදුරජාණන් වහන්සේ මේ වගේ දේශනාවල් කරන්නේ, බුදුරජාණන් වහන්සේගේ අවබෝධය පිළිගන්න ශ්‍රාවකයන්ට මේක ගැටළුවක් නැති නිසයි. නමුත් හිස් පුද්ගලයන් නම් මේවට ගරහනවා. නොපෙනෙන හැමදේටම ගරහනවා. 'තමන් දන්නවා' කියලා හිතාගෙන, නොපෙනෙන හැමදේටම ගැරහුවට, **(බාලෝ ච පණ්ඩිතමානී සවේ බාලෝ ච වුච්චතී)** සැබැවින්ම ඔහු බාලයෙක්.

සත්බුදු වන්දනාවේ ආනුභාවය...

ඉතින් මේ සූත්‍රය අනුව අපට හොඳට තේරුම් ගන්න පුළුවන් සත්බුදු වන්දනාව තිබෙන ආනුභාවය ගැන. මොකද මේ සත්බුදු වන්දනාවට සතරවරම් දෙවිවරුන්ගේ සහභාගීත්වය තියෙන බව පේනවා. ඒ කියන්නේ බුදුරජාණන් වහන්සේ ජීවමානව වැඩසිටින කාලයේ ඉඳලා මේ සත්බුදු වන්දනාව ඉගෙනගන්න කියලා ස්වාමීන් වහන්සේලාට කියනවානේ, (උග්ගණ්හාථ භික්ඛවේ ආටානාටියං රක්ඛං) 'මහණෙනි, මේ ආටානාටිය ආරක්ෂාව ඉගෙනගන්න.' කියලා. එහෙනම් සත්බුදු වන්දනාව ඒ කාලයේ ඉඳලාම ශ්‍රාවකයින් ඉගෙනගෙන තියෙනවා. (පරියාපුණාථ භික්ඛවේ ආටානාටියං රක්ඛං) මේක පාඩම් කරගන්න කියනවා. (ධාරේථ භික්ඛවේ ආටානාටියං රක්ඛං) මේක මතක තියාගන්න කියනවා. බුද්ධ දේශනාවල් කියවද්දී අපට හොඳට තේරෙනවා විපස්සී, සිඛී, වෙස්සභූ, කකුසඳ, කෝණාගමන, කාශ්‍යප, ගෞතම කියන සත්බුදු රජාණන්වහන්සේලාට වන්දනා කිරීම ඒ කාලයේ ඉඳලාම තිබිලා තියෙනවා.

මහායානය කරපු හදියක්...

නමුත් මහායානය ආවට පස්සේ, ඒ කියන්නේ බෝසත් ඇදහිල්ල ආවට පස්සේ මේක සම්පූර්ණයෙන්ම නැතිවෙලා ගියා. මේවා ඔක්කොටම ලාමක විදිහට තමයි සැලකුවේ. ඊට පස්සේ එක එක නම් ගොත් හදාගෙන, ඉතිහාසේ නැති නම්වලින් 'අවලෝකිතේශ්වර' කියලා බෝසත් කෙනෙක් හදාගෙන, එයාගේ නෝනා තමයි 'තාරා', ඊට පස්සේ ජෝඩු වන්දනා කරන්න පටන් ගත්තා. මේ ඔක්කොම විනාශ කළේ මහායානිකයින් විසින්මයි.

එයා 'සිද්ධ' කෙනෙක්...

ඊට පස්සේ ඒකෙන් පටන්ගත්තා 'තන්ත්‍රයානය' 'තන්ත්‍රයානිය' කියන්නේ අර්ථ තේරෙන්නේ නැති, ශබ්ද උච්ඡාරණය කරලා බලය ගැනිල්ලට. ඒකට කියනවා 'සිද්ධ' කියලා. 'සිද්ධ' කියලා කියන්නේ සිංහලෙන් 'සිද්ධ වෙනවා' කියන එකට. එතකොට ඒකට ඒ භාෂාවෙන් කියන්නේ 'සිද්ධ' කියලා. ඒ වචන කොච්චර සමාජයට කාවැදුණාද කියනවා නම්, අදටත් ඉන්දියාවේ කවුරුහරි කෙනෙක් භාවනා කරලා යම්කිසි විශේෂත්වයකට පත් වුණොත් එයාට කියනවා 'එයා සිද්ධ කෙනෙක්' කියලා. එතකොට එච්චරටම අද ඒ වචනය සමාජයට ගිහිල්ලා තියෙනවා.

ඒ තන්ත්‍රයානය වෙනුවෙන් කරන ජප කිරිල්ලට, ඒ වැඩපිළිවෙලට මහායානයෙන් දාපු නම තමයි 'සාධනා'. අදටත් ඉන්දියාවේ භාවනා කරනවාට කියන්නේ 'සාධනා කරනවා' කියලා. ඒක කරන කෙනාට කියන්නේ 'සාධක' කියලා. මහායානයෙන් නාලන්දාව වගේ විශාල විශ්වවිද්‍යාල හදලා, යන්ත්‍රමන්ත්‍ර ගුරුකම් තමයි ඉගැන්නුවේ. ඒවායින් තමයි මේ ගෞතම බුද්ධ ශාසනය සම්පූර්ණයෙන්ම නැත්තට නැතිවුණේ.

ඊට පස්සේ ඉන්දියානුවන්ට කරන්න දෙයක් නෑ. ඒ මිනිස්සු බැලුවා, "මේක හරියන්නේ නෑ. මේගොල්ලෝ යන්ත්‍ර මන්ත්‍ර මතුරගෙන එනවා. තන්ත්‍ර මතුරගෙන එනවා. 'වජ්‍රයානය, තන්ත්‍රයානය' කියලා කියාගෙන එනවා. මේකට වැඩක් කරන්න ඕන..." කියලා, මේගොල්ලො 'ශිව' කියන අසුර බලය ගත්තා. ශිව බලය කියන්නේ තනිකරම දරුණු අසුර බලයක්. ඒ ශිව බලයෙන් තමයි

ලංකාවේ බුද්ධ ශාසනය විනාශ වුණේ.

රාමායණය කියන්නේ කුමන්ත්‍රණයක්...

මුල ඉඳලාම ලංකාව අල්ලගෙන ඉඳලා, දහවන සියවසේ මුලදී පළවන රාජ රාජ රාජේන්ද්‍ර ලංකාව ආධිපත්‍යට ගත්තා. එයා ශිව භක්තිකයෙක්. ශිව ඇදහිල්ල එයාලට ආවේ මෙහෙමයි. 'රාමායනම්' කියලා ග්‍රන්ථය ලිව්වා නවවෙනි සියවසේ. 8 වෙනි සියවසේ මුල් භාගයේ තමයි ශංකරාචාර්ය ඔක්කොම විනාශ කරගෙන ගියේ. එහෙම විනාශ කරගෙන ගියාට පස්සේ බමුණෝ කතා වුණා, 'තාමත් ලංකාවේ බුද්ධ ශාසනය තියෙනවා. මේකත් කොහොමහරි නැති කරන්න ඕන' කියලා. එතකොට බුද්ධ ශාසනය නැති කරන්න තමයි රාමායනය ලිව්වේ.

ධර්මද්වීපය - රාක්ෂ දිවයිනක් කළා...

රාමායනය ලියලා මිනිස්සු අතරට කා වැද්දුවා, 'ලංකාව කියන්නේ ධර්මද්වීපයක් නොවෙයි. ලංකාව කියන්නේ රාක්ෂ ද්වීපය, රකුසන්ගේ ද්වීපය'. ඒකේ 'රාවණ' කියලා රජෙක් ඉන්නවා කියලා, මිනිස්සුන්ගේ ඔළුවට දැම්මා. ඊට පස්සේ ඒ කාලෙදී ආවා ප්‍රශස්ති කාව්‍යයක්. ඒ කාලයේ රජ්ජුරුවෝ තමයි 'දේවාති දේව' වුණේ. ඒ කියන්නේ රජ්ජුරුවෝ තමයි මිනිස් ලෝකයේ ඉන්න දෙවියන් බවට පත්වුණේ. ඊට පස්සේ ඒ රජ්ජුරුවන්ට කිව්වා, 'රාමා කරපු වැඩේ ඔයා කරන්න...' කියලා. එහෙම තමයි ලංකාව ගිනි තිබ්බේ. රාජේන්ද්‍ර ඇවිදින් මුළු ලංකාවම විනාශ කළා. විනාශ කරලා ලංකාව අල්ලගත්තා.

ඊට පස්සේ ඒගොල්ලෝ ලංකාව යටත් කරපු ජයග්‍රහණය සමරන්න දකුණු ඉන්දියාවේ ලොකු ස්මාරක හැදුවා. තාමත් ඒ ස්මාරක තියෙනවා. ඉතින් ඒ නිසා මේ ඔක්කෝම විනාශ කළේ 'රාමායනයෙන්'. රාමායනය ලිවීමේ හේතුව තමයි ලංකාව විනාශ කිරීම.

අදටත් ඉවරයක් නෑ...

අදටත් මේ ගැන ඉන්දියාවේ කතාබස් ඇතිවෙනවා. ලංකාවට මේ කොටි ත්‍රස්තවාදී ප්‍රශ්නය ආපු වෙලාවේ, මේ යුද්ධය අවසන් වේගෙන යද්දි දකුණු ඉන්දියාවේ මිනිස්සු වෙරළ ගාවට ඇවිල්ලා රාමාට පූජාවල් තිබ්බා. හනුමාට පූජාවල් තිබ්බා. දහස් ගණන් මිනිස්සු එකතුවෙලා කිව්වා, 'මේ රාවණා දේශය විනාශ කරන්න' කියලා. අදත් ඒ වගේ මුමුණනන්න ගත්තා මිනිස්සු එකතුවෙලා. ඊට පස්සේ කිව්වා 'ලංකාව ආක්‍රමණය කරන්න හදපු පාලම සයුර යට ගිලිලා තියෙනවා' ඒ විදිහට අදටත් මිනිස්සු ඒ කථාව උලුප්පලා ගත්තා. උලුප්පලා අරගෙන, 'ලංකාව ආක්‍රමණය කරන්න' කියලා දකුණු ඉන්දියාවේ දෙමළ පක්ෂ එකතුවෙලා ඉල්ලා හිටියා. බොහෝ දෙනෙක් මේ ගැන දන්නේ නෑ. නමුත් මේ දේවල් සිද්ධ වුණා යුද්ධ කාලේ.

දේශපාලන පක්ෂ ඉල්ලීම් කළා, ලංකාව ආක්‍රමණය කරන්න' කියලා. ඒ කාලයේ ලංකාව ආක්‍රමණය කරන්න කියලා වෙනම වානර සේනාවක් හැදුවා. ඊට පස්සේ ඉන්දියාවේ අගමැතිතුමා පාර්ලිමේන්තු ප්‍රකාශයක් කළා, 'ලංකාව ස්වාධීන රාජ්‍යයක්. අපට ඒක කරන්න බෑ' කියලා. සම්පූර්ණයෙන් රාමායනයේ කතාව තමයි අස්සෙන් ගියේ. මේ රාමායනය ලියන්න, ශිව ශක්තිය ඉස්සරහට

ගත්තා. මේ ඔක්කොම විනාශය අත්වෙන්න මුල්වුණේ මහායානය විසින් බෝධිසත්ව වන්දනාව ඇතිකරපු හින්දයි. ඊට පස්සේ සම්පූර්ණයෙන් මේ ආටානාටිය භාවිතය නැතුව ගියා. සතරවරම් දෙවිවරුන්ට පින් දීම නැතුව ගියා.

සක් දෙවිඳුටත් කයිකතන්දර...

ඔබ දන්නවා සක් දෙවිඳු බෞද්ධ වුණා කියලා. සක් දෙවිඳු තිසරණයේ පිහිටියා. බුදුරජාණන් වහන්සේගේ මාර්ගඵලලාභී ශ්‍රාවකයෙක් වුණා. සක්කපඤ්ඤ සූත්‍රයේ ඒ පිළිබඳව පැහැදිලිව තියෙනවා. ඊට පස්සේ සතරවරම් දෙවිවරු බෞද්ධ වුණා. දිව්‍ය මණ්ඩල පිටින් බෞද්ධ වුණා. මේවා වෙනකොට බමුණෝ මේ ගැන ඔක්කොම විස්තර දැනගත්තා. දැනගෙන හරිම නින්දනීය කතාන්දර සක් දෙවිඳුටත් හැදුවා. ඒ වෛරය ඒ මිනිස්සු තුළ ඇතිවුණේ මහායානිකයෝ වාද විවාද කර කර, බුද්ධ වචනය සංස්කෘතයට හරවලා 'වේදය' අතුරුදහන් කරන්න කටයුතු කරපු නිසයි.

ඉන්දියාව මුළුමණින්ම අමනුෂ්‍ය ග්‍රහණයක්...

නමුත් අපගේ මොකක්දෝ වාසනාවකට මේ නිර්මල ධර්මය ලංකාවේ ආරක්ෂා වුණා. ඒ ආරක්ෂා වෙච්ච නිසයි අපි මේක දන්නේ. ඒ කාලයේ රහතන් වහන්සේලා මේවා සංගායනා කරලා, මේවා ආරක්ෂා කර ගත්තා. ඒ නිසයි අද අපි දන්නේ. නමුත් මේ දේශනාවල් පුහුණු කරපු සමාජය අද සම්පූර්ණයෙන්ම ඉන්දියාවේ නැතුව ගිහිල්ලා. ආයේ කවදාවත්ම එහෙ ගෞතම ශාසනය උපද්දවන්න බෑ. ඒ තරමට සම්පූර්ණයෙන්ම

නැතිවෙලා. ශාසන විරෝධී, ධර්මයට අකමැති, අමනුෂ්‍ය ග්‍රහණයට සමස්ත ඉන්දියාවම අහුවෙලයි ඉන්නේ.

වර්තමාන ඉන්දියාවේ බොහෝ ගෙවල්වල හැම මාසෙකම එළුවෙක්ව මරලා බිලි දෙනවා. එළුවාව මැරුවේ නැත්නම්, මනුෂ්‍යයින්ට අමනුෂ්‍යයින් වැහෙනවා. වැහිලා අහනවා, 'මොකද තොපි එළුවා මැරුවේ නැත්තේ?' කියලා. ඉතින් ඒ මිනිස්සු කොහොමහරි ණයක් වෙලා හරි, ඊළඟ මාසෙත් එළුවෙක් මරනවා.

බිලිපූජා ඉවරයක් නෑ- ඒත් වෙජිටේරියන්...

සමහර කෝවිල්වල ලේ ගලාගෙන යන්න වෙනම කාණු තියෙනවා. එච්චරටම මරනවා, බිලි පූජා දෙනවා. නමුත් කන්නේ එළවළුයි, බතුයි. කෙළවරක් නෑ බිලි පූජාවල. මේ විදිහට බුද්ධ ශාසනය නැති කරන්න සම්පූර්ණයෙන්ම ශිව බලය ඉන්දියාව තුළ ස්ථාපිත කළා.

මේ දේශනාවෙන් අපට පේනවා, අමනුෂ්‍ය වර්ග කොටස් දෙකක් ඉන්නවා. බුදුරජාණන් වහන්සේට පැහැදිච්ච කොටසකුත් ඉන්නවා. ඒ වගේම අපැහැදිච්ච කොටසකුත් ඉන්නවා. මේ දේශනාවට අනුව වැඩියෙන් ඉන්නේ පැහැදුණු අයද? අපැහැදුණු අයද? අපැහැදුණු අය තමයි වැඩි. ඒකට හේතුව වැඩිපුර ඉන්නේ සතුන් මරන, සොරකම් කරන, වැරදි කාමසේවනයේ යෙදෙන, බොරු කියන, මත්පැන් මත්ද්‍රව්‍ය පාවිච්චි කරන අය තමයි. ඉන්නේ. ඒගොල්ලෝ සමාජය සිල්වත් වෙනවට කොහෙත්ම කැමති නෑ. මේකෙන් එතෙර වෙනවට කොහෙත්ම කැමති නෑ.

විසඳුම මෛත්‍රියම යි...

එහෙනම් මේක කයිවාරු ගහලා කරන්න පුළුවන් එකක් නොවෙයි. 'කවුරු නැතිවුණත් අපිට යන්න පුළුවන්' කියලා කියනවා නම්, ඒ කෙනාගේ මොලය තියෙන්නෙ කොහේද කියන එක අපිට ප්‍රශ්නයක්. අහංකාරකමින් කතා කරලා මේකට කිසි දවසක විසඳුමක් නෑ. මේකට විසඳුම තියෙන්නේ බුද්ධ දේශනාවල විතරයි. ඒ කාලයේ ඉඳලාම බුදුරජාණන් වහන්සේ මේ ගැන කතා කළා. බුදුරජාණන් වහන්සේ ශ්‍රාවකයන්ට දේශනා කළා, 'නිතරම මෛත්‍රිය වඩන්න' කියලා. සෑහෙන දුරකට මේකට විසඳුමක් මෛත්‍රියෙන් ඇතිවෙනවා. මොකද බුද්ධ දේශනාවල විස්තර කරනවා, "මහණෙනි, මෛත්‍රිය වඩන්න. මෛත්‍රිය තුළ අමනුෂ්‍යයන් පහදිනවා. දෙවියන් පහදිනවා" කියලා.

නොසංසිඳෙන අර්බුධවල නොපෙනෙන පැතිකඩ...

ඒගොල්ලන්ගේ ආහාරයක් හැටියට තිබෙන දෙයක් තමයි 'ද්වේෂය'. කෙලෙස් තමයි ඒගොල්ලො ගොදුරු කරගෙන වාසය කරන්නේ. බලන්න... සමහර ගෙවල්වල නිතර නිතර රණ්ඩු, දබර තියෙනවා. උපයාගත්තු දේ කන්න නෑ. අතට ගේන තුට්ටු දෙක මොනවා හරි දෙයකින් නැතිවෙලා යනවා. ගේ කොච්චර අස්පස් කරලා පිරිසිදු කළත් පිරිසිදු කරගන්න බෑ. ගෙදර සමගියක් නෑ. කෑම රහ නෑ. නිතර නිතර ලෙඩ දුක් හටගන්නවා. කරදර කම්කටොළුවල කෙළවරක් නෑ. මඟුල්තුලා හරියන්නේ නෑ. මේ වගේ ගැටළු බොහෝ තැන්වල තියෙනවා.

අමනුෂ්‍යයන්වත් රවට්ටන අපේ අය...

මේ ලක්ෂණ තියෙන ගෙවල් සමහරවිට අමනුෂ්‍යයන් ග්‍රහණය කරගෙන ඉන්නවා වෙන්න පුළුවන්. ඒ ගොල්ලන්ව හිර කරගෙන ඉන්නවා. මිනිස්සුත් අද ඒවා උපක්‍රමවලින් කරනවානේ. මේ උපක්‍රම කරනවාට තමයි 'අණවින, කොඩිවින, හදි හූනියම්, පැන්නුම්, ඉරි පැන්නුම්' කිය කියා අපි කියන්නේ. නමුත් ඒ ශිල්ප මිනිස්සු පස්සේ කාලයේ හදාගත්ත ඒවයි. බුද්ධ කාලයේ එච්චර තදේට ඒ වගේ දේවල් තිබ්බා කියන්න බෑ. මිනිස්සු පිරිහුණාට පස්සේ තමයි ඒ වගේ ශිල්ප ඉගෙනගත්තේ. ඔය මොනවාහරි පොඩි පොඩි දේවල් ටිකක් දීලා රවට්ටලා අමනුෂ්‍යයින්ව අල්ල ගන්නවා. 'ගොඩ දිය මස්' කියලා සෙරෙප්පු කෑලි දෙනවා. හාල් මැස්සෝ ඔළු දෙනවා. මේ වගේ චූටි චූටි දේවල් දීලා අමනුෂ්‍යයින්ව රවට්ටනවා. චූටි හාල්මැස්සෝ ඔළුවක් දීලා රවට්ටලා, මතුරලා කියනවා 'අන්න අරකට ගහපන්' කියලා. ඊට පස්සේ ඉතින් සත්තු වගේ තමයි.

ඔන්න සෙනඟක් මැද්දේ කෙනෙකුව පෙන්නලා අපි බල්ලෙක්ව උසි ගන්වනවා. එතකොට ඒ බල්ලට වෙන සිහියක් නෑ. බල්ලට එකපාරටම ඒක ඉලක්ක වෙනවා. ඊට පස්සේ බල්ලා ඒ පස්සෙන්ම පන්න පන්නා දුවනවා අර පුද්ගලයා අල්ලගන්න. මොකද බල්ලගේ ඉලක්කය එච්චරයි තියෙන්නේ. මේ වගේ එකක් තමයි අමනුෂ්‍යයින්ට තියෙන්නෙත්.

උහුලගන්න බැරිතරමටම - මාර බලය...

බිලි දෙනවා කිව්වට ඒක හරියටම අපට තේරෙන්නේ නෑ. බංගලාදේශයේ එක්තරා කාලයක්

තියෙනවා. ඒ කාලයේ ඉන්න බෑ. ඒ කාලයට ඒ අය බුද්ධ ගයාව වන්දනා කරන්න එනවා. ඉතින් අපිව හම්බවෙලා කියනවා, "අනේ ස්වාමීන් වහන්ස, මේ කාලයේ අපට එහේ ඉන්න බෑ. පාරේ යන්න බෑ. හැම තැනම තියෙන්නේ 'හරක් ලේ'. හැම ගෙදරකම දොරකඩ තියලා හරකෙක්ව කපනවා. කපලා ඒ අදහන අයට පූජා කරනවා. මේ දේවල් වලින් මේ නොපෙනෙන මාර බලය බලවත් වෙන්නේ නැද්ද? මේ කාලයේ මාර බලය උහුලන්න බැරිතරමටම තියෙනවා.

දියුණුයි කිව්වට - තාම පොල්කට්ට ඇතුළේ...

මේ මනුස්ස ලෝකය තියෙන්නේ, හරියට සතෙක්ව පොල් කට්ටෙන් වැහුවා වගේ. සතෙක් පොල් කට්ටෙන් වැහුවට පස්සේ ඒ සතාට යන්න බෑ. අන්න ඒවගේ තමයි මේ කාලයේ මනුස්ස ලෝකය තියෙන්නේ. නමුත් ඒක නිකම් බැලුවට තේරෙන්නේ නෑ. මිනිස්සු එහෙට මෙහෙට යනකොට ලයිට් දාලා තියෙනවා. ටෙලිෆෝන් තියෙනවා. ෆ්‍රිජ් එකක් තියෙනවා. ඒ නිසා පුංචි පුංචි දේවල් දැක්කාම අපි හිතන්නේ 'අපි දැන් දියුණුයි' කියලා. නමුත් බොහෝ දෙනා දන්නේ නෑ, පොල් කට්ටෙන් වහලා ඉන්න සතෙක් වගෙයි අපි ඉන්නේ කියලා.

පින තිබ්බත් ලේසි වෙන්නේ නෑ...

නමුත් මේකෙන් එතෙර වෙන්න උත්සාහ කරලා බලන්න ඕන ගුටි කන හැටි බලන්න. පින තියෙන එක්කෙනාට වුණත්, මේ යුගයේදි ඒ කාරණය ලේසි වැඩක් කියලා මම හිතන්නේ නෑ. මේ තත්වය එන්න එන්නම උග්‍ර වෙනවා. එන්න එන්න ධාර්මික වෙනවා කිව්වොත්,

ඒක අමුම අමු බොරුවක්. අඩුවෙයි කියලා හිතන්නවත් එපා. එහෙම එකක් නෑ. ඔබ දන්නවා ඇති බුද්ධ කාලයේදි පවා මිනිස්සුන්ව බිලිදුන්නා. සතුන්ව බිලි දුන්නා. රහතන් වහන්සේලාව පවා හොරු බිල්ලට අරගෙන ගිහිල්ලා බිලි දීලා තියෙනවා. ඒ බුද්ධ කාලයේ සිදුවීම්. දැන් කාලයේ එහෙම වෙන්නේ නෑ. නමුත් කෙළවරක් නැතුව බිලි ගන්නවා.

ඒ නිසා මේ ජීවත්වන ලෝකය ගැන බොහෝම අවංකවම අපි තේරුම් ගන්න ඕනෙ. නුවණින් කල්පනා කරලා තේරුම් ගන්න ඕනෙ.

ධර්මයටම සත්කාර කරමින් කුසල් වඩන්න...

ඒ නිසා හොඳට මතක තියාගන්න... අපි මේ ජීවත්වෙලා තියෙන්නේ සම්පූර්ණයෙන්ම අසුර ග්‍රහණයක තිබෙන, සේනා සහිත මාරයා සීයට ලක්ෂයක්ම බලවත් වෙලා ඉන්න යුගයකයි. ඒ නිසා මේ යුගයේ කටින් කයිවාරු ගහලා නම් අපට කවදාවත් මේකෙන් එතෙර වෙන්න හිතන්නවත් බෑ. ඒ නිසා අපට කරන්න තියෙන්නේ, නුවණ මෙහෙයවලා, පුළුවන් තරම් අහිංසකව මෛත්‍රිය වඩාගෙන, මෙත් සිත දියුණු කරගෙන, පින් දහම් කරගෙන ධර්මාවබෝධයට උවමනා කරන දේවල් ඉගෙනගන්න එකයි, කුසල් වඩන එකයි. ඒ වගේම ආර්ය උපවාදවලට අහුවෙන්නේ නැතුව, ධර්මයට ගරහන්නේ නැතුව, ධර්මයටම සත්කාර සම්මාන දීලා කුසල් වඩන්න ඉගෙනගන්න ඕන.

අදටත් ධර්මයේ බලය අඩුවෙලා නෑ...

ධර්මයටම සත්කාර සම්මාන දෙන්න කියලා

කියන්නේ මේකයි. පුද්ගලයන්ට සත්කාර සම්මාන දෙන්න ගියොත්, පුද්ගල දුර්වලතා දකිනකොට ඒ පුද්ගලයාගේ ශ්‍රද්ධාව නැතිව යනවා. නමුත් ධර්මයටම සත්කාර සම්මාන දක්වන්න පුරුදු වුණොත් පුද්ගල දුර්වලතා දැක්කා කියලා එයාගේ ජීවිතයට ඒක ප්‍රශ්නයක් වෙන්නේ නෑ. මොකද ධර්මය බැබලිලා ඉවරයිනේ. ධර්මය රහතන් වහන්සේලා බිහිකරලා ඉවරයි. බුදුරජාණන් වහන්සේ මේ ධර්මය මතු කළේ සේනා සහිත මාරයාව පරාජයට පත් කරලා. එහෙනම් ධර්මය තුළ බලය තියෙනවා. නමුත් පුද්ගලයා තුළ බලය නෑ. මාරයාට පුළුවන් අර පුද්ගලයට ගහන්න. නමුත් පුද්ගල අභිවාදනයක් අපි පුරුදු වුණොත්, අර පුද්ගලයාට ගහපු ගමන් පුද්ගලයා සරණ ගියපු එක්කෙනා සම්පූර්ණයෙන්ම ධර්මය අත්හරිනවා. පුද්ගලයා හැටියට බුදුරජාණන් වහන්සේව සරණ ගිහින්, ධර්මය සරණ ගියපු කෙනාගේ ශ්‍රද්ධාව පවතිනවා.

ඔබට මතකද මම කියලා තියෙනවා 'පුද්ගලයෙක් හැටියට බුදුරජාණන් වහන්සේව පමණක් සරණ යන්න' කියලා. ඊළඟට මම කියලා තියෙනවා 'දෙයක් හැටියට ධර්මය පමණක් සරණ යන්න' කියලා. 'පිරිසක් හැටියට, සමූහයක් හැටියට ගත්තොත් සංඝයා සරණ යන්න' කියලා. 'සංඝයාව පුද්ගලයෙක් හැටියට ගන්න එපා, පිරිසක් හැටියට ගන්න' කිව්වා. එහෙම කිව්වේ බැරිවෙලාවත් ඔබ පුද්ගලයෙක්ව තෝරගෙන ඉද්දි, ඒ පුද්ගලයාට මාරයා ගැහුවොත් ඔක්කොම ඉවරයි.

හොඳට මතක තියාගන්න...

හැම තිස්සේම ගෞරව ලබන්න, ප්‍රශංසා ලබන්න ඕන බුදුරජාණන් වහන්සේගේ ධර්මයයි. බුදුරජාණන්

වහන්සේට ප්‍රශංසා ලැබීමේ කිසිසේත්ම ප්‍රශ්නයක් නෑ. ඒ කියන්නේ උන්වහන්සේ සම්බුද්ධත්වයට පත්වෙලා, සියලු ලෝකයා අතර අභීත සිංහනාද කළානේ. උන්වහන්සේව යටත් කරන්න, පාලනය කරන්න ලෝකයේ කිසි කෙනෙකුට බැරුව ගියා. උන්වහන්සේගේ ඒ උදාරත්වය, ඒ අනභිබවනීයත්වය සදා පවතිනවා. බුදුරජාණන් වහන්සේ විසින් වදාළ ධර්මයත් එහෙමයි. රහතන් වහන්සේලාත් එහෙමයි. අනිත් අය ගැන නම් කියන්න බෑ.

එකලට වඩා අද බොහෝ දරුණුයි...

ඒ නිසා ඔබ ඒක හොඳට මතක තියාගන්න. මොකද බුදුරජාණන් වහන්සේගේ කාලයේ නොයෙක් ආකාරයට මාරාවේශ වෙලා නොයෙක් නොයෙක් කරුණු සිද්ධ වුණා. නමුත් ධර්මයට ගරුකිරීම තිබුණ මිනිස්සුන්ගේ ශ්‍රද්ධාව ආරක්ෂා වුණා. ගුණවත්කම් ආරක්ෂා වුණා. තමන්ට තියෙන ධර්ම මාර්ගය ආරක්ෂා වුණා. මේ නිසා ධර්මයට සත්කාර සම්මාන දැක්වීමක් බුදුරජාණන් වහන්සේගේ ධර්මයටයි අයිති වෙන්නේ.

එතකොට මේ ආටානාටියේ තියෙන කරුණු දිහා බලපුවාම යම්කිසි නොපෙනෙන ලෝකයක් ගැන අපූරු විස්තරයක් තමයි තියෙන්නේ. ඉතින් ඒ නිසා මේවා හොඳට තේරුම් අරගෙන, මෛත්‍රී භාවනා ආදිය පුරුදු කරගෙන, මෙත් සිත වඩමින්, මේ ඝෝර සසරින් අත්මිදෙන්නට, මේ ගෞතම ශාසනයේ පිළිසරණ ලබන්න අපට ද වාසනාව ලැබේවා!

සාදු! සාදු!! සාදු!!!

නමෝ තස්ස භගවතෝ අරහතෝ සම්මාසම්බුද්ධස්ස
ඒ භාග්‍යවත් අරහත් සම්මා සම්බුදුරජාණන් වහන්සේට නමස්කාර වේවා!

03. සම්පසාදනීය සූත්‍රය

(දීඝ නිකාය 3 - පාථික වර්ගය)

ශ්‍රද්ධාවන්ත පින්වතුනි,

අපේ ගෞතම බුදුරජාණන් වහන්සේ ගැන සැරියුත් මහරහතන් වහන්සේ ඇති කරගත්තේ කොයි විදිහටද කියන එක ගැන ඉගෙනගන්න ලැබෙන උතුම් දේශනාවක් දැන් අපි සවන් දෙන්න සූදානම් වන්නේ. මේ දේශනාවේ නම සම්පසාදනීය සූත්‍රය. මේ සම්පසාදනීය සූත්‍රය ඇතුළත් වන්නේ දීඝ නිකායටයි.

තවත් කෙනෙක් නැතේ... බුදුන් අපේ ඔබයි...

ඒ දිනවල භාග්‍යවත් බුදුරජාණන් වහන්සේ වැඩ සිටියේ නාලන්දාවේ 'පාවාරික' කියන අඹ වනයේ. එදා සාරිපුත්ත මහරහතන් වහන්සේ බුදුරජාණන් වහන්සේ ළඟට වැඩියා. ආදරයෙන් වන්දනා කළා. එකත්පස්ව වාඩිවුණා. වාඩිවෙලා බුදුරජාණන්

වහන්සේට මෙහෙම කියනවා, "ස්වාමීනි, භාග්‍යවතුන් වහන්ස, මට භාග්‍යවතුන් වහන්සේ ගැන පුදුමාකාර පැහැදීමක් ඇතිවෙලා තියෙනවා. ස්වාමීනි, අතීතයේවත්, අනාගතයේවත්, වර්තමානයේවත්... කිසිම ශ්‍රමණයෙක්, කිසිම බ්‍රාහ්මණයෙක්, භාග්‍යවතුන් වහන්සේට වඩා අවබෝධයෙන් ඉහළ කෙනෙක් ලෝකයේ නෑ කියලයි මට මේ පැහැදීම තියෙන්නේ."

එතකොට සාරිපුත්ත මහරහතන් වහන්සේගේ ඒ ප්‍රකාශය බුදුරජාණන් වහන්සේ එකපාරට පිළිගත්තේ නෑ.

සිංහනාදයක් වන් උදාර ප්‍රකාශයක්...

බුදුරජාණන් වහන්සේ අහනවා, "සාරිපුත්ත, ඔබ දැන් උදාර වූ ප්‍රකාශයක් දැන් ඔය කළේ. දැන් ඔබ මෙන්න මෙහෙම නිර්භය වචනයක්, සිංහ නාදයක් වගේ ප්‍රකාශයක් කරනවා. 'ස්වාමීනි, මම භාග්‍යවතුන් වහන්සේ කෙරෙහි අප්‍රමාණ පැහැදීමකට පත්වෙලා තියෙනවා මේ විදිහට. කොයි විදිහටද? 'අතීතයේවත්, අනාගතයේවත්, වර්තමානයේවත් භාග්‍යවතුන් වහන්සේගේ අවබෝධයට වැඩිතර අවබෝධයක් ඇති කිසිම ශ්‍රමණයෙක්, බ්‍රාහ්මණයෙක් මේ ලෝකයේ නම් නැත' කියලා."

බුදුරජාණන් වහන්සේ අහනවා, "සාරිපුත්ත, ඔබ ඒ ප්‍රකාශය කළේ අතීතයේ වැඩසිටිය බුදුරජාණන් වහන්සේලාගේ සිත ඔබේ සිතින් දැකලද?"

"අනේ ස්වාමීනි, භාග්‍යවතුන් වහන්ස, අතීතයේ වැඩ විසූ සම්මා සම්බුදුරජාණන් වහන්සේලා ගැන දකින්න මට හැකියාවක් නෑ."

"එහෙම නම් සාරිපුත්ත, ඔබ ඒ ප්‍රකාශය කළේ අනාගතයේ පහළවන්නා වූ අරහත් සම්මා සම්බුදුරජාණන් වහන්සේලාගේ සිත ඔබේ සිතින් දැකලද?"

"අනේ ස්වාමීනි, මට එහෙම දනුමකුත් නෑ."

"එහෙම නම් සාරිපුත්ත, මෙකල වැඩසිටින අරහත් සම්මා සම්බුදුරජාණන් වහන්සේ තමයි මම. එතකොට මගේ සිත ඔබ පිරිසිඳ දක්කද, 'භාග්‍යවතුන් වහන්සේට මේ ආකාර වූ සීලයක් තියෙනවා. භාග්‍යවතුන් වහන්සේ මේ ආකාරයකින් අවබෝධයකින් යුක්තයි. මෙබඳු ප්‍රඥාවකින්, මෙබඳු විමුක්තියකින් යුක්තයි' කියලා."

"අනේ ස්වාමීනි, මම ඒක දක්කේ නෑ."

බුදු සිත දකින ඤාණය ශ්‍රාවකයින්ට නෑ...

"එහෙනම් සාරිපුත්ත, ඔබට අතීතයේ වැඩසිටිය සම්මා සම්බුදුරජාණන් වහන්සේලා ගැන දකින්න ඤාණයක් නෑ. අනාගතයේ වැඩවසන්නා වූ, අනාගතයේ පහළවන්නා වූ සම්මා සම්බුදුරජාණන් වහන්සේලාගේ සිත දකින්නත් ඔබට ඤාණයක් නෑ. ඒ වගේම වර්තමානයේ බුදුරජාණන් වහන්සේගේ සිත දකින්නත් ඔබට ඤාණයක් නෑ. එහෙම එකේ ඔබ කොහොමද මෙවැනි බරපතල ප්‍රකාශයක් කළේ? ඔබ ප්‍රකාශ කළා, 'භාග්‍යවතුන් වහන්සේ කෙරෙහි මම පැහැදීමකට පත්වෙලා ඉන්නවා, 'අතීතයේ වේවා, අනාගතයේ වේවා, වර්තමානයේ වේවා භාග්‍යවතුන් වහන්සේගේ අවබෝධයට ඉහළින් යන්න පුළුවන් කිසිම ශ්‍රමණයෙක්, බ්‍රාහ්මණයෙක් මේ ලෝකයේ නැත' කියලා.

චේතෝපරිය ඤාණය නෑ... ඒත්...

එතකොට සාරිපුත්ත මහරහතන් වහන්සේ උත්තර දෙනවා, "ස්වාමීනි, භාග්‍යවතුන් වහන්ස, අතීතයේ වැඩහිටියා වූ සම්මා සම්බුදුරජාණන් වහන්සේලාගේ ස්වභාවය ගැන දැනගන්ට මට ඤාණයක් නෑ. මට ඒ ගැන චේතෝපරිය ඤාණය නෑ. අනාගතයේ වැඩසිටින්නා වූ සම්බුදුරජාණන් වහන්සේලා ගැන දැනගන්නත් මට ඤාණයක් නෑ. වර්තමානයේ බුදුරජාණන් වහන්සේ ගැන සම්පූර්ණයෙන්ම දැනගන්නත් මට ඤාණයක් නෑ.

නමුත් ස්වාමීනි, මම කල්පනා කරපු පිළිවෙලක් තියෙනවා. ස්වාමීනී, මට මෙන්න මෙහෙමයි හිතුණේ. නගරයක් තියෙනවා. මේ නගරය වටේට ලොකු ප්‍රාකාරයක් තියෙනවා. එකම දොරටුවක් තියෙනවා. මේ දොරටුවේ ඉන්නවා ඉතාම දක්ෂ දොරටුපාලයෙක්. මේ දොරටුපාලයා දන්නා හඳුනන අය විතරයි ඇතුළට ගන්නේ. නොදන්නා නොහඳුනන අයව ගන්නේ නෑ. ඒ වගේම දන්නා හඳුනන අය තමයි එළියට දාන්නෙත්. ස්වාමීනි, දවසක් මේ දොරටුපාලයා ප්‍රාකාරය දිගේ වටේට ඇවිදගෙන ගියා. ගියහම දැක්කා මේ ප්‍රාකාරයෙන් ඇතුළට එන්න, පිටවෙන්න තියෙන්නේ එකම එක දොරටුවයි. බළලෙකුටවත් වෙන තැනකින් යන්න විදිහක් නෑ. ඒකාන්තයෙන්ම මේ නගරය සුරක්ෂිතයි. ඔන්න ඔය විදිහටයි ස්වාමීනි, මට මේක තේරුණේ."

සියලු බුදුවරු අවබෝධයෙන් සමානයි...

සාරිපුත්ත මහරහතන් වහන්සේ ආයෙමත් කියනවා, "ස්වාමීනි, භාග්‍යවතුන් වහන්ස, මම මෙන්න මෙහෙමයි

හිතුවේ. අතීතයේ සම්බුදුරජාණන් වහන්සේලා පහළ වූ සේක් ද, වර්තමානයේ සම්බුදුරජාණන් වහන්සේ නමක් වැඩසිටිත් ද, අනාගතයේ සම්බුදුරජාණන් වහන්සේලා පහළ වන්නාහු ද, ඒ සියලුම බුදුරජාණන් වහන්සේලාගේ ධර්මතාවය, ධර්මය අවබෝධ කරන ස්වභාවය එකයි. ඒ සියලු බුදුරජාණන් වහන්සේලා පංච නීවරණ බැහැර කරනවා. සතර සතිපට්ඨානයේ මනාකොට සිත පිහිටුවා ගන්නවා. සප්ත බොජ්ඣංග ධර්මයන් ඒ ආකාරයෙන්ම දියුණු කරනවා. එහෙම කරලා තමයි අනුත්තර වූ සම්මා සම්බෝධියට පත්වන්නේ කියලා සිතක් පහල වෙලයි මගේ සිත පැහැදුණේ."

මට මතකයි... ඉස්සෙල්ලාම බණ අහපු දවස...

ඊට පස්සේ කියනවා, "ස්වාමීනි, භාග්‍යවතුන් වහන්ස, මට මතකයි, මම ඉස්සෙල්ලාම බණ අසන්න ඕන කියලා භාග්‍යවතුන් වහන්සේ ළඟට ආපු දවස. එදා භාග්‍යවත් බුදුරජාණන් වහන්සේ මට... කුසල් ගැන, අකුසල් ගැන, පින් ගැන, පව් ගැන, උදාර තත්ත්වයට හිත දියුණු කරන ආකාරය ගැන කියල දුන්නා. ස්වාමීනි, මම ඒ විදිහට පුහුණු කළා. මේ ධර්මය තුළ අවබෝධය ඇති වෙන්න ඇතිවෙන්න, මම මේ ධර්මය කෙරෙහි ශ්‍රද්ධාවේ බැසගත්තා. මම නිෂ්ඨාවකට ආවා. ඒ කියන්නේ ඒකාන්ත අදහසකට ආවා. ශාස්තෘන් වහන්සේ කෙරෙහි හරියට මගේ හිත පැහැදුණා. මට හිතුණා (**සම්මා සම්බුද්ධෝ වත සෝ භගවා**) ඒ භාග්‍යවතුන් වහන්සේ ඒකාන්තයෙන්ම සම්මා සම්බුද්ධයි. (**ස්වාක්ඛාතෝ භගවතා ධම්මෝ**) භාග්‍යවතුන් වහන්සේ වදාළ ධර්මය මනාකොට දෙසන ලද්දක්මයි. (**සුපටිපන්නෝ භගවතෝ සාවක සංඝෝ**)

භාග්‍යවතුන් වහන්සේගේ ශ්‍රාවක සංඝරත්නය රාග, ද්වේෂ, මෝහ දුරු කරන්නා වූ ප්‍රතිපදාවෙන් යුක්තයි කියලයි. එහෙම හිතලයි මම පැහැදුණේ" කිව්වා.

අපිත් පැහැදිය යුත්තේ මෙහෙමයි...

දැන් බලන්න පින්වත්නි, අපිත් පහදිනවා නම්, ඒ පැහැදීමත් මේ ආකාර විය යුතුයි නේද? අපේ පැහැදීමත් මේ ආකාර විය යුතුයි. කුමක්ද පැහැදීම? අපි නියම ආකාරයට පහදිනවා නම් අපේ පැහැදීම ඇති වෙනවා කොහොමද? **(සම්මා සම්බුද්ධෝ වත සෝ භගවා)** ඒ භාග්‍යවතුන් වහන්සේ ඒකාන්තයෙන්ම සම්මා සම්බුද්ධයි. 'වත' කියන්නේ ඒකාන්තයෙන්ම කියන එකයි. **(ස්වාක්ඛාතෝ භගවතා ධම්මෝ)** භාග්‍යවතුන් වහන්සේ වදාළ ධර්මය මනාකොට දේශනා කරපු එකක්. නොමනා කොට කියපු කාරණයක් නොවෙයි. මනාකොට දේශනා කළ නිසයි ඒ ධර්මය අහපු අහපු අය නිකෙලෙස් වුණේ. මනාකොට දේශනා කරපු නිසයි ඒ ධර්මය අවබෝධ කරගත්තේ. ඒ ධර්මය අහන අහන අය සෝවාන් වුණේ, සකදාගාමී වුණේ, අනාගාමී වුණේ, අරහත් වුණේ **(සුපටිපන්නෝ භගවතෝ සාවකසංඝෝ)** ඒ භාග්‍යවතුන් වහන්සේගේ ශ්‍රාවක සංඝයා රාගයත්, ද්වේෂයත්, මෝහයත් දුරුකරන්නා වූ ප්‍රතිපදාවේ හිටපු නිසා නේද රහතන් වහන්සේලා බිහි වුණේ. නැත්නම් බිහිවෙයිද? නෑ. "ස්වාමීනි, අන්න ඒ විදිහටයි මගේ හිත පැහැදුණේ."

බුදු සසුනේ මහානීය වූ වස්තු තිස්හත...

"ඒ වගේම ස්වාමීනි, මම පැහැදිච්ච තවත් කාරණාවක් තියෙනවා." දැන් ඔන්න සාරිපුත්ත මහරහතන්

වහන්සේ පැහැදිච්ච තවත් කාරණාවක් කියනවා, "භාග්‍යවතුන් වහන්සේ ධර්ම දේශනා කරන්නේ යම් ආකාරයකින් ද, ඒ කුසල් දහම් දේශනා කරන ආකාරය ගැන මම හරියට පැහැදුණා. භාග්‍යවතුන් වහන්සේ කුසල් දහම් හැටියට දේශනා කරනවා සතර සතිපට්ඨානය..."

සතර සතිපට්ඨානය කියන්නේ, ඇලීම්-ගැටීම් දෙක දුරු කරලා, කෙලෙස් තවන වීරියෙන් යුක්තව, සිහියෙන් යුක්තව, නුවණින් යුක්තව කායානුපස්සනා භාවනාවෙන් වාසය කිරීම ගැන, වේදනානුපස්සනා භාවනාවෙන් වාසය කිරීම ගැන, චිත්තානුපස්සනා භාවනාවෙන් වාසය කිරීම ගැන, ධම්මානුපස්සනා භාවනාවෙන් වාසය කිරීම ගැන භාග්‍යවතුන් වහන්සේ කියලා දෙනවා. ඒ වගේම **(චත්තාරෝ සම්මප්පධානා)** උපන්නා වූ අකුසල් දුරු කරන්න වීරිය ගැනීම ගැන, නූපන් අකුසල් උපද්දවන්නේ නැතුව සිටීමට වීරිය ගැනීම ගැන, නූපන් කුසල් උපදවා ගන්න වීරිය ගන්න එක ගැන, උපන් කුසල් දියුණු කරගන්න වීරිය කිරීම ගැන කියලා දෙනවා.

(චත්තාරෝ ඉද්ධිපාදා) ඒ වගේම බුදුරජාණන් වහන්සේ කියලා දෙනවා ඡන්ද, විරිය, චිත්ත, වීමංසා කියන ඉර්ධිපාද ගැන. **(ඡන්ද)** අවබෝධ කරගැනීමට බලවත් කැමැත්ත උපදවාගන්න. අවබෝධ කරගැනීමට බලවත් වීරිය උපදවාගන්න, අවබෝධ කරගැනීමට බලවත් අධිෂ්ඨානයක් ඇතිකර ගන්න. ඒ වගේම අවබෝධ කරගැනීම පිණිස බලවත්ව නුවණින් විමසන්න කියලා ඉද්ධිපාද දේශනා කරනවා.

(පංච ඉන්ද්‍රියානි) ඒ වගේම භාග්‍යවතුන් වහන්සේ සද්ධා, විරිය, සති, සමාධි, ප්‍රඥා කියන පංච ඉන්ද්‍රිය ගැන

දේශනා කරනවා.

(පංච බල) ඒ වගේම භාග්‍යවතුන් වහන්සේ දේශනා කරනවා ශ්‍රද්ධා බලය, විරිය බලය, සති බලය, සමාධි බලය, ප්‍රඥා බලය ගැන.

ඒ වගේම සති සම්බොජ්ඣංගය, ධම්මවිචය සම්බොජ්ඣංගය, විරිය සම්බොජ්ඣංගය, පීති සම්බොජ්ඣංගය, පස්සද්ධි සම්බොජ්ඣංගය, සමාධි සම්බොජ්ඣංගය, උපේක්ඛා සම්බොජ්ඣංගය කියන මේ බොජ්ඣංග ධර්මයන් ගැන කියලා දෙනවා.

ඒ වගේම භාග්‍යවතුන් වහන්සේ කියලා දෙනවා සම්මා දිට්ඨිය ගැන, සම්මා සංකල්ප ගැන, සම්මා වාචා ගැන, සම්මා කම්මන්ත ගැන, සම්මා ආජීව ගැන, සම්මා වායාම ගැන, සම්මා සතිය ගැන, සම්මා සමාධිය ගැන.

මේ ගැන විතරක් නෙවෙයි... තව බොහෝ දේ...

ඒ වගේම භාග්‍යවතුන් වහන්සේ කියලා දෙනවා අරහත්වයට පත්වන ආකාරය. ස්වාමීනි, මේ විදිහට ධර්මය ඇහුවාම මම කල්පනා කළා, 'ඒකාන්තයෙන් ම මේ සියල්ල ගැන අවබෝධය තියෙන්නේ භාග්‍යවත් බුදුරජාණන් වහන්සේ තුළයි. උන්වහන්සේ මේ ගැන විතරක් නෙවෙයි. ඊටත් වඩා දේවල් ගැන වුණත් අවබෝධයෙන්ම දන්නවා. එබඳු ආකාරයට දන්න වෙන කිසිම ශ්‍රමණයෙක්, බ්‍රාහ්මණයෙක් නම් නැත' කියලා. ඒ විදිහට මගේ හිතේ ලොකු පැහැදීමක් ඇතිවුණා."

පහදින්න තවත් කාරණයක්...

ඊළඟට බුදුරජාණන් වහන්සේට සාරිපුත්ත

මහරහතන් වහන්සේ කියනවා, "ස්වාමීනි, මට පහදින්න තවත් කාරණාවක් තියෙනවා. භාග්‍යවත් බුදුරජාණන් වහන්සේ දේශනා කළා 'අභ්‍යන්තර, බාහිර ආයතන අවබෝධ කරන්න' කියලා. මොකක්ද දේශනා කළේ? 'අභ්‍යන්තර, බාහිර ආයතන අවබෝධ කරන්න' කියලා. ස්වාමීනි, භාග්‍යවතුන් වහන්ස, ඇසත්-රූපත්, කණත්-ශබ්දත්, නාසයත්-ගඳ සුවඳත්, දිවත්-රසයත්, කයත්-පහසත්, මනසත්-අරමුණත් අවබෝධ කරන්න කියලා අපට දේශනා කළා. ස්වාමීනි, එතකොට මට හිතුණා, 'භාග්‍යවතුන් වහන්සේ ඒකාන්තයෙන්ම මේ සියල්ල අවබෝධ කරලයි ඉන්නේ. භාග්‍යවතුන් වහන්සේ මේ සියල්ලම අවබෝධකොට වදාළ උත්තමයෙක්. ඒ නිසා භාග්‍යවතුන් වහන්සේගේ අවබෝධයට ඉහළින් අවබෝධයක් තියෙන වෙන කෙනෙක් මේ දෙවියන්, බඹුන්, මරුන් සහිත ලෝකයේ නම් නැත. ඒකාන්තයෙන් ම බුදුරජාණන් වහන්සේ තමයි මේ අධ්‍යාත්මික, බාහිර ආයතන ගැන පූර්ණ අවබෝධය ලබා තිබෙන්නේ...' කියලා. ස්වාමීනි, මේ විදිහටත් මගේ හිත පැහැදුණා." බලන්න මේ සාරිපුත්ත මහරහතන් වහන්සේ තමන් වහන්සේගේ චිත්ත ප්‍රසාදයට නුවණින් මෙනෙහි කරලා තියෙන ආකාරය.

මව්කුසේ පිළිසිඳ ගැනීම් හතරක්...

"ස්වාමීනි, භාග්‍යවතුන් වහන්ස, භාග්‍යවතුන් වහන්සේ තමයි දන්නේ මව්කුසේ ඉපදෙන ආකාරය. භාග්‍යවතුන් වහන්සේ අපට වදාළා, සමහරු දැන ගෙනම මව්කුසට ඇතුළු වෙනවා. සිහියෙන් මව්කුසේ වාසය කරනවා. සිහියෙන් මව්කුසෙන් නික්මෙනවා. තව කෙනෙක් ඉන්නවා, සිහියෙන් මව්කුසට ඇතුළු වෙනවා.

ඊට පස්සේ මොකුත් දන්නේ නෑ. නොදන මව්කුසේ වැඩෙනවා. නොදන මව්කුසෙන් බිහි වෙනවා. තව කෙනෙක් ඉන්නවා, සිහියෙන් මව්කුසට ඇතුල් වෙනවා. සිහියෙන් මව්කුසේ වැඩෙනවා. නොදන මව්කුසෙන් බිහි වෙනවා. තව කෙනෙක් ඉන්නවා, මව්කුසට ඇතුළුවෙන බව දන්නේ නැහැ, මව්කුසේ වැඩෙන බවවත් දන්නේ නෑ. මව්කුසින් නික්මෙන බවවත් දන්නේ නැහැ. මෙන්න මේ විදිහට මව්කුසේ පිළිසිඳ ගැනීම් හතරක් බුදුරජාණන් වහන්සේ අපට කියාදීලා තියෙනවා."

ලොව ආශ්චර්යවන්ත උපත...

දූත් බලන්න ලෝකයේ වැඩිපුරම තියෙන්නේ මොකද්ද? මව්කුසක ඉපදෙනවා එයා දන්නේ නෑ. මව්කුසේ වැඩෙනවා දන්නේ නෑ. මව්කුසෙන් බිහිවෙනවා දන්නෙත් නෑ. මහබෝසතාණන් වහන්සේ තුසිත දිව්‍ය ලෝකයේ හිටියේ 'සන්තුසිත' කියලා දිව්‍ය කුමාරයෙක් වෙලා. එතකොට දෙවිවරු ආරාධනා කළා, **(කාලෝ'යං තේ මහාවීර. උප්පජ්ජ මාතු කුච්ඡියං)** "මහාවීරයන් වහන්ස! මවුකුසේ උපදින සේක්වා! **(සදේවකං තාරයන්තෝ බුජ්ජස්සු අමතං පදං)** දෙව් මිනිස් ලෝකයා එතෙර කරවීම පිණිස අමා නිවන සාක්ෂාත් කරන සේක්වා!" කියලා. බෝසතාණන් වහන්සේ ඒ ආරාධනාව පිළිගත්තා. පස්මහ බැලුම් බැලුවා. දිව්‍ය ලෝකෙන් චුත වුණා. සිහිනුවණින් මහාමායා දේවියගේ කුසේ පිළිසිඳගත්තා.

සුදු ඇත්පැටවෙක්... සුදු නෙළුම් සොඬින් ගෙන...

සිහිනුවණින් පිළිසිඳ ගැනීම මහාමායා දේවියට සිහිනයකින් දර්ශනය වුණා. සුදු ඇත් පැටවෙක්,

සුදු නෙළුම් මලක් අරගෙන, පැදකුණු කරලා, දකුණු ඇලයෙන් මව්කුසට ඇතුළු වුණා. සිහියෙන් මේ සියල්ල වුණේ. මව්කුසේ සිහියෙන් සිටියා. මහාමායා දේවිය මව්කුසේ ඉන්න තමන්ගේ දරුවත් එක්ක කතාබස් කළා. මව්කුසේ වැඩෙන දරුවාව මහාමායා දේවියට පේනවා. ඒක ඉර්ධියක්. මහාමායා දේවිය හිටගෙන සිටිද්දී හොඳ සිහිනුවණින් මේ දරුවා බිහිවුණේ.

"ස්වාමීනි, භාග්‍යවතුන් වහන්ස, මේ ආකාරයෙන් උපත් ගැන නම්, මව් කුසේ පිළිසිඳ ගැනීම් ගැන නම් ලෝකයේ වෙන කවුරුවත් දන්නේ නෑ. ඒ නිසා 'භාග්‍යවතුන් වහන්සේට වඩා මේ කාරණා ගැන දන්නා වූ කෙනෙක් මේ ලෝකයේ වෙන කෙනෙක් නම් නැත. ඒකාන්තයෙන්ම මේ කාරණා සම්පූර්ණයෙන්ම දැන වදාළේ භාග්‍යවතුන් වහන්සේමයි' කියලා මගේ හිත පැහැදුණා" කියලා කිව්වා.

මුහුණ බලා අනාවැකි...

"ඒ වගේම ස්වාමීනි, තවත් කාරණයක් තියෙනවා, මගේ හිත පැහැදෙන්නට. මොකක්ද ඒ කාරණාව? ස්වාමීනි, භාග්‍යවතුන් වහන්ස, ධර්ම දේශනා කරන ක්‍රම හතරක් (ආදේශනාවිධි) තියෙනවා. ඒ හතරම භාග්‍යවතුන් වහන්සේ දන්නවා. ඒ තමයි ස්වාමීනි, සමහර කෙනෙක් මුහුණේ තියෙන සටහන්, ලකුණු, සලකලා හිතේ ස්වභාවය කියනවා, 'දැන් ඔබ මේක හිතන්නේ... දැන් ඔබ මේක කල්පනා කරන්නේ... දැන් ඔබ මේක හිතන්නේ...' කියලා එයාගේ ඉරියව්වල සටහන් බලලා කියනවා.

තව සමහර කෙනෙක් ඉන්නවා, මනුෂ්‍යයන්ගෙ

න් වේවා, අමනුෂ්‍යයන්ගෙන් වේවා, දෙවියන්ගෙන් වේවා අහලා කියනවා, 'දැන් ඔබ මේ දේ හිතන්නේ, දැන් ඔබේ හිතේ තියෙන්නේ මේ මේ දේ... දැන් ඔබ මේක තමයි කල්පනා කරන්නේ" කියලා. එතකොට ඒක අමනුෂ්‍යයින්ගෙන් අහලා වුණත් කෙනෙකුට කියන්න පුළුවන්. එතකොට බොහෝවිට සිද්ධ වෙන්නේ එයා කියන ආකාරයට. වෙන ආකාරයකට නෙමෙයි.

හිතෙන් කතාකරන වචනවලත් ශබ්දයක් තියෙනවා...

ඊළඟට එයා නිමිති වශයෙන් බලන්නෙත් නෑ. දෙවියන්ගෙන්, අමනුෂ්‍යයන්ගෙන් අහලා කියන්නෙත් නෑ. එයා සිත යොමු කරනවා අනිත් එක්කෙනාගේ සිතුවිලි දහරාවට. අනිත් එක්කෙනාගේ සිතුවිලි දහරාවට සිත යොමුකරාම, එයා හිතෙන් වචන කතා කර කර ඉන්නේ. හිතෙන් කතා කරන වචනයට තියෙනවා යම් කිසි ශබ්දයක්. ඒ ශබ්දය කටින් නිකුත් වෙන්නේ නෑ. ඒකට කියනවා 'විතක්කවිචාර ශබ්දය' කියලා. එතකොට ඒ ධ්‍යානලාභී කෙනා අනිත් එක්කෙනා කල්පනා කරන ඒ මානසික ශබ්දය අල්ලනවා. අල්ලලා කියනවා, 'දැන් ඔබ කල්පනා කරන්නේ අසවල් දේ... දැන් ඔබ මෙනෙහි කරන්නේ අසවල් කාරණාව... දැන් ඔබ හිත හිතා ඉන්නේ අසවල් දේ ගැන...' කියලා."

එහෙම නැත්නම් විතක්කවිචාර සමාධියට සමවැදිලා, ඒ විතක්කවිචාර සමාධියෙන් ඉඳලා, අනිත් එක්කෙනාගේ සිතේ ඇතිවෙන මනෝ සංස්කාර ගැන. මානසිකව එයා සකස්වෙවී යන ආකාරය බලලා කියනවා, 'ඔයා දැන් මේක හිතන්නේ... දැන් මේ සිතුවිලි්ල හිතන්නේ... මේ සිතුවිල්ල හිතලා ඉවරවුණ ගමන් අසවල්

සිතුවිල්ල ඔයාට පහළ වෙනවා' කියලා.

"ස්වාමීනි, ඔය විදිහට ආදේශනා විධි හතරයි තියෙන්නේ. මෙන්න මේ ආදේශනා විධි හතර භාග්‍යවත් බුදුරජාණන් වහන්සේ තමයි අපට දේශනා කළේ. ඒ නිසා මේ ආදේශනා විධි ගැන දන්නා වූ කෙනෙක් ලෝකයේ වෙන නැත. ඒකාන්තයෙන්ම බුදුරජාණන් වහන්සේ තමයි මේ කාරණය දන්නේ' කියලා මගේ හිතේ ලොකු පැහැදීමක් තියෙනවා" කිව්වා.

දස්සන සමාපත්ති පිළිබඳ විස්මිත අවබෝධය...

ඊට පස්සේ සාරිපුත්ත මහරහතන් වහන්සේ හරි ලස්සන කාරණයක් කියනවා දස්සන සමාපත්ති හතරක් ගැන. දස්සන සමාපත්ති කියලා කියන්නේ භාවනාව තුළ ඇතිකර ගන්නා වූ දැක්මවල්. "ස්වාමීනි, භාග්‍යවතුන් වහන්ස, කෙනෙක් හරි මහන්සි වෙනවා සමාධියක් උපදවගන්න. මහන්සිවෙලා, කැපවෙලා, වීරිය අරගෙන... මේකේ කියනවා ඒකට හරි ලස්සන වචනයක්. (ආතප්පමන්වාය, පධානමන්වාය, අනුයෝග මන්වාය, අප්පමාදමන්වාය, සම්මාමනසිකාරමන්වාය)

ආතප්පමන්වාය - හිත යන යන විදිහට යන්න නොදී, තමන් භාවනා අරමුණක හිත වීරියෙන් පිහිටුවා ගන්නවා.

පධානමන්වාය - බලවත් වීරියකින් පිහිටුවා ගන්නවා.

අනුයෝගමන්වාය - ඒකෙම නිතර නිතර යෙදෙනවා.

අප්පමාදමන්වාය - බාහිර දේවල් ඔක්කොම අඩු කරලා ඒකටම කැප වෙනවා.

සම්මාමනසිකාරමන්වාය - නුවණින් මෙනෙහි කර කර මෙයා සමාධියක් උපද්දවලා, ඒ උපද්දවපු සමාධිය තුළින් හිසකෙස් වලින් පහළට, යටිපතුලෙන් උඩට තිබෙන කුණප කොටස් තිස්දෙක දිහා බලනවා. මේකේ තියෙනවා කෙස්, ලොම්, නිය, දත්, සම, මස්, නහර, ඇට, ඇටමිදුළු, වකුගඩු, හදවත, අක්මාව, දළඹුව, බඩදිව, පෙණහළු, කුඩා බඩවැල, මහා බඩවැල, ආමාශය, අසූචි, පිත, සෙම, සැරව, ලේ, දහදිය, තෙල්මන්ද, කඳුළු, වුරුණුතෙල්, කෙළ, සොටු, සඳමිදුළු, මුත්‍රා. මේ සියල්ලම එයා උපදවාගත්තු සමාධියකින් විමස විමසා බලනවා. භාග්‍යවතුන් වහන්ස, මේක තමයි පළමුවෙනි දර්ශන සමාපත්තිය.

සම, මස්, ලේ ඉක්මවමින් ඇටසැකිල්ල දක්වා...

ස්වාමීනි, තවත් දර්ශන සමාපත්තියක් තියෙනවා. ඒ තමයි කෙනෙක් ඔය විදිහට සමාධියක් උපදවාගෙන, දෙතිස් කුණපයන් හොඳට බලලා බලලා හිට (**අතික්කම්ම ච පුරිසස්ස ඡවිමංසං ලෝහිතං**) තමන්ගේ සම, මස්, ලේ ඉක්මවා ගිහින් (**අට්ඨිං පච්චවෙක්ඛති**) ඇට සැකිල්ල දකිනවා. භාවනාව තුළ අර ඔක්කොම ඉක්මවා ගිහිල්ලා තමන්ගේ ශරීරයේ තියෙන අස්ථි, ඇට දකින්න පුළුවන් වෙනවා. මේක තමයි දෙවෙනි දර්ශන සමාපත්තිය

ස්වාමීනි, භාග්‍යවතුන් වහන්ස, තවත් දර්ශන සමාපත්තියක් තියෙනවා. සමහරු දෙතිස් කුණපත් දකිනවා සමාධියකින්. ඒ වගේම සම, මස්, ලේ... ඉක්මවා ගිහින් අස්ථිත් දකිනවා සමාධියකින්. (**පුරිසස්ස විඤ්ඤාණ සෝතං පජානාති උභයතෝ අබ්බෝච්ඡින්නං ඉධ ලෝකේ පතිට්ඨිතං ච පරලෝකේ පතිට්ඨිතං ච**) අන්න එයාට අහුවෙනවා විඤ්ඤාණයේ ක්‍රියාකාරීත්වය. මොකක්ද

විඤ්ඤාණයේ ක්‍රියාකාරීත්වය? මෙතැන තියෙනවා හරි ලස්සනට ඒක. (උභයතෝ අබ්බෝච්ඡින්නං) දෙපැත්තෙන් නොසිඳුණු, කැඩිච්ච නැති, නොකැඩුණු, (විඤ්ඤාණ සෝතං) විඤ්ඤාණ දහරාව. එහෙනම් අපේ ජීවිතය තුළ මොකද්ද තියෙන්නේ? විඤ්ඤාණ දහරාවක් තියෙන්නේ. **(ඉධ ලෝකේ පතිට්ඨිතං ච පරලෝකේ පතිට්ඨිතං ච)** ඒ විඤ්ඤාණ දහරාව මෙලොවත් පිහිටලා, පරලොවත් පිහිටලයි තියෙන්නේ.

විඤ්ඤාණය සැඩපහරක් වගේ වේගයෙන්...

දැන් අපි මේ ඇවිදගෙන ගියාට පරලොවත් පිහිටලා ඉන්නේ. අපට පේන්නේ නෑ අපි පරලොව පිහිටි බවක්. අපිට හිතෙන්නේ අපි පිහිටලා ඉන්නේ මෙලොව විතරයි කියලා. ඇයි අපිට පේන්නේ එච්චරනේ! ඇවිදිනවා, කනවා බොනවා, කතා බස් කරනවා. අපිට පේන්නේ සම්පූර්ණයෙන්ම මෙලොව විතරයි. නමුත් දර්ශන සමාපත්තියකින් එයා අවබෝධ කරගන්නවා, (විඤ්ඤාණ සෝතං) ඇහේ විඤ්ඤාණය, කණේ විඤ්ඤාණය, නාසයේ විඤ්ඤාණය, දිවේ විඤ්ඤාණය, ශරීරයේ විඤ්ඤාණය, මනසේ විඤ්ඤාණය ගැන. මේ විඤ්ඤාණය වැඩ කරන්නේ මොන විදිහටද? දහරාවක්, සැඩපහරක් වගේ තමයි වේගෙන් මේ විඤ්ඤාණය වැඩකරන්නේ. එතකොට මේ විඤ්ඤාණ දහරාව වැඩකරන්නේ දෙපැත්තෙන්ම නොකැඩී. දෙපැත්ත කියන්නේ මෙලොවයි, පරලොවයි අතර නොකැඩුණු සම්බන්ධතාවයක පිහිටපු කියන අර්ථයෙන්. මෙලොවත් පිහිටපු, පරලොවත් පිහිටපු විඤ්ඤාණ දහරාව වැඩ කරන හැටි එයා හොයාගන්නවා. එයාට අහුවෙනවා ඒක.

ඒක එයා තේරුම් ගන්නවා. ඒකට මොකක්ද කිව්වේ? තුන්වෙනි දර්ශන සමාපත්තිය කියලා.

මෙලොවත්, පරලොවත් නොපිහිටි විඤ්ඤාණය...

ඊට පස්සේ සාරිපුත්ත මහරහතන් වහන්සේ දේශනා කරනවා, "ස්වාමීනි, භාග්‍යවතුන් වහන්ස, කෙනෙක් ඔය වගේ හොඳට වීරිය කරලා, සමාධිය උපද්දවාගෙන දෙතිස් කුණුපයන් ගැන හොඳට නුවණින් විමස විමසා බලනවා. පළවෙනි දර්ශන සමාපත්තිය. ඊට පස්සේ එයා දෙතිස් කුණපයන් විමස විමස බලන එක නවත්වලා... සම ඉක්මවා ගිය, මස් ඉක්මවා ගිය, ලේ ඉක්මවා ගිය, අස්ථි පඤ්ජරය බලනවා. ඊට පස්සේ එයා බලනවා, දෙපැත්තටම නොකැඩුණු, මෙලොව පිහිටි, පරලොව පිහිටි, වේගයෙන් ඇතිවෙන නැතිවෙන විඤ්ඤාණ දහරාව ගැන. තමාගේ ඇහේ, කණේ, නාසයේ, දිවේ, කයේ, මනසේ වේගයෙන් හටගන්නා වූ විඤ්ඤාණ දහරාව ගැන බලනවා. හතරවෙනි එක තමයි, එයා දකිනවා **(විඤ්ඤාණ සෝතං පජානාති ඉධ ලෝකේ අප්පතිට්ඨිතං ච පරලෝකේ අප්පතිට්ඨිතං ච)** මෙලොව පරලොව කියන දෙකේම පිහිටපු නැති, එක පැත්තකටවත් නොපිහිටි විඤ්ඤාණය."

රහතන් වහන්සේලාට පමණයි...

මේ නොපිහිටි විඤ්ඤාණය දකින්නේ කවුද? රහතන් වහන්සේට විතරයි ඒක කරන්න පුළුවන්. ලෝකයේ රහත් නොවුණ වෙන කිසිකෙනෙකුට ඒ හතරවෙනි දර්ශන සමාපත්තිය උපදවාගන්න බෑ. එතකොට රහත් වෙච්ච කෙනෙක් දකිනවා මෙලොව, පරලොව දෙකේ

නොපිහිටි විඤ්ඤාණ දහරාව. ඒ විඤ්ඤාණ දහරාවට මොකද වෙන්නේ? මරණයට පත්වෙනකොට නිවිලා යනවා, නැතිවෙලා යනවා, සංසිඳිලා යනවා, පහනක් නිවුණා වගේ වෙනවා. ඇයි හේතුව? පවතින්න විඤ්ඤාණය පිහිටලා නෑ. විඤ්ඤාණය පිහිටන්නේ මොකේද? රූපයේ, වේදනාවේ, සංඥාවේ, සංස්කාරවල විඤ්ඤාණයේමයි. ඒක පිහිටපු ගමන් පිහිටන්න තියෙන්නේ එක්කෝ මෙලොවේ, එක්කෝ පරලොවේ. මේ විදිහට නොපිහිටපු විඤ්ඤාණය දකින්න තියෙන්නේ හතරවෙනි දර්ශන සමාපත්තියටයි.

"ස්වාමීනි, භාග්‍යවතුන් වහන්ස, ඕවා අපි වෙන කාගෙන්වත් ඇහුවේ නැහැ. අපට මේවා කියා දුන්නේ භාග්‍යවත් බුදුරාජාණන් වහන්සේයි. ඒ නිසා භාග්‍යවතුන් වහන්ස, 'මේ ආකාරයේ අවබෝධයක් ලෝකයේ වෙන කිසිම කෙනෙකුට ඇතිවෙලා නෑ. එය ඇතිවුණේ බුදුරජාණන් වහන්සේට පමණයි' කියලා මගේ හිත පැහැදුණා" කිව්වා.

දහම දකින්නේ කොටස් හතකට...

ඊට පස්සේ කිව්වා, "ස්වාමීනි, ඒ වගේම භාග්‍යවතුන් වහන්සේ අපට දේශනා කළා මේ ධර්මය අවබෝධ කරන්නා වූ පුද්ගලයන්ගේ වෙනස්කම් ගැන. ස්වාමීනි, භාග්‍යවතුන් වහන්සේ අපට කියා දුන්නා, මේ ධර්මය අවබෝධ කරන පුද්ගලයින් කොටස් හතකට බෙදෙනවා කියලා. උභතෝභාග විමුත්ත, පඤ්ඤා විමුත්ත, කායසක්ඛි, දිට්ඨිප්පත්ත, සද්ධාවිමුත්ත, ධම්මානුසාරී, සද්ධානුසාරී."

උභතෝභාග විමුත්ත කියලා කියන්නේ සමථ

භාවනාව අරූප ධ්‍යාන දක්වා දියුණු කරලා, විදර්ශනා භාවනාව අරහත්වය දක්වා දියුණු කරලා අරහත්වයට පත්වූ රහතන් වහන්සේට.

සමහර අයට සමථ භාවනාව අරූප ධ්‍යාන දක්වා වැඩෙන්නේ නෑ. හතරවෙනි ධ්‍යානයට විතරයි වැඩෙන්නේ. හතරවෙනි ධ්‍යානය දක්වා සිත දියුණු කරලා අරහත්වය දක්වා දියුණු කරන කෙනාට කියනවා 'පඤ්ඤා විමුත්ත' කියලා.

භාග්‍යවතුන් වහන්සේ දන්නා සේක... මම වනාහී නොදනිමි...

ඊළඟට කායසක්ඛී, දිට්ඨප්පත්ත, සද්ධාවිමුත්ත කියලා කියන්නේ... එක්කෝ ප්‍රඥාව, එක්කෝ සිහිය, එක්කෝ වීරිය වගේ කුසල ධර්මයක් බලවත් වෙලා මාර්ගය වැඩෙනවා. ධම්මානුසාරී කියන්නේ ධර්ම මාර්ග යේ නුවණින් මෙනෙහි කර කර යනවා. සද්ධානුසාරී කියන්නේ ඉස්සෙල්ලාම ශ්‍රද්ධාවට එයා පැමිණෙනවා. 'ස්වාමීනි, අපි මේවා කිසි දෙයක් දන්නේ නෑ භාග්‍යවතුන් වහන්සේ අපට මේවා කියා දුන්නේ නැත්තම්. ඒ නිසා ඒකාන්තයෙන්ම මේ ධර්මය අවබෝධය තුළ වැඩෙන්නා වූ පුද්ගලයන් ගැන භාග්‍යවතුන් වහන්සේගේ අවබෝධයට සමාන හෝ ඉහළින් යන එකක් ලෝකයේ නෑ."

සාරිපුත්ත මහරහතන් වහන්සේ කියනවා, "ස්වාමීනි, භාග්‍යවතුන් වහන්ස, භාග්‍යවත් බුදුරජාණන් වහන්සේ අපට දේශනා කළා, 'නිවන් මගට වීරිය ගන්න' කියලා. ඒ දේශනාවේදි පෙන්නා දුන්නා චතුරාර්ය සත්‍ය ධර්මය අවබෝධ කරන්න කරුණු හතක්. චතුරාර්ය

සත්‍ය ධර්මය අවබෝධයට රුකුල් දෙන්නා වූ කරුණු හතක් දේශනා කළා. ඒ කරුණු හත තමයි (සති සම්බොජ්ඣංගය) සති කියන්නේ සිහිය. (ධම්මවිචය සම්බොජ්ඣංගය) ඒ කියන්නේ ධර්මය නුවණින් විමසීම. (විරිය සම්බොජ්ඣංගය) වීරිය ඇතිකර ගැනීම. (පීති සම්බොජ්ඣංගය) ප්‍රීතිය ඇතිකර ගැනීම. (පස්සද්ධි සම්බොජ්ඣංගය) සැහැල්ලු බව ඇතිකර ගැනීම. (සමාධි සම්බොජ්ඣංගය) සමාධිය දියුණුකර ගැනීම. (උපෙක්ඛා සම්බොජ්ඣංගය) උපේක්ෂාව ඇතිකර ගැනීම. ස්වාමීනි භාග්‍යවතුන් වහන්සේ අපට මේ ගැන දේශනා කළා. ඒ නිසා මා තුළ පැහැදීමක් තියෙනවා, 'මේ බොජ්ඣංග ධර්මයන් ගැන ලෝකයේ මෙතරම් දන්න කෙනෙක් වෙන නෑ' කියලා.

ධර්මාවබෝධය ක්‍රම හතරකට...

ඊළඟට ස්වාමීනි, භාග්‍යවතුන් වහන්ස, ඔබවහන්සේ අපට දේශනා කළා ධර්මය අවබෝධ කරන්නා වූ පුද්ගලයින් හතර ආකාරයි කියලා. පළවෙනි එක තමයි, 'දුක්ඛා පටිපදා දන්ධාභිඤ්ඤා' ප්‍රතිපදාව කියන්නේ... එයා ධර්ම මාර්ග යේ ගමන් කරන එක දුක් සහිතයි. සමාධිය වැඩෙන්නේ නෑ. එයාට හැම තිස්සේම පංච නීවරණයන්ගෙන් පීඩාවක් නැද්ද? ආස කරන දේවල්වලට හිත යනවා, තරහ යනවා, නිදිමත එනවා, හිත විසිරෙනවා, සැකය එනවා, එතකොට ප්‍රතිපදාව දුකයි. බුදුරජාණන් වහන්සේ පෙන්වා දුන්නා, "මහණෙනි, දුක්ඛා පටිපදා කියන්නේ ප්‍රතිපදාව දුකයි. (දන්ධාභිඤ්ඤා) අවබෝධයත් ඉතාමත්ම සෙමින්. බහුතරයක් අයිති ඔය ගොඩටයි. හරි මහන්සියක් ගන්න ඕන. ඒ අයට එකපාරට අවබෝධ වෙන්නේ නෑ, හෙමිහිට තමයි අවබෝධ වෙන්නේ.

නිතරම මේ කරුණු පහ පුරුදු කරන්න...

බුදුරජාණන් වහන්සේ පෙන්වා දෙනවා එයා නිතර නිතර පුරුදු කරන්න ඕන කරුණු පහක්. **(කායේ අසුභානුපස්සී)** එයා කය ගැන අසුභ වශයෙන් දකින්න ඕන කියනවා. **(ආහාරේ පටික්කූල සඤ්ඤී)** ආහාරය දකින්න ඕන පිළිකුල් හැටියට. **(සබ්බලෝකේ අනභිරත සඤ්ඤී)** කිසි ලෝකයක් කෙරෙහි එයා ආශාවක් නොකර ඉන්න ඕන. **(සබ්බසංඛාරේසු අනිච්ච සඤ්ඤී)** සියලු සංස්කාරයන් අනිත්‍ය වශයෙන් බලමින් වාසය කරන්න ඕන. **(මරණ සති)** මරණය කොයි වෙලාවේ එනවද දන්නේ නෑ කියලා නුවණින් විමස විමසා ඉන්න ඕන. අන්න ඒ වගේ වීරිය කළොත් තමයි එයාට අවබෝධය කරායන්න පුළුවන් වෙන්නේ. සමාධියක් වැඩෙනකම් බලාගෙන ඉඳලා හරි යන්නේ නෑ එයා. එයා කවුද? 'දුක්ඛා පටිපදා දන්ධාභිඤ්ඤා'. තමන් තමන්ව අඳුනාගන්න ඕන තමන් මොන ප්‍රතිපදාවටද අයිති කියලා.

දෙවෙනි එක තමයි, **(දුක්ඛා පටිපදා ඛිප්පාභිඤ්ඤා)** ප්‍රතිපදාව දුකයි. නමුත් වේගෙන් අවබෝධ වෙනවා. මුගලන් මහරහතන් වහන්සේ අන්න ඒ දෙවෙනි කොටසට තමයි අයිති. මුගලන් මහරහතන් වහන්සේට හරී වීරියක් ගන්න සිදුවුණා. මොකද නිදිමතෙන් හරියට බැට කෑවා. එතකොට ඒ ප්‍රතිපදාව දුකයි. නමුත් දුක් වූ ප්‍රතිපදාවකින් වීරියක් ගත්තා, වේගයෙන් අවබෝධ වුණා. **(ඛිප්පාභිඤ්ඤා)** 'ඛිප්ප' කියන්නේ වේගයෙන්, ඉක්මණින්. වේගයෙන් අවබෝධ වුණා. එහෙනම් පළවෙනි එක මොකක්ද? දුක්ඛා පටිපදා දන්ධාභිඤ්ඤා. දෙවෙනි එක, දුක්ඛා පටිපදා ඛිප්පාභිඤ්ඤා.

ප්‍රතිපදාව සැපයි. ඒත්... අවබෝධය සෙමින්...

තුන්වෙනි එක තමයි 'සුඛා පටිපදා දන්ධාභිඤ්ඤා'. සුඛා පටිපදා කියන්නේ එයාට බොහෝම ලේසියෙන්, සාමාන්‍යයෙන් වීරියක් අරගෙන හිත ඉක්මණට තැන්පත් කරගන්න පුළුවන්. එයාට පුළුවන් ලේසියෙන්ම පළමුවෙනි ධ්‍යානය උපදවාගන්න. තවත් ටිකක් වීරිය කරලා එයාට පුළුවන් දෙවෙනි ධ්‍යානය උපදවාගන්න. තුන්වෙනි ධ්‍යානය, හතරවෙනි ධ්‍යානය උපදවාගන්න. කවුරුහරි බැන්නට එයාගේ හිතේ ඒක පිහිටන්නේ නෑ. කවුරුහරි වෙනස්කමක් කළත් ඒක එයාගේ හිතේ පිහිටන්නේ නෑ. ආශාකරන දේවල් එයාට පුළුවන් ලේසියෙන් අත්හරින්න. එයාගේ හිත සමාධියේම පිහිටනවා. ඒක මොකද්ද? (සුඛා පටිපදා) සැප ප්‍රතිපදාව. සමහරු ඉන්නවා ඒ සැප ප්‍රතිපදාවට අයිති අය. (සුඛා පටිපදා දන්ධාභිඤ්ඤා) ඒ සැප ප්‍රතිපදාවේ දියුණු කරගෙන ගියත් අවබෝධය හිමීට සිද්ධවෙන අවස්ථා තියෙනවා. එතකොට ඒකට කියන්නේ 'සුඛා පටිපදා දන්ධාභිඤ්ඤා'. අවබෝධය හිමින් සිදුවෙන්නේ. හැබැයි ප්‍රතිපදාව සැපයි. සැපයි කියන්නේ මොකද? එයාට පීඩාවක් නැතිව, සැනසිල්ලෙන් දියුණු කරන්න පුළුවන්. මොකද සමාධියක් බලවත්ව තියෙන නිසා.

වේගවත් වටහා ගැනීමක්...

තව කොටසක් ඉන්නවා, ඒ අයගේ ප්‍රතිපදාව සැපයි. ඒ වගේම අවබෝධයත් වේගයෙන්ම සිද්ධ වෙනවා. (සුඛා පටිපදා ඛිප්පාභිඤ්ඤා) දැන් බලන්න ඒකේ වෙනස්කම... මුගලන් මහරහතන් වහන්සේ 'දුක්ඛා පටිපදා ඛිප්පාභිඤ්ඤා'. සාරිපුත්ත මහරහතන් වහන්සේ

'සුඛා පටිපදා ඛිප්පාභිඤ්ඤා'. සැප ප්‍රතිපදාවෙන් තමයි වේගයෙන් අවබෝධ කළේ. සාරිපුත්ත මහරහතන් වහන්සේ වෙන කෙනෙකුට දේශනා කරන ධර්මයක් අහගෙන ඉඳලා තමයි අරහත්වයට පත්වුණේ. පායන කාලයක, ගිජ්ඣකූට පර්වතයේ පල්ලෙහා තියෙන සූකරඛත ගල්ලෙනේදී බුදුරජාණන් වහන්සේ වැඩසිටියා. සාරිපුත්ත මහරහතන් වහන්සේ තමයි බුදුරජාණන් වහන්සේට පවන් සල සලා හිටියේ. ඒ වෙලාවෙදී දීඝනක බුදුරජාණන් වහන්සේ ළඟට ආවා. ඇවිල්ලා කතා කළා. බුදුරජාණන් වහන්සේ ධර්මය දේශනා කළා 'විඳීම' ගැන. දීඝනක සෝතාපන්න වුණා. ඒ ධර්මයම අහලා, පවන් සල සලා හිටපු සාරිපුත්ත ස්වාමීන් වහන්සේ අරහත්වයට පත්වුණා. බලන්න කොයිතරම් වේගවත් වටහා ගැනීමක්ද?

සමහරවිට මේ යුගයේ බොහෝ විට ඉන්න පුළුවන් අර පළවෙනි එක්කෙනා. කවුද ඒ? 'දුක්ඛා පටිපදා දන්ධාභිඤ්ඤා.' ප්‍රතිපදාවත් දුක් සහිතයි, අවබෝධය හෙමින්. එතකොට එයා මොකද කරන්න ඕන? එයාට හොඳට පුරුදු කරන්න වෙනවා ඉවසීම. එයාට බලෙන් ගිහිල්ලා ලබාගන්න බෑ.

කෙටි ක්‍රම දෙන තැන ශාස්තෘත්වය නෑ...

ඉවසීම පුහුණු කරන්නේ නැති කෙනාට මොකද වෙන්නේ? නිතර අමාරුවේ වැටෙනවා. කියනවා, 'ඔහොම කරලා හරියන්නේ නෑ. ඕකට ඔච්චර මහන්සි වෙන්න දෙයක් නෑ. අන්න අතන කෙටි තැනක් තියෙනවා. කෙටි ක්‍රමෙන් දෙනවා.' එතකොට අර කෙටි ක්‍රමෙන් දෙනවා කිව්වට පස්සේ, ඒකට අහුවෙලා යනවා. නමුත් කවදාවත්

බුදුරජාණන් වහන්සේට හැර මේ ලෝකයේ වෙන කිසිම කෙනෙකුට කෙටි ක්‍රම දෙන්න බෑ. මොකද හේතුව? ඉන්ද්‍රියපරෝපරියත්ත ඤාණය තියෙන්නේ බුදුරජාණන් වහන්සේට විතරයි.

සමාධිය නෑ කියලා පසුතැවෙන්න එපා...

සාරිපුත්ත මහරහතන් වහන්සේ දේශනා කරනවා, "ස්වාමීනි, භාග්‍යවතුන් වහන්සේ තමයි අපට මේ අවබෝධ වෙන්නා වූ පුද්ගලයින් හතරදෙනා ගැන දේශනා කළේ." පටිපදාව ගැන දන්නේ නැත්නම්, සමහරවිට කෙනෙක් සමාධිය වැඩෙන්නේ නැතිවුණාම එයා පසුතැවෙන්න පුළුවන්. එයා 'මං මොන ප්‍රතිපදාවෙන් යුක්තයි ද' කියලා, තමන්ව හඳුනාගන්නේ නෑ. අපි හිතමු තමන්ට තියෙන්නේ 'දුක් වූ ප්‍රතිපදාවක්' කියලා. තමන්ට බැරිද ඉවසගෙන, මේක දරාගෙන, ටික ටික වීරිය ප්‍රගුණ කරගෙන යන්න. පුළුවන්. ඊළඟට සමාධියක් ඇතිවෙච්ච එක්කෙනා කල්පනා කළොත්, 'මට සමාධිය ඇතිවුණා. අනෙක් අයට නැත්තේ මොකද?' කියලා, එයත් මේ ප්‍රතිපදාවන් ගැන දන්නේ නෑ.

හැමදේකම වගේ, සමාධියෙත් වෙනස්කම් තියෙනවා...

සමහරවිට සමාධිය ඇතිවෙන්නේ තමන්ගේ වාසනාවකට වෙන්න පුළුවන්. දැන් අපි ගත්තොත් අපට ලැබිලා තියෙනවා ඇස් දෙකක්, කණ් දෙකක්, නාසයක්, දිවක්, ශරීරයක්, මනසක්. මේ සියල්ලට පෙර කර්මය බලපාලා තියෙනවාද, නැද්ද? (භව පච්චයා ජාති) අපි ඉපදුණේ මක්නිසාද? භවය නිසා. කාමධාතුවේ විපාක

පිණිස කර්ම සකස් වුණේ නැත්නම් මේ විඤ්ඤාණය කාමධාතුවේ පිහිටන්නේ නෑ. අපි ගිය ජීවිතේ කොහේහරි මැරුණා. මැරිච්ච ගමන් අර මෙලොව පරලොව පිහිටපු විඤ්ඤාණය පිහිටලා තිබුණේ කොහේද? කාමධාතුවේ. ඒ නිසා මොකද වුණේ? කාමධාතුවේ විපාක විඳීමට සුදුසු ආකාරයට අපට ඇහැක් ලැබුණා, කණක් ලැබුණා, නාසයක් ලැබුණා, දිවක් ලැබුණා, ශරීරයක් ලැබුණා, මනසක් ලැබුණා. මේ නිසා අපේ ඇස්වල පෙනීමේ වෙනස්කම් නැද්ද? ඇස් පෙනීමේ වෙනස්කම් තියෙනවා. කණ් ඇසීමේ වෙනස්කම් නැද්ද? කණ් ඇසීමේ වෙනස්කම් තියෙනවා. ගඳ සුවඳ දැනීමේ වෙනස්කම් නැද්ද? රස දැනීමේ වෙනස්කම් නැද්ද? ශරීර ශක්තියේ වෙනස්කම් නැද්ද? නිරෝගී, රෝගී බවේ වෙනස්කම් නැද්ද?

අන්න ඒ වගේ මේ වෙනස්කම මනසෙත් තියෙනවා. මේ වෙනස්කම අපේ සිත්වලත් තියෙනවා. රුචිකත්වයේ වෙනස්කම් අපේ හිත්වල තියෙනවා. වැඩෙන, නොවැඩෙන වෙනස්කම අපේ සිත්වල තියෙනවා. එතකොට අපට කොච්චර අවශ්‍යතාවයක් තිබුණත්, අපේ හිත සකස්වෙලා තියෙන ආකාරයෙන් තමයි මේක වැඩෙන්නේ. වෙන විදිහකට වැඩෙන්නේ නෑ. කර්මානුරූපව අපේ හිත සකස්වෙලා තියෙනවා නම් යම් විදිහකින් අන්න ඒ විදිහට තමයි හිත වැඩෙන්නේ.

නුවණ නැත්නම් කිසි වැඩක් නෑ...

මේ නිසා අප කළ යුතු වන්නේ බොහෝ වීරිය කිරීමයි. බොහෝවිට සිහිය දියුණු කිරීම, වීරිය දියුණු කිරීම, නුවණ දියුණු කිරීම, දහම් දැනුම දියුණු කිරීම, මේකෙන් තමයි ඒකට ඕන ආකාරයකට ඔරොත්තු දෙන ජීවිතයක්

හරිගස්සගන්නේ. ඉතින් එහෙම ආකල්පයකට එන්න පුළුවන් වුණොත්, මේක ටික ටික හරි පිහිට කරගන්න පුළුවන්කම තියෙනවා. සමහර කෙනෙකුට කොච්චර වීරිය කළත් නුවණ එන්නේ නෑ. සමහර අයට එහෙම නෙවෙයි. හොඳට නුවණ තියෙනවා. නුවණ කියන එක අපේ ජීවිතවලට හරී ප්‍රයෝජනයි. නුවණ නැත්නම් කිසිවැඩක් නෑ.

ඉතින් සාරිපුත්ත මහරහතන් වහන්සේ දේශනා කළා, "ස්වාමීනි, භාග්‍යවතුන් වහන්ස, දුක්ඛාපටිපදා දන්ධාභිඤ්ඤා, දුක්ඛාපටිපදා ඛිප්පාභිඤ්ඤා, සුඛාපටිපදා දන්ධාභිඤ්ඤා, සුඛා පටිපදා ඛිප්පාභිඤ්ඤා කියන මේ පටිපදා හතර ගැන භාග්‍යවතුන් වහන්සේ තමයි අපට දේශනා කළේ. භාග්‍යවතුන් වහන්සේ මේක දේශනා කළේ නැත්නම් ලෝකයේ කවුරුවත් දන්නේ නෑ මේ විදිහේ වෙනස්කම් ජීවිතවල තියෙනවා කියලා. ඒ නිසා මේ ප්‍රතිපදාවල් ගැන බුදුරජාණන් වහන්සේට වඩා ඉහළින් දන්න කෙනෙක් මේ ලෝකයේ නැත.

දැන් මේ බලන්න... සාරිපුත්ත මහරහතන් වහන්සේ නුවණින් විමස විමසා බුදුරජාණන් වහන්සේ ගැන පහදින ආකාරය. කොහොමද? **(ඉද භන්තේ ඒකච්චෝ න චේව මුසාවාදූපසංහිතං වාචං භාසිති)** බොරුව මිශ්‍ර කරලා කතා කරන්නේ නෑ. **(න ච වේභූතියං)** ඒ කියන්නේ බිඳවන අදහසින් කතා කරන්නේ නෑ. **(න පේසුණියං)** කේළාම් කියන්නේ නෑ. **(න සාරම්භජං)** එකට එක කතා කරන්නේ නෑ. **(න ජයාපෙක්ඛෝ)** ජය අපේක්ෂාවෙන් කතා කරන්නේ නෑ. නුවණින් යුක්තව කතා කරනවා. නුවණින් විමසා බලලා කතාබස් කරනවා. සුදුසු කාලයේ හදවතේ රුවාගන්න වටින දේවල් කතා කරනවා. මේ

විදිහට කතාව ගැන අපට උගන්වා වදාළේ භාග්‍යවතුන් වහන්සේයි. ඒ නිසා ස්වාමීනි, භාග්‍යවතුන් වහන්ස, භාග්‍යවතුන් වහන්සේ තරම් වචන කතාබහ කිරීම ගැන දන්නා කෙනෙක් ලෝකයේ වෙන නෑ. බලන්න කොයිතරම් ඇත්තක් ද මේ... වචන කතා කිරීම ගැන මේ වගේ දන්න කෙනෙක් නෑ.

පාලි භාෂාවේ නරක වචන නෑ...

ලෝකයේ හැම භාෂාවකම තියෙනවා නරක වචන පාලි භාෂාවේ හැර. හැම භාෂාවකම තියෙනවා නරක වචන, අසභ්‍ය වචන, පරුෂ වචන. හැබැයි පාලි භාෂාවේ නෑ. බලන්න වෙනස. බුදුරාජාණන් වහන්සේ භාවිතා කරපු භාෂාවේ, බුදුරජාණන් වහන්සේ වදාළ බුද්ධ දේශනා තුළ ඒ මොකවත් නෑ. මේ දේශනාවල් අහනකොට කෙනෙකුගේ හිත සංසිඳෙනවා මිසක් ඇවිස්සෙන්නේ නෑ. උපන්න රාගය ප්‍රහාණය වෙනවා මිසක් නැති රාගයක් ඇතිවෙන්නේ නෑ. ද්වේෂය ප්‍රහාණය වෙනවා මිසක් ද්වේෂය උපදින්නේ නෑ. මුළාව දුරුවෙනවා මිසක් මුළා වෙන්නේ නෑ. උන්වහන්සේ භාෂාව හසුරුවා ඇති ආකාරය විශ්මය ජනකයි.

ශ්‍රද්ධාවෙන් පටන්ගන්න...

ඊළඟට දේශනා කළා, "ස්වාමීනි, භාග්‍යවතුන් වහන්ස, භාග්‍යවතුන් වහන්සේ තමයි අපට දේශනා කළේ සිල්වත් ජීවිතයක් ගතකරන ආකාරය. භාග්‍යවතුන් වහන්සේ තමයි දේශනා කළේ ශ්‍රද්ධාවන්ත ජීවිතයෙන් පටන්ගන්න කියලා. (**න ච කුහකෝ**) කුහක වෙන්න එපා කිව්වා. කුහක වෙනවා කියන්නේ මොකද? හිතේ එකක්

තියාගෙන එකක් පෙන්වනවා. එහෙම නෙවෙයි, අවංක වෙන්න කියලයි බුදුරජාණන් වහන්සේ පෙන්වා දුන්නේ. (න ච ලපකෝ) ඒ කියන්නේ ආදායම් ගන්න, මිනිසුන් ගෙන් උදව්ගන්න චාටුබස්, කුහකබස් කියන්නේ නෑ.

චාටුබස් කිව්වොත් සීලය කෙලෙසෙනවා...

චාටුබස් කියන එක දන්නවා නේද? චාටුබස් කියන්නේ, ලාභයක් අපේක්ෂා කරගෙන තොදොල් බස් කතාකරන එකට. "ආ... මැතිණිය... මැතිතුමා..." කියලා ප්‍රශංසා කරනවා. "මෙතුමා දාන සාගර... දාන චක්‍රවර්තී..." කියලා ප්‍රශංසා කරනවා. "මෙහෙමයි මෙතුමා අපි ළඟට එද්දී කෙසෙල්කැන් ඇවරියක් අරගෙන එනවා. එක්කෝ ගස්ලබු ගෙඩියක් අරගෙන එනවා. නිකං නම් එන්නේ නෑ. අත වන වන එන කෙනෙක් නෙවෙයි." මේ... හිත ඇතුළේ තියෙන්නේ මොකක්ද? ලාභයක්. එතකොට ඒක අහනකෙනාට ඊළඟට හිස්අතින් යන්න බෑ. ඊළඟ එක්කෙනා මොනවහරි අරගෙන තමයි යන්නේ. ඇයි ඒ? අරයා ප්‍රශංසා කරනවා නේ. ඒකට මොකක්ද කියන්නේ? 'ලපනා'. බුදුරජාණන් වහන්සේ ඒ අකුසල් ගැන ශ්‍රාවකයන්ට පෙන්වලා දීලා තියෙනවා. බුදුරජාණන් වහන්සේගේ ශ්‍රාවකයෝ ඒ දේවල්වලින් වළකිනවා. ඒවා කරන්න යන්නේ නෑ.

ආජීවය අපිරිසිදුයි...

ඊළඟට නිමිති කියනවා. නිමිති කිව්වාම දෙන්න වෙනවා. ඔන්න එකදවසක් අනුරාධපුරේ පැත්තේ හාමුදුරුකෙනෙක් පිණ්ඩපාතේ වැඩියා. දැන් උපාසිකාවට දන්දෙන්න කැමැත්තක්, පැහැදීමක් නෑ. මේකෙන්

මගහරින්න ඕන කියලා හිතාගෙන කිව්වා, 'ස්වාමීනි, ගෙදර මොකුත් නෑ... අල්ලපු ගෙදරටවත් මම ගිහිල්ලා බලලා එන්නම්...' කියලා අල්ලපු ගෙදරට ගියා.

අර භික්ෂුව මොකද කළේ? අල්ලපු ගෙදරට ගියා විතරයි එකපාරට ගේ ඇතුළට ගියා. ගිහිල්ලා වටපිට බැලුවා මොනවද තියෙන්නේ කියලා. උක්ගහක් දොරමුල්ලේ තියෙනවා දැක්කා. වළං වහලා තියෙනවා. දුවලා ගිහිල්ලා නැඹිලිය ඉස්සුවා. ඇරියහම මාළු වගයක් තියෙනවා. අනිත් පෙට්ටිය ඇරියා. හාල් තියෙනවා. මුට්ටියේ තියෙන ගිතෙල් දැක්කා. පිඟානක් තියෙනවා. ඇරලා බැලුවා, හකුරු වගයක්. සද්ද නැතුව ඇවිල්ලා වාඩිවුණා ඉස්සරහා.

"අනේ ස්වාමීනි, දානේ පොඩ්ඩක් නම් හදන්න කල්පනා කළා. නමුත් සුණුසහල් ටිකක්වත් හොයාගන්න නෑ නෙව" කියලා කිව්වා.

එතකොට ඒ භික්ෂුව කියනවා,

"උපාසිකාව, මේක අද මට සිද්ධවෙන බවට මම නිමිති දැක්කා."

"ස්වාමීනී, මොකක්ද දැක්ක නිමිත්ත?"

"උපාසිකාව, මම මේ ගෙදරට එන්න ලෑස්ති වෙනකොට පාරෙදි මට හම්බවුණා... අන්න අර දොර මුල්ලේ තියෙන උක්ගහ වගේ සර්පයෙක්. ඒ සර්පයා දැක්කහම මම ටිකක් තැති අරගෙන, බය හිතිලා හොයලා බැලුවා ගලක්. බලනකොට මට ගලක් අහුවුණා අතට... ඒ ගල හරියට අර පිඟානෙන් වහලා තිබ්බච හකුරු කැටය වගේ. සර්පයාට පොඩ්ඩක් ගහනකොට පෙනේ

පිප්පුවා අර හැලියේ වහලා තියෙන මාළුපෙත්ත වගේ. ඒ සර්පයාගේ දත්ටික බලන්න එපායැ. දත් විළිස්සුවා විළිස්සිලක්... අර පෙට්ටියේ තියෙන හාල් වගේ දත් ඇට. විෂ වැක්කෙරෙනවා... අර මුට්ටියේ තියෙන ගිතෙල් වගේ."

එතකොට අර උපාසිකාවට තේරුණා, 'මෙයා ගෙන්නම් බේරෙන්න බෑ' කියලා. "එහෙනම් ඉතින් ඉන්න ස්වාමීනි" කියලා දානේ ටිකක් දුන්නා. ආජීවය අපිරිසිදුද? පිරිසිදුද? අපිරිසිදුයි.

ඊළඟට ප්‍රත්‍ය ලාභය අපේක්ෂාවෙන් එක එක ඉඟිබිඟි පානවා. හුරතල් කරනවා. බඩට ඇඟිල්ලෙන් අනිනවා. ආදරෙන් කතාකරනවා. වැළඳගන්නවා. "අනේ! දැක්ක කල්..." ඊට පස්සේ අහනවා, "කොහොමද මේ පාර වත්තේ එළදාව හටගත්තේ නැද්ද? අඹ හැදුණේ නැද්ද? රඹුටන් හැදුණේ නැද්ද? ගම් පළාතේ ගියා නම් කිරි ගෙනවානේ. ගමේ ගියේ නැද්ද...?" එතකොට අර මනුස්සයා අනිවාර්යයෙන්ම පෙළඹෙනවා මොනවාහරි දෙන්න. ඒ ඔක්කෝම මිත්‍යා ආජීවය.

ඔබතුමා තමයි නියම දානපති...

ඊට පස්සේ ලාභයක් ලැබෙනකොට, "ඔබතුමා තමයි ශ්‍රද්ධාවෙන් දෙන කෙනා. ඒකට අසවලා... කිසි කමකට නෑ. ඔබතුමා එහෙම නෙමෙයි. ඉල්ලන විදිහට අපට දානයෙන් සංග්‍රහ කරනවා. ඔබතුමා තමයි නියම දානපති, දාන සාගර, දාන චක්‍රවර්ති." එතකොට ලාභයට ප්‍රශංසා කරලා නොලැබෙනකොට ගරහනවා. ඒවා මොනවද? ඒ ඔක්කොම මිත්‍යා ආජීවය.

"ස්වාමීනි, භාග්‍යවතුන් වහන්ස, මෙයින් වැළකිලා සීලයේ පිහිටන්න භාග්‍යවතුන් වහන්සේ අපට ඉගැන්නුවා." කොච්චර ලස්සනද කියලා බලන්න ශාස්තෘත්වය...

සාධු ගති නැති සාධුවරු...

දූන් ඉන්දියාව කොච්චර පිරිහිලාද කියන්නේ... මට මතකයි ඍෂිකේෂ් වල ඉන්න කාලේ වෙච්ච දෙයක්. මට අලුත් අත්දැකීමක් නේ ඒ හැම එකක්ම. දානෙකට ආරාධනා කළා සාධුවරුන්ට. මමත් ඉතින් ගියා. දානෙදි මොකද කරන්නෙ? සාධුවරු හිට්වන කවි කියනවා අර දානේ දෙන එක්කෙනා ගැන. හිට්වන කවි කිව්වට පස්සේ අර මනුස්සයා ඒකට පැහැදිලා සල්ලි දෙනවා. දානේ ඉවර වුණා විතරයි තනිකරම ගාල කඩාගත්ත හරක් ටිකක් වගේ වේගෙන් හූ කියාගෙන දුවනවා.

බෞද්ධ චාරිත්‍ර නැති රටකට ගිය කල...

දූන් අපි මෙහේ පුරුදුවෙලා තියෙනවානේ සන්සුන්ව ඇවිදගෙන ගිහිල්ලා, තැන්පත්ව වාඩිවෙලා නිශ්ශබ්දව වළඳන්න, නිශ්ශබ්දව ඉන්න. මං කල්පනා කළා, 'අනේ! මේ බුදුරජාණන් වහන්සේගේ ධර්මය නිසානේ අපි මේ ටික දන්නේ' කියලා. ඇයි ඒක බෞද්ධ චාරිත්‍රයනේ. බෞද්ධ චාරිත්‍රය නැති රටේ කිසිදෙයක් දන්නේ නෑ. අන්න බලන්න... **(ඉන්ද්‍රියේසු ගුත්තද්වාරං)** එතකොට ඉන්ද්‍රිය සංවරය කියාදුන්නේ කවුද? බුදුරජාණන් වහන්සේ. **(භෝජනේ මත්තඤ්ඤුතා)** ආහාරයෙහි අරුත, අර්ථය කියාදුන්නේ කවුද? මෙන්න මෙච්චරයි මේකේ තියෙන්නේ කියලා බුදුරජාණන් වහන්සේයි කියාදුන්නේ. මොකක්ද කෑමේ තියෙන්නේ? **(නේව දවාය, න මදාය, න**

මණ්ඩනාය) ජවය පිණිස නොවේ. මදය පිණිස නොවේ. සැරසෙන්න නෙමෙයි. මේක මේ ජීවත්වෙන්න කරන වැඩක්. බඹසර ජීවිතයට රුකුල් පිණිසයි. මෙච්චරයි මේකේ තියෙන්නේ.

"ස්වාමීනි, භාග්‍යවතුන් වහන්ස, භාග්‍යවත් බුදුරජාණන් වහන්සේ තමයි අපට මේ සියලු දේ කියා දුන්නේ. (සමකාරී) තමන්ව හොඳට හසුරුවන හැටි, පාලනය කරගන්න හැටි බුදුරජාණන් වහන්සේ තමයි අපට කියාදුන්නේ. (ජාගරියානුයෝගෝ) ඒ කියන්නේ නිදි වරාගෙන භාවනා කරන හැටි බුදුරජාණන් වහන්සේයි අපට කියාදුන්නේ. (අතන්දිතෝ) කම්මැලි නැති ජීවිතේ බුදුරජාණන් වහන්සේ තමයි අපට කියාදුන්නේ. (ආරද්ධ විරියෝ) පටන්ගත්ත වීරිය ගැන බුදුරජාණන් වහන්සේ තමයි අපට කියාදුන්නේ.

(ඣායී) ධ්‍යාන වැඩීම ගැන බුදුරජණන් වහන්සේ තමයි අපට කියාදුන්නේ. (සතිමා) සිහියෙන් සිටීම ගැන බුදුරජාණන් වහන්සේ තමයි කියා දුන්නේ. (කළ්‍යාණ පටිභානෝ) හොඳට නුවණින් විමසලා අවබෝධය ඇති කරගන්න හැටි බුදුරාජණන් වහන්සේ තමයි කියා දුන්නේ. (ගතිමා) වේගවත් ප්‍රඥාව. (ධිතිමා) වහා වැටහෙන ප්‍රඥාව. (මතිමා) ක්ෂණිකව වැටහෙන ප්‍රඥාව, (න ච කාමේසු ගිද්ධෝ) කාමයන්හී ඇලී නොසිටීමට, (සතෝ ච නිපකෝ ච) සිහිය පිහිටුවාගන්න පුහුණු කළේ භාග්‍යවත් බුදුරජාණන් වහන්සේමයි. 'නිපක' කිව්වේ අවස්ථානෝචිත ප්‍රඥාවෙන් යුක්ත වීම. ඒ නිසා ස්වාමීනි, භාග්‍යවතුන් වහන්ස, මේ පිළිබඳව දන්නා කෙනෙක් ලෝකයේ වෙන නම් නෑත...

මගඵල ලබන හැටි...

ස්වාමීනි, භාග්‍යවතුන් වහන්සේ අපට අවවාද, අනුශාසනා කළා මේ විදිහට. යම් පුද්ගලයෙක් මම මේ කරන්නා වූ අවවාදයේ පිහිටියොත්, ඒක පිළිගත්තොත් ඒ පුද්ගලයාට සංයෝජන ධර්ම තුනක් ක්ෂය කරලා, සෝවාන් වෙන්න පුළුවන්. ආයෙමත් සතර අපායේ කිසිදවසක වැටෙන්නේ නැතුව නියත වශයෙන්ම නිවන් අවබෝධ කරන කෙනෙක් වෙන්න පුළුවන්. ඒ වගේම භාග්‍යවතුන් වහන්සේ දන්නවා, මේ පුද්ගලයා මේක තවදුරටත් දියුණු කළොත් සකදාගාමී වෙන්න පුළුවන්. මේ පුද්ගලයා තවදුරටත් නුවණින් විමස විමසා දියුණු කළොත් අනාගාමී වෙන්න පුළුවන්. මේ පුද්ගලයා තවදුරටත් නුවණින් විමස විමසා ධර්ම මාර්ගය දියුණු කළොත් අරහත්වයට පත්වෙන්න පුළුවන් කියලා. ඒ විදිහට පුද්ගලයන්ගේ සම්පූර්ණ හැකියාව ගැනම බුදුරජාණන් වහන්සේ දන්නවා. තමන්වහන්සේ ළඟට එන පුද්ගලයන් ගැන, ඒ අයගේ හැකියාවන් ගැන සම්පූර්ණයෙන්ම දැක, ඒ හතර ආකාරයටම බුදුරජාණන් වහන්සේ ධර්මය දේශනා කරනවා.

ගලා ගිය ලේ කොයිතරම්ද...?

එක තැනක හරි ලස්සන දේශනාවක් තියෙනවා, 'තිංසමත්ත සූත්‍රය' කියලා. භික්ෂූන් වහන්සේලා තිස් නමක් වනාන්තරයේ වාසය කරනවා. උන්වහන්සේලා තුන්සිවුරෙන් ජීවත්වෙන්නේ. රුක්සෙවණේ වාසය කරන්නේ. පිණ්ඩපාතයෙන් ජීවත් වෙන්නේ. බුදුරජාණන් වහන්සේ ළඟට ඇවිල්ලා වාඩිවුණා. උන්වහන්සේ කල්පනා කළා, 'මේ භික්ෂූන් වහන්සේලා තිස්නම මේ

මොහොතේම නිකෙලෙස් වෙන ආකාරයේ දේශනාවක් මම කරන්න ඕන.' එතකොට උන්වහන්සේ දැක්කා, ඒ භික්ෂූන් වහන්සේලා තිස්නම තුළම නිකෙලෙස් වන ආකාරයේ අවබෝධයක් ඇති කරගැනීමේ පුළුවන්කම තියෙනවා. බුදුරජාණන් වහන්සේ ඒ ස්වාමීන් වහන්සේලාට දේශනා කළා, පෙර ජීවිතේ ආපස්සට බලන්න කියලා. ගෙවපු සංසාරේ ඔබ දුක් විඳපු ආකාරය... සත්තු වෙලා, මිනිස්සු වෙලා, ඇඬූ කඳුලින්, ප්‍රිය විප්පයෝග දුකෙන්, අප්‍රියයන් හා එක්වෙන්න සිද්ධවෙලා හැඬූ කඳුළු මොනතරම්ද කියලා. ඒ වගේම හොරු වෙලා, සත්තු වෙලා, බල්ලෝ බළල්ලු වෙලා, එළු හරක් වෙලා, ඌරෝ කුකුලෝ වෙලා බෙලි කැපුම් කාලා මැරිච්ච වාරවලදී ගලා ගිය ලේ කොයිතරම්ද කියලා බලන්න කිව්වා. දැන් අරගොල්ල තමන්ගේ ජීවිත ගැන ආපස්සට බල බල ඉන්නකොට, අවබෝධයක් ඇතිවුණා, 'අනේ! මෙහෙම ගමනක්ද අපි මේ ආවේ...?' කියලා. ඒ ආසනවලදීම නිකෙලෙස් භාවයට පත්වුණා.

සමහර අය එද්දී බුදුරජාණන් වහන්සේ දන්නවා, එයාට සෝතාපන්න වෙන්න පුළුවන් කියලා. එතකොට උන්වහන්සේ එයාට ධර්මය දේශනා කරනවා. ඒ දේශනාව අවසන් වෙනකොට එයා සෝතාපන්න වෙනවා.

"ස්වාමීනි, භාග්‍යවතුන් වහන්ස, මේ ආකාරයට භාග්‍යවතුන් වහන්සේ වදාළ දේශනාවලින් තමයි කවුරුත් මාර්ගඵල ගැන දැනගත්තේ. නැත්නම් මාර්ගඵල ලබන එක ගැන ලෝකයේ වෙන කවුරුවත් දන්නේ නෑ. මේ තරම් පැහැදිලිව මාර්ගඵල ගැන දන්නා වෙන කෙනෙක් ලෝකයේ නෑ. මෙන්න මේ නිසාත් භාග්‍යවතුන් වහන්සේ කෙරෙහි මම අතිශයින්ම පැහැදී සිටිනවා.

ආර්ය ශ්‍රාවකයාගේ විමුක්තිය...

ස්වාමීනි, භාග්‍යවතුන් වහන්ස, මේ සත්වයන්ට විමුක්තිය ඇතිවෙන විදිහක් තියෙනවා. සෝතාපන්න කෙනා සංයෝජන තුනකින් නිදහස්. ඒක එයාගේ විමුක්තිය. සකදාගාමී කෙනා සංයෝජන තුනකිනුත් නිදහස්, රාග, ද්වේෂ, මෝහවල දරුණු බවිනුත් නිදහස්. ඒක එයාගේ විමුක්තිය. අනාගාමී කෙනා සංයෝජන පහකින් නිදහස්. රහතන් වහන්සේ සංයෝජන දහයකින් නිදහස්. අන්න ඒක බුදුරජාණන් වහන්සේ තමයි අපට කියලා දුන්නේ. නැත්නම් ඒ ගැන කවුරුත් දන්නේ නෑ. සෝවාන් වෙන පුද්ගලයා සංයෝජන තුනක් ප්‍රහාණය කරනවා, සකාදාගාමී වෙන පුද්ගලයා තව සංයෝජන දෙකක් දුර්වල කරනවා. අනාගාමී වන පුද්ගලයා ඒ සංයෝජන දෙකත් ප්‍රහාණය කරනවා. රහතන් වහන්සේ බවට පත්වන කෙනා රූපරාග, අරූපරාග, මාන, උද්ධච්ච, අවිජ්ජා කියන සංයෝජන ප්‍රහාණය කරනවා කියලා බුදුරජාණන් වහන්සේ දේශනා නොකරන්නට අපි කවුරුවත් මේවා දන්නේ නෑ. ඒ නිසා 'මේ මනුෂ්‍යයින්ගේ විමුක්ති ඥාණය ගැන බුදුරජාණන් වහන්සේ තරම් දන්නා කෙනෙක්, දක්නා කෙනෙක් ලෝකයේ වෙනනම් නැත' කියලා ස්වාමීනි, භාග්‍යවතුන් වහන්ස, මට හිත පැහැදුණා" කිව්වා.

මිත්‍යාවේ කඩමාලු ඉරා දැම්මා...

ඊට පස්සේ බුදුරජාණන් වහන්සේට සාරිපුත්ත මහරහතන් වහන්සේ කියනවා, "ස්වාමීනි, භාග්‍යවතුන් වහන්ස, සමහර ශ්‍රමණබ්‍රාහ්මණවරු දෘෂ්ටි ගන්නවා, මතවාද ගන්නවා. මරණින් මත්තේ සදාකාලිකව ඉන්නවා

කියලා ගන්නවා. පෙරවිසූ කඳ පිළිවෙල ගැන පුබ්බේ නිවාසානුස්සති ඤාණය ඇති කරගෙන, ඒ දේවල්වලට රැවටෙනවා. පුබ්බේනිවාස ඤාණය ඇති කරගෙන එයා හිතනවා, 'දැන් මට මෙච්චර ප්‍රමාණයකට පේනවා.' ඊට පස්සේ එයා හිතනවා, 'මේ විදිහට මං දිගින් දිගට ආවේ ස්ථිර ආත්මයක් තිබීම නිසා' කියලා. එයා දන්නේ නෑ පටිච්ච සමුප්පාදය ගැන. මේ නිසා ඒ පෙරවිසූ කඳ පිළිවෙල ගැන 'ශාස්වත දෘෂ්ටියෙන්' හතර ආකාරයට මුළා වෙනවා මේ ඔක්කොම නිත්‍යයි කියලා. භාග්‍යවතුන් වහන්සේ තමයි අපට දේශනා කළේ, 'මිනිස්සු මේ විදිහට එක එක මතවලින් රැවටෙනවා' කියලා.

ඒ වගේම ස්වාමීනි, භාග්‍යවතුන් වහන්සේ තමයි ධර්මය දේශනා කළේ චුතූපපාත ඤාණය ගැන. භාග්‍යවතුන් වහන්සේ තමයි අපට කියා දුන්නේ සමාධිය හතරවෙනි ධ්‍යානය දක්වා දියුණු කරලා, මේ සත්වයන් චුතවන ආකාරයත්, උපදින ආකාරයත් දකින්න කියලා. එතකොට දිව්‍ය ලෝකයේ යන සත්වයන් දකින්න පුළුවන්. ඒ වගේම නිරයේ, ප්‍රේත ලෝකවල ආදී ලෝකවල ඉන්න අයත් දකින්න පුළුවන්. මේ සම්බන්ධව බුදුරජාණන් වහන්සේ තමයි අපට දේශනා කළේ.

ඉර්ධි ප්‍රාතිහාර්ය ඤාණය...

ස්වාමීනි, ඒ වගේම භාග්‍යවතුන් වහන්සේ අපට දේශනා කළා ඉර්ධි ප්‍රාතිහාර්ය දියුණු කරන ආකාරය ගැනත්." දැන් අපි ගත්තොත් එහෙම බුද්ධ කාලයේ හරියට ඉර්ධි ප්‍රාතිහාර්ය කළේ කවුද? බුදුරජාණන් වහන්සේගේ ශ්‍රාවකයෝ. උන්වහන්සේ උරුවෙල් කස්සප දමනයේදී ඉර්ධි ප්‍රාතිහාර්ය පෑවා. උරුවෙල කාශ්‍යප, නදී කාශ්‍යප,

ගයා කාශ්‍යප තුන් බෑ ජටිලයින්. උරුවේල කාශ්‍යප ගයාවේ හිටියේ. එහේ වැහැලා වැහැලා ගංවතුරක් ගැලුවා. උරුවෙල් කාශ්‍යප කල්පනා කළා, 'අලුතින් මහා ශ්‍රමණයන් වහන්සේ නමක් ඇවිල්ලා හිටියා. හරි වැඩේ! ගං වතුරට අහුවෙලා ද දන්නේ නෑ.' මේගොල්ලෝ ඔරුවක් අරගෙන නැගලා ගියා. 'දැන් හරි වැඩේ! ගංවතුර ගලලා ඇති. කුටිය නෑ. දැන් වහලේ උඩ ඇති...' කියලා එක්කගෙන එන්න ගියා.

බුදු ගුණ හමුවේ ජලකඳ පැරදුණා...

දැන් මේ ජටිලයෝ ටික ඔරුවක් අරගෙන, හබල් ගහගෙන ගියා. බුදුරජාණන් වහන්සේට ඈත කුටියක් දීලා තිබ්බේ. ඒ කුටියට ගියා, 'දැන් ඉතින් උන්වහන්සේ ගංවතුරට අහුවෙලා ඇති. එක්කගෙන එන්න ඕන...' කියලා. යනකොට බුදුරජාණන් වහන්සේ සක්මන් කරනවා. එතන වතුර නැහැ. මේක තියෙන්නේ මහාවග්ග පාලියේ. සක්මන් කර කර ඉන්නකොට මෙයා ඇවිත් අහනවා,

"මහා ශ්‍රමණයන් වහන්ස, ගංවතුරෙන් තෙමුණේ නැද්ද?"

"නෑ."

"ශ්‍රමණයන් වහන්ස, එහෙනම් මේ බෝට්ටුවට වඩින්න" කිව්වා.

ඊට පස්සේ බුදුරජාණන් වහන්සේ අර ඔරුවට ගොඩවෙනවා. ඉතින් ඒක උන්වහන්සේගේ ඉර්ධි ප්‍රාතිහාර්යයක්. ඒ ඉර්ධි ප්‍රාතිහාර්ය ගැන බුදුරජාණන් වහන්සේ ශ්‍රාවකයින්ටත් ඉගැන්නුවා. ශ්‍රාවකයිනුත් ඒ

වගේ ඉර්ධි ප්‍රාතිහාර්ය කළා.

අනවතප්ත විලෙන් පැන් කොතලක්...

එක දවසක් 'සුමන' කියන රහතන් වහන්සේ පැන් කොතලයකුත් කරේ තියාගෙන එනවා. ඒ ස්වාමීන් වහන්සේ වයස අවුරුදු හතයි. අවුරුදු හතේ පුංචි රහතන් වහන්සේව පෙන්නලා බුදුරජාණන් වහන්සේ කියනවා, "මහණෙනි, මෙහි එන්න, ආන්න බලන්න... අර පැන් කොතලයක් අරගෙන එන 'සුමන' රහතන් වහන්සේ දිහා. කෙලෙස් නෑ එයාට. ඔය ඉන්නේ අනුරුද්ධගේ ශිෂ්‍යයෙක්. මහණෙනි, දන්නවාද? ඔය හත්හැවිරිදි සුමන භික්ෂුව ගැන. මහණෙනි, දැන් ඔය පැන් කොතලෙන් පැන් අරගෙන එන්නේ කොහෙන්ද කියලා දන්නවාද?"

"නෑ ස්වාමීනි"

"ඔය අනවතප්ත විලෙන් පැන් අරන් එන්නේ. අනවතප්ත විලේ ඉන්න භයානක නාගරාජයෙක් දමනය කරලයි ඔය පැන් අරගෙන එන්නේ" කිව්වා.

අපේ හැකියාව මතුකරලා ගන්න කෙනෙක් නෑ...

අද බුදුරජාණන් වහන්සේ වැඩසිටියා නම්, මෙතැන ඉන්න බොහෝ දෙනෙක් ප්‍රාතිහාර්ය පානවා. අපට ඒ හැකියාව තියෙනවා. නමුත් ඒක මතුකරලා ගන්න කෙනෙක් නෑ. අන්න ඒකයි වෙනස. අපට නිවන් අවබෝධ කිරීමේ හැකියාව තියෙනවා. කුසල් වැඩීමේ හැකියාව තියෙනවා. අකුසල් ප්‍රහාණය කිරීමේ හැකියාව තියෙනවා. අද ඒක මතුකරලා දෙන්න කෙනෙක් නෑ. එච්චරයි තියෙන අඩුව.

"ඒ නිසා ස්වාමීනි, භාග්‍යවතුන් වහන්සේ ධර්මය දේශනා කළා ඉර්ධි ප්‍රාතිහාර්ය පෑම ගැන. ඒක අහලා ස්වාමීනි, භාග්‍යවතුන් වහන්සෙ, භික්ෂූන් වහන්සේලාට පුළුවන් වුණා එක්කෙනෙක් වගේ ඉඳලා බොහෝ අය විදිහට පෙනී සිටින්න."

පාඩම් හිටින්නේ නැත්නම්, ගිහින් කුඹුරු කොටන්න...

දැන් ඔබ දන්නවා ඇති බුදුරජාණන් වහන්සේගේ කාලේ හිටියා එක ස්වාමීන් වහන්සේ නමක්, ගාථාවක් හාරමාසයක් පාඩම් කළා පාඩම් හිටින්නේ නෑ. කවුද ඒ? 'චුල්ලපන්ථක' ස්වාමීන් වහන්සේ. ඊට පස්සේ මහාපන්ථක ස්වාමීන් වහන්සේ චුල්ලපන්ථකට කිව්වා, "බෑ... බෑ... මේක කරන්න බෑ. සිවුර තියලා යන්න. ගිහිල්ලා උදැල්ලක් ගන්න. මේක කරන්න බෑ පාඩම් හිටින්නේ නැත්නම්..." කියලා කිව්වා.

ඉතින් මේ පොඩි ස්වාමීන් වහන්සේ හරී වේදනාවෙන් දොරටුව ගාවට ගිහිල්ලා අඬ අඬා ඉන්නවා. බුදුරජාණන් වහන්සේ ඇහුවා,

"ආ... චුල්ලපන්ථක මොකද මේ?" කියලා ඇහුවා.

"අනේ! ස්වාමීනි, මට ගාථාවක් කියාදුන්නා. මට ඒක පාඩම් හිටින්නේ නෑ. ඉතින් ඒ නිසා මට අපේ සහෝදර ස්වාමීන් වහන්සේ ගෙදර යන්න කිව්වා."

කිලුටු අයින් කරනවා... ඒත් කිලිටු වෙනවා...

"ආ... සහෝදර ස්වාමීන් වහන්සේගේ ශාසනයක් නෙවෙයි මේක. එහෙනම් යං..." කියලා ඔළුව අතගාලා අතින් අල්ලගෙන එක්ක ආවා. ඇවිල්ලා වාඩි කෙරෙව්වා

එළිමහනේ. වාඩිකරලා රෙදි කෑල්ලක් අතට දුන්නා. දීලා 'කිලුටු අයින් කරනවා මං... කිලුටු අයින් කරනවා...' කියලා රෙදි කෑල්ල අතගාන්න කිව්වා. අතගාද්දී, අතගාද්දී රෙදි කෑල්ල කිලුටු වුණා. දන් මේක ස්වාමීන් වහන්සේට අමුතු දෙයක්. ඇයි හිතපු දේ නෙමෙයි වෙන්නේ. කියපු දේ නෙමෙයි ඒ සිද්ධවුණේ. 'කිලුටු අයින් කරනවා' කියලා කළේ. නමුත් කිලුටු වුණා. ඒකත් එක්ක හිත සකස් වුණා සමාධියකට. බුදුරජාණන් වහන්සේ සම්පූර්ණයෙන්ම දියුණු කරලා දුන්නා. ක්ෂණයෙන් දියුණු වුණා.

එදා දායක පින්වතෙකුගේ ගෙදරක දානයක්. ඒ ගෙදර දානෙට බුදුරජාණන් වහන්සේ භික්ෂු සංඝයා සමඟ වැඩියා. ඔක්කොම හරි කිව්වා. බුදුරජාණන් වහන්සේ වදාළා, "නෑ... එක නමක් ඉන්නවා විහාරේ. වඩම්මගෙන එන්න" කිව්වා.

ඉතින් දායක පින්වතා විහාරයට දුවගෙන ගියා. යනකොට භික්ෂූන් වහන්සේලා ඉන්නවා දාහක්. එක නමක් අතුගානවා. එක නමක් වත්පිළිවෙත් කරනවා. කොටසක් භාවනා කරනවා. කොටසක් සක්මන් කරනවා. කොටසක් ධර්ම සාකච්ඡා කරනවා.

ස්වාමීන් වහන්සේලා දහස්නමක්...

ආපහු හතිදාගෙන දුවගෙන ආවා. ඇවිල්ලා, "ස්වාමීනි, භික්ෂූන් වහන්සේලා දහස්නමක් වැඩලා ඉන්නවා" කිව්වා. "එහෙනම් ඉක්මණට ගිහිල්ලා අහන්න චූල්ලපන්ථක ස්වාමීන් වහන්සේ කවුද...? කියලා. 'මමයි...' කියපු ගමන් සිවුරු පොටින් අල්ලන්න" කිව්වා. අර උපාසක උන්නැහේ ආයෙත් ගියා. ගිහිල්ලා ඇහුවා "චූල්ලපන්ථක ස්වාමීන් වහන්සේ කවුද?" කියලා. දහස්

නම ම කිව්වා 'මමයි...' කියලා. මුලින්ම කිව්ව කෙනාව අල්ලගත්තා සිවුරු කොණින්. එතකොට ඒ ස්වාමීන් වහන්සේ ඉතුරු වෙලා, අනිත් ඔක්කොම අතුරුදහන් වුණා.

"අනේ! ස්වාමීනි, වඩින්න..."

"එහෙනම් උපාසක උන්නැහේ යන්න. මම වඩින්නම්" කියලා කිව්වා.

ගෙදර එනකොට මෙන්න ස්වාමීන් වහන්සේ බිමින් මතු වෙනවා. මොකක්ද ඒ? ඉර්ධි ප්‍රාතිහාර්ය.

"ස්වාමීනි, භාග්‍යවතුන් වහන්ස, **(යථා භගවා ධම්මං දේසේති ඉද්ධිවිධාසු)** භාග්‍යවතුන් වහන්සේ ඒ දේශනා කරපු විදිහ නිසයි ඉර්ධි ප්‍රාතිහාර්ය පාන්න පිරිසට පුළුවන් වුණේ."

රහතුන්ගේ ඉර්ධිය...

"ඒ වගේම ස්වාමීනි, තව ඉර්ධියක් තියෙනවා, 'ආර්ය ඉර්ධිය' කියලා. මේක ආර්යන් වහන්සේලාට විතරක්, මාර්ගඵල ලාභීන්ට විතරක් කරන්න පුළුවක් ඉර්ධියක් තියෙනවා. රහතන් වහන්සේලාට විතරයි, වෙන කාටවත් කරන්න බෑ. ඒ ඉර්ධිය තමයි... කැමතිකාත් පිළිකුල් දේවල් ගැන පිළිකුල් නැතිව ඉන්න පුළුවන්. පිළිකුල් දේවල්වල පිළිකුල් හැඟීමෙන් ඉන්නත් පුළුවන්. නොපිළිකුල් හැඟීමෙන් ඉන්නත් පුළුවන්. ඊළඟට නොපිළිකුල් දේවල්වල පිළිකුල් හැඟීමෙන් ඉන්නත් පුළුවන්." මොකද එහෙම ඉන්න පුළුවන්කම තියෙන්නේ? සංඥාව තමාගේ වසඟයේ පවත්වන නිසා. ඒක රහතුන්ගේ ඉර්ධිය.

ස්වාමීනි, භාග්‍යවතුන් වහන්ස, ඉර්ධීන් ගැන මේ ආකාරයට දන්නා කෙනෙක්, අවබෝධයක් ඇති කෙනෙක්, මේ ආකාරයට ධර්මය කියාදීපු කෙනෙක් මේ ලෝකයේ වෙන නම් නැත.

භාග්‍යවතුන් වහන්සේ සියල්ල ලබාගත්තා...

ස්වාමීනි, භාග්‍යවතුන් වහන්ස, යම් පුරුෂ වීර්යය ඇති, පුරුෂ පරාක්‍රමය ඇති, බලවත් වීරිය ඇති කුල පුත්‍රයෙක් යමක් ලැබිය යුතුද, භාග්‍යවතුන් වහන්සේ ඒ සියල්ල ලබාගත්තා. ලෝකයේ මහා වීරියවන්තව, මහා ධෛර්යවන්තව යමක් ලබාගත යුතුද, අන්න ඒ සියල්ල භාග්‍යවතුන් වහන්සේ ලබාගත්තා. භාග්‍යවත් බුදුරජාණන් වහන්සේ කාමසුඛල්ලිකානුයෝගයට වැටුණේ නෑ. අත්තකිලමථානුයෝගයට වැටුණේ නෑ. භාග්‍යවතුන් වහන්සේ බොහෝම සුවසේ පළවෙනි ධ්‍යානය, දෙවෙනි ධ්‍යානය, තුන්වෙනි ධ්‍යානය, හතරවෙනි ධ්‍යානය තුළ වැඩසිටිනවා. භාග්‍යවතුන් වහන්සේ බොහෝ සුවසේ මේ ධ්‍යානවලට සමවදිනවා. ඒ නිසා ස්වාමීනි, මගෙන් කවුරුහරි ඇහුවොත්, අතීතයේ භාග්‍යවතුන් වහන්සේගේ අවබෝධයට ඉහළින් කවුරුහරි ශ්‍රමණයෙක්, බ්‍රාහ්මණයෙක් හිටියාද?' කියලා, ස්වාමීනි, මගේ ශ්‍රද්ධාව නිසා මේ ගැන මම කියනවා 'නෑ...' කියලා.

ඒ බුදුවරු අසමසමයි...

අනාගතයේ, 'භාග්‍යවතුන් වහන්සේට වඩා අවබෝධයක් ඇති කෙනෙක්, ඊට වඩා දන්නා කෙනෙක් පහළවෙයිද?' කියලා ඇහුවොත්, ස්වාමීනි, මගේ ශ්‍රද්ධාව නිසා මා කියනවා 'නෑ...' කියලා.

වර්තමානයේ, 'භාග්‍යවතුන් වහන්සේට වඩා අවබෝධයෙන් ඉහළ කෙනෙක් පහළවෙයිද?' කියලා, ඇහුවොත් මා කියනවා 'නෑ...' කියලා.

ස්වාමීනි, කවුරුහරි ඇහුවොත් මගෙන්, 'එහෙමනම් භාග්‍යවත් බුදුරජාණන් වහන්සේගේ අවබෝධයට සම වූ අවබෝධය ඇති බුදුරජාණන් වහන්සේලා අතීතයේ හිටියාද?' කියලා, මා කියනවා 'එසේය...' කියලා.

කවුරුහරි ඇහුවොත් 'අනාගතයේ භාග්‍යවතුන් වහන්සේගේ අවබෝධයට සමාන අවබෝධයට සමාන අවබෝධයෙන් යුක්ත අය පහළවෙයිද?' කියලා, මා කියනවා 'එසේය...' කියලා.

වර්තමානයේ කවුරුහරි ඇහුවොත්, 'භාග්‍යවත් බුදුරජාණන් වහන්සේ අවබෝධයට සමාන අවබෝධයත් තියෙන වෙන කවුරුවත් ඉන්නවාද?' කියලා, මා කියනවා 'නැත...' කියලා." බලන්න කොච්චර ලස්සනද කියලා.

ඊට පස්සේ කියනවා, "ස්වාමීනි, භාග්‍යවතුන් වහන්ස, ඒ කාරණය මම කියන්නේ මේ නිසයි. ස්වාමීනි, මම අහලා තියෙනවා මෙහෙම. භාග්‍යවතුන් වහන්සේගේ මුවින් ප්‍රකාශ කළා, 'මහණෙනි, තථාගත අරහත් සම්බුදුරජාණන් වහන්සේලා අවබෝධයෙන් සමානයි. අතීතයේ, අනාගතයේ, වර්තමානයේ බුදුරජාණන් වහන්සේලා අවබෝධයෙන් සමානයි" කියලා.

අභූත චෝදනාවක් නෙවෙයි. ධර්මානුකූල ප්‍රකාශයක්.

"ඒ වගේම ස්වාමීනි, මම අහලා තියෙනවා, එක ලෝක ධාතුවක බුදුරජාණන් වහන්සේලා දෙනමක් එක

කාලයේම පහළවෙන්නේ නෑ කියලා. ඒ නිසා භාග්‍යවත් බුදුරජාණන් වහන්ස, මම භාග්‍යවතුන් වහන්සේ වදාළ දෙයක් මිසක්, නොවදාළ දෙයක් කියන කෙනෙක් නෙවෙයි. මම භාග්‍යවතුන් වහන්සේට අභූතයෙන් චෝදනා කරන කෙනෙක් නෙවෙයි. මා බොහෝම කරුණු සහිතව, ධර්මානුකූලව කතා කරපු කෙනෙක්."

එතකොට බුදුරජාණන් වහන්සේ මේක අහගෙන ඉඳලා කියනවා, "සාරිපුත්ත, බොහෝම හරි. ඔබේ ඔය ප්‍රකාශවල තථාගතයන් වහන්සේට අභූත චෝදනාවක් නෑ. තථාගතයන් වහන්සේ ප්‍රකාශ කරලා තියෙන දේවල් තමයි ඔබ ඔය කිව්වේ. ඒ නිසා ගැරහීමට කිසිම කාරණාවක් මේකේ නෑ."

මහානුභාව සම්පන්න බව ආශ්චර්යයයි...

මේක කියනකොට එතැන හිටියා 'උදායි' කියන ස්වාමීන් වහන්සේ. උදායි ස්වාමීන් වහන්සේ කියනවා, "ස්වාමීනි, භාග්‍යවතුන් වහන්ස, ඒකාන්තයෙන්ම මේක ආශ්චර්යයි. කුමක්ද ආශ්චර්යය? මේ තරම් ප්‍රශංසා කරද්දී, මේ තරම් වර්ණනා කරද්දී, භාග්‍යවතුන් වහන්සේ මේවා අඟවන්නෙවත් නෑ, 'මෙතරම් අවබෝධයකින් යුක්තයි' කියලා. අල්පේච්ඡයි. ලැබිච්ච දේකින් යැපෙනවා. සරල ජීවිතයක් ගෙවනවා. ඒත් භාග්‍යවතුන් වහන්සේගේ මහා ඉර්ධිමත් බව, මහානුභාව සම්පන්නබව ආශ්චර්යයයි.

ස්වාමීනි, ඔබවහන්සේ මෙච්චර දේවල් ලෝකෙට කියා දීලා තියෙනවා. ඔය වගේ එක දෙයක් අන්‍යාග මිකාරයෙක් කළා නම්, ස්වාමීනි, උන්දැලෑ බැනර් ගහගෙන යාවි, 'වරෙල්ලා මා ගාවට... මම මේක කියා දුන්නා' කියලා. ස්වාමීනි, භාග්‍යවතුන් වහන්සේ සතුව

තුළ මේ තරම් ගුණ සම්පත්තියක් තියෙද්දීත්, භාග්‍යවත් බුදුරජාණන් වහන්සේ අල්පේච්ඡයි. ඒ ගුණ සඟවාගෙන වාසය කරනවා. ලද දේකින් සතුටු වෙලා වාසය කරනවා. ඒ වගේම භාග්‍යවතුන් වහන්සේ තමාගේ ඇත්ත ස්වභාවය එළිනොකොට වාසය කරනවා."

තමාව හුවාදක්වන්නේ නෑ...

බුදුරජාණන් වහන්සේ කියනවා, "උදායි, ඒක තමයි තථාගතයන් වහන්සේලාගේ ස්වභාවය. තථාගතයන් වහන්සේලා කොයිතරම් මහානුභාව සම්පන්න වුණත්, මහාඉර්ධිමත් වුණත්, උන්වහන්සේලා ගෙවන්නේ සාමාන්‍ය ජීවිතයක්. ලද දෙයින් සතුටු වෙලා, ගහක් යට, පිණ්ඩපාතෙන් යැපිලා... ඒ විදිහටයි උන්වහන්සේලා ජීවත් වෙන්නේ. ඒ හේතුවෙන් තමාව හුවා දක්වන්නෙත් නෑ. අනුන්ව හෙලා දකින්නෙත් නෑ."

ඊට පස්සේ බුදුරජාණන් වහන්සේ සාරිපුත්ත මහරහතන් වහන්සේ අමතලා කියනවා, "සාරිපුත්ත, දැන් ඔබ මේ කියාපු කාරණේ... ඔබ බුදුරජාණන් වහන්සේ ගැන පැහැදිච්ච ආකාරය, ශ්‍රද්ධාව ඇති වූ ආකාරය ගැන නිතර නිතර භික්ෂූන් වහන්සේලාට කියාදෙන්න" කියලා.

පැහැදුණේ අවබෝධයට මිසක්, රූපයට නොවෙයි...

එතකොට බුදුරජාණන් වහන්සේ කෙරෙහි සාරිපුත්ත මහරහතන් වහන්සේට පැහැදීම ඇතිවෙලා තියෙන්නේ උන්වහන්සේ දිහා බලාගෙන ඉඳලාද? උන්වහන්සේගේ අවබෝධය ගැනද? අවබෝධය ගැන පැහැදුණේ උන්වහන්සේගේ දේශනා වලින් නේද? දැන් මෙතැනදි කියන්නේ, 'භාග්‍යවතුන් වහන්සේ මේ විදිහට

දේශනා කළා. මේ විදිහට දේශනා කළා...' ඒ ගැනයි මම පැහැදුණේ" කියලා.

සිව්වණක් පිරිසටම... නිතර නිතර කියන්න...

"සාරිපුත්ත, භික්ෂූන්ට නිතර නිතර ඔය දේශනාව කරන්න. භික්ෂුණීන්ටත් ඔය දේශනාව නිතර නිතර කරන්න. උපාසකවරුන්ටත්, උපාසිකාවන්ටත් ඔය දේශනාව කරන්න. සාරිපුත්ත, ඇතැම් කෙනෙකුට තථාගතයන් වහන්සේ ගැන සැක තියෙන්න පුළුවන්. තථාගතයන් වහන්සේ ගැන විමති, වැරදි මත තියෙන්න පුළුවන්. මේ ධර්මය ඇහුවොත් ඒ සැකය නැතුව යනවා. ඒ අයගේ සිතේ විමතිය නැතුව යනවා."

මේ විදිහට තමයි භාග්‍යවත් බුදුරජාණන් වහන්සේ ඉදිරියේ සාරිපුත්තයන් වහන්සේ තමන්ගේ පැහැදීම ගැන ප්‍රකාශ කළේ. ඒ නිසයි මේ දේශනාවට නම වැටුණේ 'සම්පසාදනීය' කියලා.

මහණෙනි, හරිම පාළුයි... සඟපිරිස හිස් වගේ...

'උක්කවේලා' කියන ජනපදයේ බුදුරජාණන් වහන්සේ වැඩසිටියා. එතකොට සැරියුත්, මුගලන් මහ රහතන් වහන්සේලා බුදුරජාණන් වහන්සේට කලින් පිරිනිවන් පෑවා. බුදුරජාණන් වහන්සේ සංඝයා දිහා බලනවා. සංඝයා දිහා බලලා කියනවා, "මහණෙනි, හරි පාළුයි. මහණෙනි, සඟ පිරිස හිස්. මහණෙනි, හරි අමුත්තක් දැනෙනවා. සාරිපුත්ත, මොග්ගල්ලාන ඉන්නකොට තියෙන ආලෝකය දැන් නෑ, දැන් හරි පාළුයි. මහණෙනි, සාරිපුත්ත, මොග්ගල්ලාන යම් ප්‍රදේශයක ඉන්නවද, මං ඒ පැත්තවත් සිහි කරන්නේ නෑ. මොකද

ඒ පැත්ත සම්පූර්ණයි. සාරිපුත්ත, මොග්ගල්ලාන දෙනම යම් පිරිසකට ධර්මය පුරුදු පුහුණු කරනවාද, මම ඒ ගැන හිතන්නේ නෑ. ඒක සම්පූර්ණයි කියනවා. මහණෙනි, සාරිපුත්ත, මොග්ගල්ලානයන්ගේ නැතිවීම හරී පාළුවක්" කියනවා.

ශාසනයේ මව්, කිරිමව් හඳුනාගන්න...

එතකොට බුදුරජාණන් වහන්සේ පවා සංඝයා අතර බැබලෙමින් වැඩසිටිය සාරිපුත්ත, මොග්ගල්ලාන මහරහතන් වහන්සේලාගෙන් සංඝයාට ඇතිවෙන ලැබෙන ලාභය ගැන දැනගෙන ප්‍රකාශ කළා. උන්වහන්සේ සාරිපුත්ත මහරහතන් වහන්සේ ගැන වදාළේ මොකක්ද? **(සෙය්‍යථාපි භික්ඛවේ ජනේත්ති යදිදං සාරිපුත්තෝ. සාරිපුත්තෝ භික්ඛවේ සෝතාපත්ති ඵලේ විනේති)** "මහණෙනි, මේ සාරිපුත්තයන් වහන්සේ හරියට දරුවන් බිහිකරන අම්මා කෙනෙක් වගේ." මේ ශාසනය තුළ සෝතාපත්ති ඵලයට පත්වන පුද්ගලයාව බිහි කරන්නේ කවුද? සාරිපුත්ත මහරහතන් වහන්සේ තමයි චතුරාර්ය සත්‍ය පිළිබඳව අවබෝධය ඇති කරලා දෙන්නේ." කියනවා.

(මොග්ගල්ලානෝ උත්ථමත්ථේ විනේති) මුගලන් මහරහතන් වහන්සේ තමයි සෝතාපන්න වෙච්ච එක්කෙනාට කිරි අම්මා වෙන්නෙ. ඉපදිච්ච කෙනාට කිරි අම්මා වගේ. ඉපදිච්ච කෙනාට කිරි පොවලා හදලා, වඩලා ගන්නවා වගේ, සමාධිය දියුණු කිරිමට, ඉර්ධිවිධ ඤාණ ආදිය ලබාගැනීමට උදව් කරන්නේ මුගලන් මහරහතන් වහන්සේයි."

ඉතින් ඊට පස්සේ මේ විදිහට සාරිපුත්ත,

මොග්ගල්ලාන රහතන් වහන්සේලා ගැන දේශනා කරනවා, (භජථ භික්ඛවේ සාරිපුත්ත මොග්ගල්ලානේ, සේවේථ භික්ඛවේ සාරිපුත්ත මොග්ගල්ලානේ. පණ්ඩිතා භික්ඛවේ භික්ඛු අනුග්ගාහකා.) "මහණෙනි, සාරිපුත්ත, මොග්ගල්ලානයන් වහන්සේලා ඇසුරු කරන්න. සාරිපුත්ත, මොග්ගල්ලානයන් වහන්සේලා සේවනය කරන්න. මහා නුවණැති ඔවුන්, භික්ෂු සංඝයාට අනුග්‍රහ කරනවා."

බුද්ධ වචනයත් ශ්‍රාවක භාෂිතයත් මනාව ගැලපුණා...

ඉතින් මේ ගෞතම බුද්ධ ශාසනයේ වැඩසිටිය මහෝත්තම ශ්‍රාවකයන් වහන්සේලා දෙනමක් තමයි සැරියුත්, මුගලන් මහරහතන් වහන්සේලා. මේ දේශනා බුද්ධ දේශනාවත් එක්ක ගැටෙනවද? එකට යනවද? දැන් බලන්න ඒ බුද්ධ වචනය ශ්‍රාවකයන්ගේ භාෂිතයත් එක්ක එකට ගැලපී යනවා. මනාකොට ගැලපී යනවා. කිසිම අර්බුදයක්, පුද්ගලික මත, පුද්ගලික විචාර කිසිවක් නෑ. මේ උතුම් රහතන් වහන්සේලාගේ දේශනා අහලා අපි උන්වහන්සේලාව හඳුනාගන්න දක්ෂ වෙන්න ඕන. බුදුරජාණන් වහන්සේ වදාළා, 'තථාගතයන් වහන්සේ ගැන තියෙන සැක නැතිව යන්න, සිව්වණක් පිරිසටම මේක නිතර නිතර කියන්න වටිනවයි' කියලා.. ඉතින් ඒ නිසා බුදුරජාණන් වහන්සේගේ මේ දේශනාවල් ගැන අහලා, සිතේ පැහැදීම ඇති කරගෙන, ප්‍රසන්නතාවය ඇති කරගෙන, අපටත් උතුම් චතුරාර්ය සත්‍ය ධර්මයම අවබෝධ කරන්න වාසනාව උදාවේවා.!

සාදු! සාදු!! සාදු!!!

නමෝ තස්ස භගවතෝ අරහතෝ සම්මාසම්බුද්ධස්ස
ඒ භාග්‍යවත් අරහත් සම්මා සම්බුදුරජාණන් වහන්සේට නමස්කාර වේවා!

04. දුතිය සම්පදා සූත්‍රය

(අංගුත්තර නිකාය 5 - යමක වර්ගය)

ශ්‍රද්ධාවන්ත පින්වත්නි,

අපි දන්නවා බුදුරජාණන් වහන්සේ ධර්මය දේශනා කළේ අවබෝධයෙන්මයි. උන්වහන්සේගේ අවබෝධය උන්වහන්සේ දේශනා කරපු ධර්මය තුළ පැහැදිලිවම දිස්වෙනවා. උන්වහන්සේ ධර්මය දේශනා කළේ කරුණු තුනක් මත පිහිටලා. උන්වහන්සේ ඒක පැහැදිලිව දේශනා කළා, (**අභිඤ්ඤායාහං භික්ඛවේ ධම්මං දේසේමි. නෝ අනභිඤ්ඤාය**) "මහණෙනි, මා ඔබට මේ ධර්මය කියන්නේ විශිෂ්ට වූ ප්‍රඥාවෙන් යුක්තවයි. විශිෂ්ට වූ නුවණින් යුක්තවයි මේ ධර්මය කියාදෙන්නේ. (**සනිදානං භික්ඛවේ ධම්මං දේසේමි, නෝ අනිදානං**) මහණෙනි, මා ඔබට මේ ධර්මය කියා දෙන්නේ කරුණු සහිතවයි, කරුණු රහිතව නොවෙයි.

(සප්පාටිහාරියාහං භික්ඛවේ ධම්මං දේසේමි, නෝ අප්පටිහාරියං) මහණෙනි, මේ ධර්මය මා ඔබට දේශනා කරන්නේ ප්‍රාතිහාර්ය සහිතවයි, ප්‍රාතිහාර්ය රහිතව නොවෙයි." එහෙම නම් බුදුරජාණන් වහන්සේගේ බුද්ධ දේශනා තුළ තියෙනවා අනුශාසනී ප්‍රාතිහාර්ය. බුදුරජාණන් වහන්සේ නමක් සතුව ප්‍රාතිහාර්ය තුනක් තියෙනවනේ. මොනවද ඒ ප්‍රාතිහාර්ය තුන? ඉර්ධි ප්‍රාතිහාර්ය, ආදේශනා ප්‍රාතිහාර්ය සහ අනුශාසනී ප්‍රාතිහාර්ය.

එතකොට ඉර්ධි ප්‍රාතිහාර්ය තමයි උන්වහන්සේ කරන්නා වූ නොයෙකුත් හාස්කම්. ආදේශනා ප්‍රාතිහාර්ය කියන්නේ අන්‍යයන්ගේ සිත් දැනගෙන කරන දෙසුම්. චතුරාර්ය සත්‍යය අවබෝධ කරවීම පිණිස, කුසල් දියුණු කරවීම පිණිස, අකුසල් ප්‍රහාණය කරවීම පිණිස, මේ ලෝක සත්වයා කෙරෙහි, දෙව් මිනිස් ලෝකයා කෙරෙහි මහත් දයානුකම්පාවෙන්මයි අනුශාසනා ප්‍රාතිහාර්ය කරන්නේ.

සම්බුදු උපත හැබෑවටම අසිරිමත්...

එතකොට ඒ බුදුරජාණන් වහන්සේගේ බුද්ධ දේශනා තුළ ඔය ප්‍රාතිහාර්ය තියෙනවා. තථාගතයන් වහන්සේගේ ආශ්චර්යය ගැන කියන තැනදි දේශනා කරනවා,

"මහණෙනි, මේ ලෝක සත්වයා ඉන්නේ තෘෂ්ණාවෙන්. තෘෂ්ණාවට තමයි එයා ඇලුම් කරන්නේ. තෘෂ්ණාවෙන් තමයි සතුටු වෙන්නේ. තෘෂ්ණාව ආරාමය කරගෙන වාසය කරන්නේ. හැබැයි මේ ආලය දුරු කරවන, තෘෂ්ණාව දුරුකරවන ධර්මය තථාගතයන් වහන්සේ විසින් දේශනා කරද්දී, තෘෂ්ණාවෙන් සතුටු වෙවී ඉන්න පුද්ගලයා තෘෂ්ණාව දුරු කරන්නා වූ ධර්මයට කැමති

වෙනවා, ආසා කරනවා. අන්න ඒක තමයි තථාගතයන් වහන්සේගේ ආශ්චර්යය..."

කැළඹුණු සිත් සනසන දහම...

මේ ලෝක සත්වයා ජීවත්වෙන්නේ නොසංසිඳී ගිය සිතින්, ඇවිස්සුණු සිතින්, කැළඹුණු සිතින්. බුදුරජාණන් වහන්සේ ධර්මය දේශනා කරනවා සංසිඳවීම පිණිස, ඇල්ම දුරු කරගැනීම පිණිස. ඒ චිත්ත සංසිඳීම පිණිස ධර්මය දේශනා කරන කොට කැළඹුණු සිතින් යුතු, කැළඹී ගිය දේවල් පසුපස යන ජනයා අර සිත සංසිඳවන්නා වූ ධර්මයට කැමති වෙනවා.

මේ ලෝක සත්වයා සතුටුවෙන්නේ උපාදානයට. එක එක දේවල් වලට ග්‍රහණය වෙලා ඉන්නයි. උපාදාන රහිත ධර්මයක් දේශනා කරද්දී ලෝක සත්වයා ඒකට ආශා කරනවා.

ඉතින් ඒ මනුෂ්‍යයා තුළ තියෙන වාසනාවක් තමයි ඒක. මොකක්ද? ජීවිතය අවබෝධ කරවන, නොඇල්ම ඇති කරවන, සංසිඳීම ඇති කරවන, කෙලෙස් දුරු කරවන්නා වූ, උතුම් ධර්මය ඇහෙද්දී එයාගේ හිත පහදිනවා ඒ ධර්මයට. එයාට මහත් සන්තෝෂයක් ඇතිවෙනවා.

මොනවා නැතත් කමක් නෑ... ශ්‍රද්ධාව තියෙනවා නම්...

ඉතින් මේ ලෝකයේ බුදුරජාණන් වහන්සේ තමයි අපට අලුත් අලුත් දේවල් ලබා දුන්නේ. උන්වහන්සේ අපට එක අවස්ථාවක ප්‍රකාශ කළා, "මේ ලෝකේ මනුෂ්‍යයෙකුට මොනවා නැතත් කමක් නෑ..., ශ්‍රද්ධාව

තියෙනවා නම් ඇති..." ඊළඟට උන්වහන්සේ දේශනා කළා, "මනුෂ්‍යයෙකුට මොනවා තිබුණත් වැඩක් නෑ..., ප්‍රඥාව නැත්නම්..." ඉතින් ඒ නිසා බුදුරජාණන් වහන්සේගේ ධර්මය තුළ හරියට ප්‍රශංසා ලබනවා ප්‍රඥාව, නුවණ. ඇයි හේතුව? ඒ නුවණක්කාරයා, ප්‍රඥාව තියෙන මනුෂ්‍යයා, බුද්ධිමත් මනුෂ්‍යයා තමයි ජීවිතය ගැන ගැඹුරින් දකින්න සමර්ථ වන්නේ. අනෙක් කෙනාට එහෙම ගැඹුරින් දකින්න බෑ. ජීවිතය ගැඹුරින් දකින්න පුළුවන් වෙනවා නුවණක්කාරයාට.

එහෙම නම් ඒක බුද්ධිමත් මනුෂ්‍යයා තුළ පිහිටලා තියෙන එකක්. ඉතින් බුදුරජාණන් වහන්සේ ඒ වගේ මනුෂ්‍යයන්ට ධර්මය දේශනා කළා. දැන් ඔබ දන්නවා ඇති මහා සාගරයේ ඇති වටිනා මැණික් වලට, මහානීය වස්තු වලට උන්වහන්සේ සමාන කළා 'සත්තිස් බෝධිපාක්ෂික ධර්ම'. අද අපි ඉගෙනගන්න සූත්‍ර දේශනාවෙදි උන්වහන්සේ දේශනා කරනවා ජීවිතයකට ලබා ගත යුතු සම්පත් අටක් ගැන. බුදුරජාණන් වහන්සේ මේ දේශනාව සැවැත් නුවරදි තමයි දේශනා කරන්නේ. මේ දේශනාවේ නම දුතිය සම්පදා සූත්‍රය. සම්පත් ගැන වදාළ දෙවෙනි දෙසුම. මේක තිබෙන්නේ අංගුත්තර නිකායේ අට වන නිපාතයේ.

ධනවත් වෙන්න සම්පත්ති අටක්...

සම්පත් කියන දේවල් බුදුරජාණන් වහන්සේ කියාදෙන්නේ ඒවා අපට වුවමනා නිසා. අපට සම්පත් තිබුණොත් තමයි සැපසේ වාසය කරන්න පුළුවන් වෙන්නේ. සම්පත් නැත්නම් අපි දිළිඳුයි. අපට මොකුත් කරගන්න හම්බ වෙන්නේ නෑ. බුදුරජාණන් වහන්සේ

සම්පත් අටක් උපදවාගන්න, සම්පත් අටක් ලබාගන්න කියලා දෙනවා. ඉතින් අපි මේ සම්පත් අට ඉගෙනගෙන, ඒ සම්පත් අටෙන්ම ධනවත් වෙන්න තමයි කල්පනා කළ යුත්තේ.

01. උට්ඨාන සම්පදා

අපට තියෙන පළවෙනි සම්පත්තිය තමයි 'උට්ඨාන සම්පදා'. උට්ඨාන සම්පදා කියන්නේ උත්සාහය. බුදුරජාණන් වහන්සේගේ ධර්මයේ කියනවා (**උට්ඨහථ**) 'නැගිටින්න'. එහෙනම් උට්ඨාන කියන වචනයේ තේරුම නැගීසිටීම, වීරියෙන් යුක්තව නැගීසිටීම. උට්ඨාන සම්පදා කියන්නේ වීරිය පමණක් නෙවෙයි. වීරියෙන් නැගීසිටීම.

කරන දේ කුමක් වුවත්...

උන්වහන්සේ ඒ වීරියෙන් නැගීසිටින ආකාරය තෝරලා දෙනවා. (ඉධ **භික්ඛවේ කුලපුත්තෝ යේන කම්මට්ඨානේන ජීවිකං කප්පේති.**) මේකේ කියනවා, කුලපුත්‍රයා... ඒ කියන්නේ තෙරුවන් සරණ ගියපු ශ්‍රාවකයා, උපාසක, එහෙම නැත්නම් උපාසිකා. මේ අය වැඩකටයුතු රස්සාවල් වලින් ජීවත් වෙනවා. (**යදි කසියා**) කෘෂිකර්මය වෙන්න පුළුවනි. (**යදි වණිජ්ජාය**) වෙළඳ ව්‍යාපාර වෙන්න පුළුවනි. (**යදි ගෝරක්ඛේන**) ගව පාලනය වෙන්න පුළුවනි. (**යදි ඉස්සත්ථේන**) දුනු හී වල කරන කටයුතු වෙන්න පුළුවනි. (**යදි රාජපෝරිසේන**) ආණ්ඩුවේ රාජකාරි වෙන්න පුළුවනි. (**යදි සිප්පඤ්ඤතරේන**) එහෙම නැත්නම් ජීවිකාව පිණිස තියෙන වෙනත් ශිල්ප ශාස්ත්‍රයක් වෙන්න පුළුවනි.

නැගී සිටි වීර්යය ඇති කෙනා මෙන්න මේ වගෙයි...

මේකේ තියෙන්නේ ගොවිතැන වෙන්න පුළුවන්, වෙළහෙළදාම් වෙන්න පුළුවන්, ගව පාලනය වෙන්න පුළුවන්, ආණ්ඩුවේ රාජකාරි වෙන්න පුළුවන්, වෙනත් ශිල්ප ශාස්ත්‍ර වෙන්න පුළුවන්, ඒවායේ (දක්ඛෝ හෝති) දක්ෂ වෙන්න ඕනේ. ඒක තමයි පළවෙනි එක.

දැන් බලන්න මේවා අපට තියෙනවාද කියලා...? අපට මේවා තිබුණා නම් අපි ඒ කටයුතුවල දක්ෂ වෙන්න ඕනේ. නැගීසිටි වීරිය ඇති කෙනාගේ ලක්ෂණ මේ කියන්නේ. (දක්ඛෝ හෝති) දක්ෂයි. (අනලසෝ) කම්මැලි නෑ. එයා කම්මැලි නෑ. (තත්‍රූපායාය වීමංසාය සමන්නාගතෝ) උපායශිලී වීමංසනයෙන් යුක්තයි. ඒ කියන්නේ මොකක්ද? පර්යේෂණ කරනවා. 'කොහොමද අලුත් දේවල් නිපදවන්නේ...? කොහොමද අලුත් වෙළහෙළදාම් අපි දියුණු කරන්නේ? 'මොන විදිහේ දේවල්ද අලුතින් වෙළඳපොළට දෙන්න ඕනේ? මොන මොන බෝග සම්පත්ද අපි උපදවන්න ඕන?' කියලා පර්යේෂණ කරනවා. එහෙනම් නැගීසිටීමේ වීරිය කියන්නේ සම්පත්තියක්.

නිකම්ම උත්සහයක් නෙවෙයි...

මේ නැගීසිටීමේ වීරිය කියන එක මානසික එකක්. කායික එකක් නෙමෙයි. ඒ මානසික දේ, නැගීසිටි වීරිය කියන එක එයාට තියෙනවා නම්, හැමතිස්සේම එයාගේ හිතේ තියෙනවා 'රැකී රක්ෂා කරන පැති වලින් හොඳට දක්ෂ වෙලා, අලස නැතිවෙලා, අලුත් අලුත් දේවල් සොයා ගන්නවා...' කියන එක. අන්න ඒ කෙනාට... (අලං කාතුං)

ඒ කටයුතු කරන්න ඊට පස්සේ පුළුවන්. (අලං සංවිධාතුං) ක්‍රමානුකූලව එයා වැඩ කරනවා. දැන් බලන්න නිකම්ම උත්සාහයයි කිව්වට අපිට මේක තේරෙනවද? බලන්න බුදුරජාණන් වහන්සේ වීරිය කියන වචනය පාවිච්චි කරන්නේ නැතුව, උට්ඨාන කියන වචනය පාවිච්චි කරනවා. උට්ඨාන කිව්වේ නැගීසිටින වීර්යය.

"මහණෙනි, ඔන්න ඕකයි උට්ඨාන සම්පදා. ඒ නැගීසිටින වීරිය මනුෂ්‍යයෙකුට තියෙන සම්පත්තියක්..."

හොඳට හොයලා බලන්න...

ලෝකයේ ආර්ථික වශයෙන් දියුණු වෙච්ච අය, මේ ලක්ෂණ තිබිච්ච අය නොවෙයිද? ගොවියෙක් දියුණු වුණා නම්, මේ ලක්ෂණ තිබිච්ච කෙනෙක්. වෙළඳ ව්‍යාපාරය කරන කෙනෙක් දියුණු වුණා නම්, මේ ලක්ෂණ තිබිච්ච කෙනෙක්. ගව පාලනය කරන කෙනෙක් දියුණු වුණා නම්, ඒත් මේ ලක්ෂණ තිබිච්ච කෙනෙක්. ස්වයං රැකියා කරන කෙනෙක් දියුණු වුණා නම්, ඒත් මේ ලක්ෂණ තිබිච්ච කෙනෙක්. බුදුරජාණන් වහන්සේ දේශනා කළා, "මහණෙනි, කුලපුත්‍රයා නැගීසිටි වීරියෙන් යුක්ත කෙනෙක් වෙන්න ඕන. ඒක තමයි කුලපුත්‍රයාගේ තියෙන සම්පත්තිය..."

කුලපුත්‍රයා කියන්නේ ඔබ. ඔබට මොකක්ද තියෙන්න ඕනෙ කියන්නේ? නැගීසිටි වීරිය. නුවණින් කල්පනා කර කර, කල්පනා කර කර, 'මම මෙහෙම කරන්න ඕන... මම මෙහෙම කරන්න ඕන...' කියලා ධන උපයන මාර්ග ගැන නැගීසිටි වීරියෙන් යුක්තව කටයුතු කරනවා. ඒක උට්ඨානසම්පදා.

බුදුරජාණන් වහන්සේ මේක එකට දැම්මා. පළමුවෙනි එක තමයි උට්ඨාන සම්පදා. එතකොට ඒක තියෙන්න ඕනේ හැම දේකටම. ඒ උට්ඨාන සම්පදාවෙන් එයා ධන උපයන මාර්ග වලින්, ධාර්මිකව හරි හම්බ කරලා ධනවත් වුණොත්, ඒකෙන් තමාත් භුක්ති විඳිනවා. අනිත් අයත් භුක්ති විඳිනවා. ඒ ඔක්කොම උන්වහන්සේ ලස්සනට දේශනා කරලා තියෙනවා. දැන් මේ ලක්ෂණ වලින් යුක්තව ඉන්නවා. එතකොට එයාට එක සම්පත්තියක් තියෙනවා. මොකක්ද ඒ සම්පත්තිය? උට්ඨාන සම්පදා. 'නැගීසිටි වීරිය' නමැති සම්පත්තිය එයාට තියෙනවා.

02. ආරක්ඛ සම්පදා

"මහණෙනි, මොකක්ද මේ දෙවෙනි සම්පත්තිය? ඒක තමයි ආරක්ඛසම්පදා..."

මේකේ තියෙනවා කුලපුත්‍රයා (භෝගා) භෝගා කිව්වේ භව බෝග සම්පත් උපයනවා. **(උට්ඨානවිරියාධිගතා)** නැගී සිටි වීරියෙන්... අන්න දැක්කද එතැන උට්ඨාන, වීරිය කියන වචන දෙකම තියෙනවා. නැගීසිටලා, වීරියෙන් හරි හම්බු කරපුවා, **(බාහාබලපරිචිතා)** අතේ පයේ මහන්සියෙන් හරිහම්බු කරපුවා, **(සේදාවක්ඛිත්තා)** දාඩිය වගුරුවල හම්බ කරපුවා, **(ධම්මිකා)** ධාර්කමිව හම්බ කරපුවා, **(ධම්මලද්ධා)** ධාර්මිකව ලැබිච්ච දේවල් මේ කුලපුත්‍රයාට තියෙනවා. දැන් අර පළවෙනි සම්පත්තිය මෙයාට තියෙනවනේ. උට්ඨාන සම්පත්තිය තියෙනකොට භව බෝග සම්පත් ඇතිවෙනවා.

මගේ සම්පත් නැති නොවේවා...!

ඊට පස්සේ මේ භව බෝග සම්පත් තියෙනකොට

මොකක්ද ඇතිවෙන්නේ? **(සෝ)** ඒ පුද්ගලයා, **(තේ)** 'තේ' කිව්වේ අර ලැබිච්ච සම්පත්, **(ආරක්ඛේන ගුත්තියා සම්පාදේති)** ඒ සම්පත් නාස්තිවෙන්න අරින්නේ නෑ. ඒ සම්පත් ආරක්ෂා කරනවා. ඒ හැම සම්පතක්ම එයා ආරක්ෂා කරනවා. ආරක්ෂා කරන්නේ මෙහෙමයි. **(කින්ති මේ භෝගේ නේව රාජානෝ හරෙය්‍යුං)** 'මාගේ මේ බෝග සම්පත් ආණ්ඩුවට අයිති වන්න දෙන්න බෑ. මාගේ බෝග සම්පත් හොර සතුරන්ට අයිති වෙන්න දෙන්න බෑ. මාගේ බෝග සම්පත් ගින්නට දැවෙන්න දෙන්න බෑ. මාගේ බෝග සම්පත් ජලයට ගහගෙන යන්න දෙන්න බෑ. මේ බෝග සම්පත් නුසුදුසු පුද්ගලයන්ගේ පරිහරණයට දෙන්න බෑ. අප්‍රිය දායාද බවට පත්කරන්න බෑ...' කියලා නුවණින් යුක්තව එයා හරිහම්බ කරන ධනය ආරක්ෂා කරනවා. ඒක කුලපුත්‍රයාගේ දෙවැනි සම්පත. කුල පුත්‍රයාගේ පළවෙනි සම්පත මොකක්ද? උට්ඨාන සම්පදා, නැගීසිටි වීර්යය.

උට්ඨාන සම්පදාව තියෙනවා නම් අලුත් දේවල් නිපදවන්න ඕන. එතකොට තමයි ඒකට ඉල්ලුම එන්නේ. ඊට පස්සේ ඒකට සමාජය තුළ පිළිගැනීමක් ඇතිවෙනවා. අලුත් දේවල් නිපදවන්නේ නැත්නම්...?

දැන් බලන්න අපට බැරිවුණානේ මේ දේවල් කරන්න. දැන් අලුත් දේවල් මොනතරම් ලෝකයට එනවාද? අලුත් දේවල් එක එක විදිහට වෙළඳපොලට එනවා. මේ ඔක්කොම බිහිවෙන්නේ මොකෙන්ද? උට්ඨාන සම්පදාවෙන් ඒ හැම එකක්ම බිහිවෙන්නේ. අපි අලුතින් කෑම බීම කනවා නම්, ඒ ඔක්කොම බිහිවෙන්නේ උට්ඨාන සම්පදාවෙන්. අපි අලුතින් බඩු භාණ්ඩ පරිහරණය කරනවා නම්, අලුත් දේවල් ඔක්කොම බිහිවන්නේ

උට්ඨාන සම්පදාවෙන්. වෙන එකකින් නෙමෙයි බිහි වෙන්නේ.

දියුණුවේ රන් දොරටු...

දැන් බටහිර රටවල මිනිස්සුන්ට කියලා අමුතු මොළයක්ද තියෙන්නේ? මේ මොළේමයි තියෙන්නේ. ඉන්ද්‍රියන් වැඩිද? නෑ... මේ හයමයි තියෙන්නේ. නමුත් ඇයි ඒ මිනිස්සුන්ට විතරක් තිබිලා, අපි මේ නිකං කොරවෙලා වගේ ඉන්නේ, අපි හැමතිස්සේම බලාපොරොත්තු වෙනවා ඉබේ සිද්ධවෙනකල්. ඉබේ ලැබෙනකම් බලාපොරොත්තු වෙනවා. ගුප්ත විදිහට ධනවත් වෙන්න බලාපොරොත්තු වෙනවා. කිසි දවසක මේවායින් තොරව ලැබෙන්නේ නෑ. බුදුරජාණන් වහන්සේ තමයි දෙවිවරුන් ගැන දන්නේ. උන්වහන්සේ තමයි බඹුන් ගැන දන්නේ. උන්වහන්සේ තමයි ලෝකෙ ගැන දන්නේ. උන්වහන්සේ මේ දියුණුවේ රහස් කියන්නේ. මෙන්න මේවා දියුණුවේ රන් දොරටු. එහෙනම් උට්ඨාන සම්පදා ඇති කරගන්න ඕනෙ.

දැන් බලන්න මම දිහා...

මා තුළ නැගීසිටීමේ වීරිය තියෙනවා. මං ඒ නිසා බලන්න කොච්චර නිර්මාණ හද හදා ඔබට දීලා තියෙනවාද අලුත් අලුත් දේවල්? අලුත් විදිහට මං පොත් හැදුවා. අලුත් විදිහට නිර්මාණ කළා. ඒ හැම එකකින්ම ඔබට අලුත් දෙයක් ලැබෙන්නේ නැද්ද? ඒ මා තුළ නැගීසිටි වීරිය තියෙන නිසා.

එතකොට ඔබ තුළත් නැගීසිටි වීරිය තියෙනවා. නමුත් ඒක මතුවෙන්න නම් ඒකට අවශ්‍ය කරන උත්සාහය, නුවණ මෙහෙයවන්න ඕන. මෙහෙයවන්නේ නැත්නම්

ඒ නැගීසිටි වීරිය කියන සම්පත්තිය පිහිටන්නේ නෑ. ඒ නිසා අපි හැමෝම උට්ඨාන සම්පදා ඇති කරගන්න ඕනේ. උට්ඨාන සම්පදා මට තිබිච්ච නිසයි මට මෙච්චර ත්‍රිපිටක පරිවර්තන කරන්න පුළුවන් වුණේ. ධර්මය ඇසුරු කරගෙන අලුත් අලුත් නිර්මාණ කරන්න පුළුවන් වුණේ. ධර්මය වුණත් මට ලස්සනට හිතන්න පුළුවන් වුණේ ඒ නිසයි. ඕන කෙනෙකුට එහෙමයි, ඔබටත් එහෙමයි. ඒකට තමයි උට්ඨාන සම්පදා කියන්නේ.

හම්බකළා වගේම රැකගන්නත් ඕනේ...

මේකේ තියෙනවා, කුලපුත්‍රයා... (ඒ කියන්නේ ඔබ) අතේ, පයේ මහන්සියෙන් වෙහෙස මහන්සිවෙලා, උත්සාහයෙන් වීරියෙන් දියුණුවෙන් යමක් උපයනවද, ඒක නාස්තිවෙන්න දෙන්න බෑ. එහෙනම් හම්බ කරනවා වගේම, රැකගැනීම කියන එකත් කුසලතාවයක්, සම්පත්තියක්. බුදුරජාණන් වහන්සේ දේශනා කළේ ආරක්ෂාව කියන්නේ සම්පත්තියක් කියලා.

හැබැයි මේක ලෝභකමක් එක්ක සම්බන්ධ නෑ. ලෝභකම දිගටම ආවොත් එයාට ලොකු ධනවතෙක් වෙලා දිගටම පවතින්න බැරුව යනවා. එතකොට ආරක්ඛසම්පදා තමයි දෙවෙනි සම්පත්තිය. මේ සම්පත් අපි හැමෝම ඇති කරගන්න ඕනේ. පළවෙනි එක උට්ඨාන සම්පදා ඇති කරගන්න. දෙවෙනි එක ආරක්ඛ සම්පදා ඇති කරගන්න.

03. කළ්‍යාණමිත්තතා

ඊළඟ සම්පත්තිය තමයි 'කළ්‍යාණමිත්තතා'. කළ්‍යාණමිත්තතා කියලා කියන්නේ... ඔන්න ඔබ වාසය

කරනවා ගමක. මේ ගමේ ඉන්නවා ගෘහපතියෙක්. එක්කෝ ගෘහපති පුත්‍රයෙක් ඉන්නවා. මේකේ හරි ලස්සන වචන කියනවා. මේකේ කියනවා, **(තත්ථ යේ තේ හොන්ති ගහපති වා ගහපති පුත්තා වා දහරා වා වුද්ධසීලිනෝ)** "ඒ ගමේ ඉන්න පුළුවන් වැඩිමහළු කෙනෙක්. එහෙම නැත්නම් ඉන්න පුළුවන් තරුණයෙක්. එහෙම නැත්නම් ඉන්න පුළුවන් පොඩි දරුවෙක්. **(සීලවන්ත)** සීලයෙන් වැඩුණු, **(සද්ධා සම්පන්නෝ)** ශ්‍රද්ධාව තියෙන, සීලවන්ත, ත්‍යාගවන්ත, ප්‍රඥාවන්ත කෙනෙක් ඉන්න පුළුවන්. අන්න එයාව ඇසුරු කරන්න..."

බුදු සසුන සම්පූර්ණයෙන්ම කළ්‍යාණ මිත්‍රයා මත...

ගමේ ඉන්න කාවද ඇසුරු කරන්න කියන්නේ? ශ්‍රද්ධා, සීල, ශ්‍රැත, චාග, පඤ්ඤා කියන මෙයින් යුක්ත කෙනා ඇසුරු කරන්න. **(තේ සද්ධිං සන්තිට්ඨති)** එයත් එක්ක තමයි මෙයා ඇසුර තියෙන්නේ. **(සල්ලපති)** එයත් එක්ක තමයි කතාබස් කරන්නේ. **(සාකච්ඡං සමාපජ්ජති)** එයත් එක්ක තමයි සාකච්ඡා කරන්නේ. එහෙම කතා බස් කර කර, යාළු මිත්‍රකම් පැවැත්වීම හේතුවෙන් තමාට ඇතිවෙනවා 'ශ්‍රද්ධාව' නැමැති සම්පත්තිය.

ශ්‍රද්ධාවන්ත කෙනෙක් ඇසුරු කරද්දි තමාට ඒ ශ්‍රද්ධාව ඇතිවෙනවා. සීලවන්ත කෙනෙක් ඇසුරු කරද්දි තමාටත් ඒ සීලය සමාදන් වෙන්න, හැසිරෙන්න කැමැත්ත ඇතිවෙනවා. දන් පැන් දෙන කෙනෙක් ඇසුරු කරද්දි, තමන්ටත් දන් දෙන්න අවස්ථාව ඇතිවෙනවා. ප්‍රඥාවන්ත කෙනෙක් ඇසුරු කරද්දි තමාටත් නුවණින් මෙහෙයවන්න අවස්ථාව ලැබෙනවා. මේක තමයි කළ්‍යාණමිත්‍ර සම්පත්තිය.

පාපමිත්‍ර ඇසුරට වැටුණොත්, සියල්ල විනාසයි...

එතකොට බලන්න මේ ජීවිතය ගත කරන ඔබට පළවෙනි සම්පත්තිය තියෙන්න ඕනෙ අනිවාර්යෙන්ම. මොකක්ද ඒ සම්පත්තිය? උට්ඨාන සම්පදා. ඊළඟට තියෙන්න ඕනේ දෙවෙනි සම්පත්තිය. ආරක්ඛ සම්පදා. ඊළඟට තියෙන්න ඕනේ කළ්‍යාණමිත්තතා. ඒකෙන් තමයි ඔබ ලෝභ කෙනෙක් නොවී, ලෝභයෙන් ගැලවෙන්නේ. මොකද අපි ගත්තොත් මහන්සියෙන් හම්බ කරනවා. සල්ලිත් එකතු කරනවා. දේපල වස්තුවත් එකතු වෙනවා. කළ්‍යාණමිත්‍ර සම්පත්තිය නොතිබුණොත් ඉවරයි. පාපමිත්‍ර ආශ්‍රයට වැටුණොත් මෙයා අනාචාරයේ හැසිරෙනවා. බොන්න පටන්ගන්නවා. ඊළඟට අකාල වීථි සංචාරයේ යෙදෙනවා. ඊළඟට පරදාර සේවනයේ යෙදෙනවා. ස්ත්‍රී ධූර්තයෙක් වෙනවා. සුරා ධූර්තයෙක් වෙනවා. සූදුකාරයෙක් වෙනවා. කළ්‍යාණමිත්‍ර සම්පත්තිය නැතිවුණොත් ඒ සෑම දේකින්ම තමන්ගේ ධනය සම්පූර්ණයෙන්ම විනාශවෙලා යනවා. එතකොට උට්ඨාන සම්පත්තය නැතුව යනවා. ආරක්ඛ සම්පත්ති නැතුව යනවා පාපමිත්‍ර සේවනයෙන්.

පාපමිත්‍රයා ඔබ ළඟට... ඔබ කළ්‍යාණ මිත්‍රයා ළඟට...

මේකේ තියෙනවා උට්ඨාන සම්පත්ති, ආරක්ඛ සම්පත්ති තියෙන කෙනා කළ්‍යාණ මිත්‍රයා සොයාගෙන යන්න ඕනෙ කියලා. පාප මිත්‍රයා ළඟට එනවා තමාව හොයාගෙන. ඔබ ධනය හම්බකරනවා නම් හොඳට, ධනවත් වෙනවා නම්, ඕනතරම් හිතා වේගෙන එනවා ළඟට. නමුත් සමහර විට කළ්‍යාණ මිත්‍රයා එන්නේ නෑ. කළ්‍යාණ මිත්‍රයාව හොයාගන්න ඕන. අන්න ඒ කලයාණ

මිත්‍ර සම්පත්තිය ඇති කරගන්න ඕන.

04. සමජීවිකතා

ඊළඟ සම්පත්තිය තමයි 'සමජීවිකතා'. සමජීවිකතා කියන්නේ අයවැය හඳුනාගෙන ජීවත්වෙනවා. මේකෙ තියෙනවා ජීවත් වෙන ආකාරය. එයාගේ තියෙන මිල මුදල් ප්‍රමාණය දැනගෙන තමයි වියදම් කරන්නේ. තමන්ට ආදායම් නැතුව ණය ගන්න යන්නේ නෑ. ආදායම් නැතුව වියදම් කරන්න යන්නේ නෑ. ඒක හරියට එයා කරන්නේ කොහොමද? තරාදියේ දෙපැත්තේ තියෙනවනෙ තැටි දෙක. මේ තැටි දෙකේ එක පැත්තකට දානවා අය. අය කියන්නෙ හම්බ කරන දේවල්. එක පැත්තකට දානවා වැය. එතකොට එයා බලන්න ඕන 'මේ අයයි, වැයයි අතර කොහොමද පරතරේ තියෙන්නේ?' කියලා. අය ටිකක් නම්, වැය ගොඩක් නම්, එයා අමාරුවේ වැටෙනවද, නැද්ද? අමාරුවේ වැටෙනවා. මේ නිසා ජීවිතයකට තියෙන සම්පත්තියක් තමයි ආදායම සලකලා වියදම් කරන එක. බලන්න මේ අරපිරිමැස්ම ගැන කියලා තියෙන හැටි.

පුදුම පිරිමැස්මක්...

බුදුරජාණන් වහන්සේගේ කාලේ භික්ෂූන් වහන්සේලා හරි අරපිරිමැස්මෙන් ජීවත්වෙලා තියෙන්නේ. දවසක් ආනන්ද ස්වාමීන් වහන්සේ ගාවට රජ කෙනෙක් ආවා. ඒ ආපු වෙලාවේ දායක පිරිසක් ආනන්ද ස්වාමීන් වහන්සේට සිවුරු වගයක් පූජා කළා. රජ්ජුරුවෝ හිතුවා, "දැන් මේ සිවුරු වගයක් දුන්නා. දැන් මේවා නාස්ති වෙයි. අහන්න ඕන මේ ස්වාමීන් වහන්සේලාගෙන් මේවා පාවිච්චි වෙන්නේ කොහොමද? කියලා."

ඉතින් ඇහුවා, "ස්වාමීනී, දැන් ඔබවහන්සේට මේ අලුත් සිවුරු පූජා කළා. දැන් මේවාට මොකද කරන්නේ?" කියලා ඇහුවා.

"මේවා පරණ සිවුරු තියෙන ස්වාමීන් වහන්සේලාට දෙනවා."

"එතකොට ඒ පරණ සිවුරුවලට මොනවද කරන්නේ?"

"ඒ පරණ සිවුරුවලින් අපි පාපිසි වියනවා. පාපිසි වියලා ඒවා තමයි පාවිච්චියට ගන්නේ."

"එතකොට පරණ පාපිසිවලට මොකද කරන්නේ?"

"ඒ පරණ පාපිසි බඩුමුට්ටු පිහදාන්න, හැලි වළං අල්ලන්න... ආදී පොඩි පොඩි දේවල් වලට ගන්නවා."

"එතකොට ඒවට ගත්ත කලින් රෙදිවලට මොකද කරන්නේ?"

"ඒවා ඔක්කොම මැටිත් එක්ක මිශ්‍ර කරලා, අපි කුටි හදද්දි කුටිවල බිත්ති වලට ගානවා, 'දායකයෝ දුන්න දේ නාස්තිවෙන්න එපා...' කියලා" කිව්වා. කොහොම පිරිමැස්මක්ද? ඊට පස්සේ මේ රජ්ජුරුවෝ සතුටු වෙලා අනුමෝදන් වෙලා සළු 500 ක් එවෙලේම පූජා කළා. "බොහෝම හොඳයි. නාස්ති වෙන්නේ නෑ" කියලා.

ලෝකෙට පරකාසේ කරන්න ගිහින් ගෙදරට වෙච්ච දේ...

බලන්න බුදුරජාණන් වහන්සේ රජ පවුලක ඉපදුණේ. නමුත් රජ පවුලක ඉපදුනා කියලා ඒ රජ කාලේ

විදිහටද ජීවත් වුණේ? බලන්න උන්වහන්සේ මොනතරම් ශ්‍රාවකයන්ව මේ අරපිරිමැස්මෙහි හික්මවලා තියෙනවද? අරපිරිමැස්මෙහි හික්මවලා තියෙනවා. නාස්තිය නෑ. එතකොට මේ වගේ අපටත් සාමාන්‍ය ජීවිතයේදි නාස්තිය නැති ජීවිත, සමජීවිකතා හරී ප්‍රයෝජනයි.

අපට ගොඩක් අවස්ථාවල අහන්න ලැබිල තියෙනවා මෙහෙම දෙයක්. සමහරුන්ට ධන ධාන්‍ය නෑ... නමුත් ණයවෙලා වියදම් කරලා. එක්කෝ මඟුල් ගෙදරට ණයවෙලා. ඊට පස්සේ හූල්ල හූල්ල දහඅතේ දුවනවා. හරිද එතකොට අය-වැය? වැරදිනේ. ඒ විදිහට ඒ මංගල්ලේ ගන්නවට වඩා හොඳ නැද්ද, ණයක් නොවී පුංචි වියදමකින් කරන එක? ලෝකෙට පරකාසේ කරන්න ගිහින් අන්න ගෙදරට වෙච්ච දේ...

මේ වගේ දේවල් සිද්ධ වෙන්නේ අය-වැය ගැන දන්නේ නැති නිසා. අය-වැය ගැන දන්නේ නැතිවුණාට පස්සේ සමාජයට පේන්න ලොකුවට කරන්න හදනවා. අන්තිමට තමන් දන්නෙත් නෑ, තමන් අමාරුවේ වැටෙන කල්. මේ වගේ මෝඩ දේවල් හරියට කරනවා. මේ නිසා අපට උට්ඨාන සම්පදා වගේම, ආරක්ඛ සම්පදා වගේම, කළ්‍යාණමිත්තා වගේම තියෙන්න ඕනෙ සමජීවිකතාත්.

අපි කාලයක් තිස්සේ දිඹුල් කෑවා...

බුදුරජාණන් වහන්සේ දේශනා කරනවා 'දිඹුල් කන්නැහේ ජීවත්වෙන්න එපා' කියනවා. ඒ කියන්නේ ඔන්න කෙනෙකුට දිඹුල් ඕනෙ. දිඹුල් ගහට නගිනවා. නැගලා මොකද කරන්නේ? ගහ හොල්ලනවා. හොල්ලන කොට ගැටත් වැටෙනවා, ඉදිච්චත් වැටෙනවා. ඊටපස්සේ මෙයා ගහෙන් බැහැලා ඉදිච්ච ගෙඩි දෙකක් තුනක්

අහුලගෙන යනවා. අන්න ඒ වගේ සමහරු ඉන්නවා කියනවා, 'ටිකක් හම්බ කරනවා, ගොඩක් වියදම් කරනවා'. ටිකක් හම්බ කරගෙන ගොඩක් වියදම් කිරිල්ල හරියට දිඹුල් කනවා වගෙයි. හැබැයි මේ රටම කාලයක් තිස්සේ දිඹුල් කකා ඉන්නේ. දන්නවනේ නේ? කෝටි ගාණක් ණයයි නේ. එතකොට දිඹුල් කනවා කියන්නේ ඒක, මුදල් නාස්තිය.

දිඹුල් කන්නේ නැතුව ජීවත්වෙන්න පෞද්ගලිකව ඔබ හදාගන්න ඕන. ඔබ හරිහම්බ කරගන්න දේවල් නිරපරාදේ වියදම් වෙන්නේ නැතුව, අවශ්‍ය දේවල් වලට පමණක් වියදම් කරන විදිහට ලෑස්ති කරගන්න ඕන.

අනාථ මරණයට අහුවෙන්න එපා...

දැන් සමහරු පිරිමහන්න ගිහිල්ලා මොකද කරන්නේ? හොඳට හම්බ කරනවා. හොඳට සල්ලිත් තියෙනවා. 'මේ පිරිමැස්ම...' කිය කියා දුක සේ ජීවත්වෙනවා. තමන් කන්නෙත් නෑ, අනුන්ට දෙන්නෙත් නෑ. බුදුරජාණන් වහන්සේ දේශනා කරනවා, එයාට කියන්නේ 'අනේ! මේ පුද්ගලයා අනාථ මරණයෙන් මැරෙන කෙනෙක්. අනාථ මරණයට නම් අහුවෙන්න එපා...' කියනවා. දිඹුල් කනවා වගේ ජීවත් වෙන්නත් එපා. අනාථයෙක් වගේ ජීවත් වෙන්නත් එපා...' කියනවා. දැන් මේකෙන් කියන්නේ එයාට සාමාන්‍යයෙන් අය-වැය දැනගෙන ජීවත්වෙන්න කියලා. එතකොට තමයි පින් රැස්කිරීම ආදිය කරන්න මනුෂ්‍යයෙකුට පුළුවන් වෙන්නේ. අන්න ඒ විදිහට ජීවත්වුණාම ඒක තමයි එයාගේ සමජීවිකතාව. එතකොට සම්පත් කීයක් තියෙනවද ජීවිතයකට මෙතැන? හතරයි.

05. ශ්‍රද්ධා සම්පත්තිය

එයාට තියෙන පස්වෙනි සම්පත්තිය මොකක්ද? ශ්‍රද්ධා සම්පදා. බුදුරජාණන් වහන්සේ ගැන තියෙන චිත්ත ප්‍රසාදය එයාගේ සම්පතක්. මොකක්ද ඒ? (සද්ධහති තථාගතස්ස බෝධිං) තථාගත බුදුරජාණන් වහන්සේගේ අවබෝධය. දැන් මේ බුදුරජාණන් වහන්සේගේ අවබෝධය ගැන තමයි අපි කථාකරන්නේ. (සද්ධහති තථාගතස්ස බෝධිං) තථාගත බුදුරජාණන් වහන්සේගේ අවබෝධය කෙරෙහි මහත් පැහැදීමකින් යුතුව වාසය කරනවා.

පහදිමි මම, බුදු ගුණයට...

උන්වහන්සේ නිකෙලෙස්බව, උන්වහන්සේ රහතන් වහන්සේ නමක් බව දැනගෙන එයා බුදුරජාණන් වහන්සේ ගැන පැහැදිලා ඉන්නවා. අරහං කියන්නේ රහතන් වහන්සේ නමක්. දෙවෙනි එක ඒ බුදුරජාණන් වහන්සේ සම්මා සම්බුදුරජාණන් වහන්සේ නමක්. හරි පැහැදීමෙන් මෙයා ඉන්නවා ඒ ගැන.

තුන්වෙනි එක උන්වහන්සේ තුළ තියෙනවා නම් යම්කිසි අවබෝධයක්, යම්කිසි විශිෂ්ට වූ ප්‍රඥාවක්, යම්කිසි උත්තරීතර මනුෂ්‍ය ධර්මයක්, ධ්‍යාන අභිඥා ආදියක් තියෙනවද, ඒ තුළින් උපදවා ගත්තු විශිෂ්ට ප්‍රඥාවක් ඇද්ද, ඒ ප්‍රඥාව තුළ උන්වහන්සේ ජීවත්වෙනවා. ඒ විජ්ජාචරණ සම්පන්න ගුණය ගැන පැහැදීමකින් ඉන්නවා.

දමනය කළේ අවියකින් නොවේ...

උන්වහන්සේ තුළ තිබුණා ආර්ය අෂ්ටාංගික මාර්ගය සොයාගෙන ඒ තුළ ගමන් කරපු ජීවිතයක්. ඒ

සුගත ගුණය ගැන පැහැදීමෙන් ඉන්නවා. මේ ලෝකය ගැන බුදුරජාණන් වහන්සේ තුළ තියෙන අවබෝධය ගැන පැහැදීමෙන් ඉන්නවා. 'ලෝකවිදූ' කියන ගුණය ගැන පැහැදීමෙන් ඉන්නවා. ඒ වගේම උන්වහන්සේට පුළුවන් වුණා මේ ලෝක සත්වයාව කිසිදු ආයුධයකින් තොරව දමනය කරන්න. දැන් බලන්න අපි ඉන්ද්‍රිය සංවරයක් ඇති කරගත්තා නම්, අපි අකුසල් දුරුකරලා කුසල් වඩනවා නම්, මේ විදිහට අපි මේ තාමත් ටික ටික හරි දමනය වෙන්නේ අනුත්තරෝ පුරිසදම්මසාරථී ගුණයට නේද? 'උන්වහන්සේ අනුත්තරෝ පුරිසදම්මසාරථී ගුණයෙන් යුක්තයි' කියලා ඒ ගැන පැහැදීමෙන් ඉන්නවා.

මිනිසුන්ට පමණක් නොවෙයි, දෙවියන්ටත් හිතසුව පිණිස...

ඊළඟට බුදුරජාණන් වහන්සේ තමයි දෙවියන්ටයි, මිනිසුන්ටයි ශාස්තෘන් වහන්සේ. උන්වහන්සේ භික්ෂූන් වහන්සේලාට දේශනා කළා, "මහණෙනි, (**දේසේථ භික්ඛවේ ධම්මං**) ධර්මය දේශනා කරන්න" කියලා. ඒකේ උන්වහන්සේ දේශනා කරන්නේ කොහොමද? චාරිකාවේ වඩින්න. ඒ කියන්නේ ගිහින් ධර්මය කියන්න. (**ලෝකානුකම්පාය අත්ථාය හිතාය සුඛාය දේවමනුස්සානං**) "දෙවියන්ට, මිනිසුන්ට හිතසුව පිණිස ලෝකානුකම්පාවෙන් ධර්මය කියන්න..." කියලා. එහෙනම් දැන් අපි මිනිසුන්ට විතරනේ කියන්නේ. දෙවියන්ටත් හිත සුව පිණිස මේක කියන්න කියනවා. එහෙම නම් බුදුරජාණන් වහන්සේගේ ධර්මය මිනිසුන්ට පමණක් නෙමෙයි, දෙවියන්ටත් හිත සුව පිණිස පවතිනවා.

එතකොට මේ ධර්මය අපි කතා කළේ නැත්නම්

දෙවියන්ටත් ඇහෙන්නෙත් නෑ. අපි ගත්තොත් ඉන්නවෝ පොළොවවාසී දෙවිවරු, වෘක්ෂ දෙවිවරු, ප්‍රාදේශීය දෙවිවරු... දැන් මිනිස්සුන්ට වෙච්ච විපතම දෙවියන්ටත් වෙලා. මොකක්ද ඒ? දෙවියන්ට ධර්මය කියන්න කෙනෙක් නෑ. දෙවිවරුත් අහුවෙලා තියෙනවා මිනිස්සුන්ගේ වංචාවලට. මනුස්සයෙකුගෙන් වැඩක් ගන්න මිනිස්සු පුරුදුවෙලා තියෙන්නේ කොහොමද? ඔන්න කාගෙන් හරි වැඩක් ගන්න ඕන. ඔන්න මොනවහරි හදාගෙන, වැලිතලප ටිකක් හදාගෙන යනවා. ඇත සිට හිනාවේගෙන යනවා, 'ආ... දැක්ක කල්' කියල ගිහිල්ලා අතගානවා. 'ආ... පාට වැටිලා. ලස්සන වෙලා.' අතගානවා. අරයා පහදිනවා ඉතින්. ඊට පස්සේ ඉතින් එහෙම කතාවෙන් කතාවෙන් මග අරින්න බැරි තැනට එනවා. ඊට පස්සේ කියනවා, 'මට මේ වැඩේ කරලා දෙන්න' කියලා. ඉතින් කරලා දෙන්න වෙනවා.

මනුෂ්‍යයන්ට වෙච්ච දේ ම යි...

දෙවියන්වත් මිනිස්සු හිරකරනවා මේ වගේ, මගහරින්න බැරි තැනට. මිනිස්සු ඔන්න ගිහිල්ලා පූජා වට්ටියක් අරගෙන ගිහින් තියෙනවා. ඊටපස්සේ ඔබවහන්සේ මෙහෙමයි. මෙහෙමයි.. මෙහෙමයි...' කියලා ස්තෝත්‍ර කියනවා. දැන් දෙවියන් 'ආ... මේ මා කෙරෙහි ප්‍රසාදයට පත්වෙච්ච කෙනෙක් ඇවිල්ලා.' ඊට පස්සේ 'එතකොට දෙවියන්ගේ හිත පහදිනවා. ඊට පස්සේ කියනවා 'අනේ! අරක කරලා දෙන්න...' එතකොට මිනිස්සු විසින් දෙවියන්ව අල්ලගන්නවා ඒ විදිහට.

එතකොට ඒ දෙවියන්ට පැහැදිච්ච ගොඩාක් ඉන්නවා, දෙවියන් ළඟ භූත කොටස් වෙලා. ඒ අය

මොකද කරන්නේ? අරවා කරලා දෙනවා ඉතින්. නමුත් වෙලා තියෙන්නේ එතැනදි දෙවියන්ගේ පින් ටිකට අලුතින් පින් රැස් වෙන්නේ නෑ. මනුෂ්‍යයන්ට වෙච්ච දේ ම යි.

මල් මාල ගොතනවා වගේ පින් කරන්න...

දැන් මනුස්ස ලෝකෙට අපි ආවේ අප විසින් රැස්කරපු පින්වල විපාක වශයෙන්. දැන් මේ ජීවිතයේදි බුදුරජාණන් වහන්සේගේ ධර්මයෙන් අපට ලැබුණ පණිවිඩයක් 'පිනට ආසා කරන්න. පින් කරන්න. දක්ෂ මල් කාරයෙක් ලස්සන මල් එකතුකර කර ගොතනවා වගේ පින් කරන්න. පින් එකතු කරන්න. පින් ඇතුව යන්න...' කියලා. එහෙනම් මිනිස්සු වගේම දෙවිවරු ඉපදිලා තියෙන්නෙත් ජීවිතේ කරපු පින් නිසා.

සමහරවිට මේ මනුස්ස ලෝකේ පින්කරපු අය ගිහින් උපදිනවා දෙවියන් අතර. දැන් මිනිස්සු කරන්නේ ඒ දෙවියන්ට සිහිකරවන්නේ නෑ පින් කිරීමේ වටිනාකම. බුද්ධ දේශනාවේ තියෙනවා දෙවියන් ගැන කියලා "මහණෙනි, දෙවියන් චුත වුණොත්... ඒ චුත වුණාට පස්සේ ආයේ දෙවියන් අතර උපදින්නේ, නියපොත්තට ගත්ත පස් ටිකක් වගේ පිරිසක්. වැඩි පිරිසක් සතර අපායට යනවා" කිව්වා. එහෙම නම් පිනෙන් යුක්තව ඉන්න දෙවියන්ට මේ අනතුර පේන්නේ නෑ. එහෙම නම් ප්‍රමාදය දෙවියන් තුළත් තියෙනවා. ප්‍රමාදය මිනිසුන් තුළත් තියෙනවා.

සම්මාන ලබන්න කවුද අකැමැති...?

මිනිස්සු තුළත් පිනට ලැබුණ ජීවිත ගත්තහම,

මිනිස්සු කැමතියි විනෝදෙන් ඉන්න. කාලා බීලා ඉන්න. සතුටින් ඉන්න. එහෙ මෙහෙ ගමන් බිමන් යන්න. ලෝකෙ බලන්න. සල්ලි උපදවා ගන්න. මේකනේ මනුෂ්‍යයන්ගේ ස්වභාවික ලක්ෂණය. ඇයි, පින නිසා එයාට ඒවා හැදිලා තියෙනවා. තවදුරටත් ඉන්ද්‍රිය දමනය කරගෙන පින් කරගන්න පෙළඹෙන්නේ කලාතුරකින්. දෙවිවරුනුත් එහෙමයි. හැමතිස්සේම මිනිස්සුන්ගෙන් පුද පූජාවල් ලැබෙන කොට... දෙවිවරුත් කැමතිනේ මනුෂ්‍යයෝ වගේ ගෞරවයට. මිනිස්සුන්ගෙන් සම්මාන ලබන්න කැමතියි. අන්තිමේදී මොකද වෙන්නේ? ඒ දෙවියන් ඒ පුද පූජාවල් ලබමින් ඉන්නවා. දෙවියන්ගේ දිව්‍ය ආයුෂ, දිව්‍ය වර්ණය, දිව්‍ය සැප, දිව්‍ය අධිපතිභාවය ගෙවිලා ගිහිල්ලා දිව්‍ය ජීවිතයෙන් චුතවෙන කල් දන්නේ නෑ.

සක් දෙවිඳු නූලෙන් බේරුණා...

එහෙනම් දෙවියන් කෙරෙහිත් අනුකම්පා කරන කෙනා දෙවියන්ට මේ කාරණය පැහැදිලි කරලා දෙවියන්ව ශ්‍රද්ධාවේ, සීලයේ, ශ්‍රුතයේ, ත්‍යාගයේ, ප්‍රඥාවේ පිහිටුවන්න ඕන. අන්න ඒක කවුද කළේ? බුදුරජාණන් වහන්සේ.

එක්තරා අවස්ථාවක තියෙනවා සක්‍ර දෙවියන් ගැන. සක්‍ර දෙවියන් බුදුරජාණන් වහන්සේ ළඟට ඇවිල්ලා පටිච්ච සමුප්පාදය ගැන ගැඹුරු ධර්මයක් අහනවා. මේ තණ්හාව නිසා සත්වයා භවයෙන් භවයට යන එක ගැන බුදුරජාණන් වහන්සේ විස්තරකරලා දෙනවා. දැන් මේ ධර්මය අහද්දී සක්‍ර දෙවියන්ගේ දිව්‍ය ආයුෂ එතැනම ඉවරවෙනවා. එතකොට එයා එයාගේ දිව්‍ය ආයුෂ ඉවර වෙච්ච මොහොතේ එතැනට ඇවිල්ලා තියෙන්නේ.

බුදුරජාණන් වහන්සේගේ ධර්මය අහලා බුදුරජාණන් වහන්සේ සරණ ගියපු ආනුභාවයෙන් ඒ ක්ෂණයේම එයා චුතවෙලා, ඒ ක්ෂණයෙම ආයේ සක්‍ර දෙවිඳු වෙලා එතැනම ආයෙමත් ඕපපාතිකව පහළ වුණා. ඒ වෙනස පිටස්තර කෙනෙකුට පේන්නේ නැති වේගයෙන්.

බුදුරජාණන් වහන්සේට කියනවා, "ස්වාමීනී, භාග්‍යවතුන් වහන්ස, මට පිහිටවුණා ඔබවහන්සේ. භාග්‍යවතුන් වහන්සේව මම සරණ ගියා. මට මේ ධර්මය ලැබුණා. මම මේ දැන් සක් දිව්‍ය ජීවිතයෙන් චුතවෙලා මේ දැන් අලුතින් ආයෙත් ඒක ලැබුණා..." කියලා. එහෙනම් බලන්න දෙවියන්ටත් තියෙන්නේ මේ ධර්මය ම යි පිහිටට.

කෝටි ගණන් දෙවිවරු මගඵල ලැබුවා...

එතකොට ඒ කෙරෙහි කරුණාවෙන් තමයි බුදුරජාණන් වහන්සේ දෙවියන්ගේත්, මිනිසුන්ගේත් ශාස්තෘන් වහන්සේ වෙන්නේ. මිනිසුන්ට වගේම දෙවියන් කෙරෙහි අනුකම්පාවෙනුත් බුදුරජාණන් වහන්සේ ධර්මය දේශනා කළා. දෙවියන්, බඹුන් කෙරෙහිත් අනුකම්පාවෙන් බුදුරජාණන් වහන්සේ ධර්මය දේශනා කළා. දෙවිවරුන් දස දහස් ගණන්, කෝටිගණන් මාර්ගඵල ලැබුවා.

දෙවිවරුත් නුවණැති වුණේ...

දිනක් දෙවි කෙනෙක් ඇවිල්ලා බුදුරජාණන් වහන්සේට කියනවා විස්තරයක්, දිව්‍යලෝකවල දෙවිවරු ධර්මය සාකච්ඡා කරන ඒවා, ධර්මය කියන ඒවා ගැන. ඊට පස්සේ බුදුරජාණන් වහන්සේ ඒ දෙවියාගෙන් අහනවා, "ඔබ මේ ගැඹුරු දේවල්නේ කථා කරන්නේ. ඔබ කොහෙන්ද

ඉගෙන ගත්තේ...?" "අනේ ස්වාමීනී, භාග්‍යවතුන් වහන්ස, මේ බුදු සසුනේමයි... මේ බුදු සසුනේමයි..." කියනවා. එතකොට බලන්න... දෙවිවරුන්ටත් මේ කියන කාරණාවල් අවශ්‍යයි. එතකොට දෙවිවරුන්ටත් සිහිය කියන එක උපදවා ගැනීමේ අවශ්‍යතාව තියෙනවා. වීරිය උපදවාගැනීමේ හැකියාව තියෙනවා. සතර සතිපට්ඨානය වැඩීමේ හැකියාව තියෙනවා. ප්‍රඥාව උපදවාගැනීමේ හැකියාව තියෙනවා. ඇයි, ඒක සුගතියනේ. අන්න ඒ නිසා බුදුරජාණන් වහන්සේ දෙවියන්ගේත්, මිනිසුන්ගේත් ශාස්තෘන් වහන්සේ කියලා අපට තියෙන්න ඕනෙ ඒ ගැන පැහැදීමක්.

යටගිය අතීතයක... විශ්මිත හෙළිදරව්ව...

ඊළඟට බුදුරජාණන් වහන්සේ තමයි අපට මේවා අවබෝධ කරන්න පුළුවන් ආකාරයට දේශනා කළේ. බුදුරජාණන් වහන්සේ මේවා දේශනා කළේ නැත්නම්, අපිට කිසිම දවසක මේ කාරණා තේරෙන්නේ නෑ.

දැන් අපි ගම්මු පසේබුදුරජාණන් වහන්සේලා ගැන. දැන් අපි අහලා තියෙනවා ලෝකයේ පසේ බුදුරජාණන් වහන්සේලා පහළ වෙනවා. කවුද ඒක ප්‍රකාශ කළේ? බුදුරජාණන් වහන්සේම උන්වහන්සේගේ බුදු මුවින් දේශනා කළා පසේබුදුරජාණන් වහන්සේලා පහළ වෙනවා කියලා. ඒ මේ ලෝකේ ධර්මය කතා කරන්නේ නැති කාලවල. හැබැයි ලෝකයට චතුරාර්ය සත්‍ය පතුරුවාගෙන යෑමක් නෑ. උන්වහන්සේලා තනියම චතුරාර්ය සත්‍ය අවබෝධ කරලා, උන්වහන්සේලාගේ පාඩුවේ ජීවත්වෙලා පිරිනිවන් පානවා. උන්වහන්සේලා සුළුවෙන් සුළුවෙන් ලෝක සත්වයාට, දන් පැන් දෙන

අයට යමක් කියනවා ඇති. ඒ ගැන හිත පැහැදුණොත් ඒ ඇත්තෝ සුගතියේ යනවත් ඇති.

අවබෝධයට පත් වූ බුදුරජාණන් වහන්සේ, අවබෝධය පිණිස දහම් දෙසූ සේක...

නමුත් මේ වගේ දෙව් මිනිස් ලෝකයාටම සත්‍යය ප්‍රකට කරන්නේ සම්මා සම්බුදුරජාණන් වහන්සේ නමක් පමණයි. ඉතින් ඒ බුදුරජාණන් වහන්සේගේ තියෙන 'බුද්ධ' කියන ගුණයට. (**බුද්ධෝ සෝ භගවා, බෝධාය ධම්මං දේසේති**) ඒ බුදුරජාණන් වහන්සේ අවබෝධය ඇතිකරගෙන, අන් අයට අවබෝධය ඇතිකරවන්නට ධර්ම දේශනා කරනවා. ආන්න ඒ ගැන අපේ හිතේ පැහැදීමක් ඇති කරගන්නට ඕනෙ.

ඊළඟට උන්වහන්සේ මේ ගුණ දැරීමට තරම් භාග්‍යවන්තයි. මේ ගැන පැහැදීම ඇති කරගැනීම මොන සම්පදා ද...? ශ්‍රද්ධා සම්පත්තිය. මේක අපි ඇති කරගන්න ඕනෙ. එතකොට අපි දැන් සම්පත් කීයක් ඇති කරගන්නට ඕනෙද? පහයි. මොනවද ඒ පහ? උට්ඨානසම්පදා, ආරක්ඛසම්පදා, කල්‍යාණමිත්තතා, සමජීවිකතා, ශ්‍රද්ධාසම්පදා.

06. සීල සම්පදා

සීල සම්පදා කියන්නේ සීල සම්පත්තිය. එහෙනම් කෙනෙක් වාසය කරනවා නම් ප්‍රාණඝාතයෙන් වෙන්වෙලා, ඒක එයාගේ සීල සම්පත්තිය. කෙනෙක් වාසය කරනවා නම් සොරකමෙන් වෙන් වෙලා, ඒ කියන්නේ එයා ප්‍රතිපත්තිමය වශයෙන් නුදුන් දෙයක් ගන්නේ නැත්නම්, එයා සීලයේ පිහිටලා ඉන්න කෙනෙක්. ඒක සීල සම්පත්තිය.

සොරකමින් වැළකී සිටීම සීල සම්පත්තියක්. ඊළඟට කාම මිත්‍යාචාරයෙන් වැළකී සිටීම. ඒක සීල සම්පත්තිය. මේක මනුෂ්‍යයන්ට තියෙන සම්පතක්. බොරුකීමෙන් වැළකී සිටීම සීල සම්පත්තිය. මත්පැන්, මත්ද්‍රව්‍ය පාවිච්චියෙන් වැළකී සිටීම සීල සම්පත්තිය. අපේ රටේ අවුරුදු දෙදහස් හාරසීයක් විතර මත්පැන් පාවිච්චියක් තිබිලා නෑ. සුද්දෝ තමයි පුරුදු කරලා තියෙන්නේ. අර එක්දහස් හයසිය ගණන්වල හිටිය රොබට් නොක්ස් කියනවා, 'ලංකාවේ මිනිස්සු මත්පැන් පානය කරන්නේ නෑ' කියලා. සුද්දන්ට බනින්නේ 'ගෙරිමස් කන සුද්දා' කියලා. එහෙමයි බනිනවා කියන්නේ. ඒ කියන්නේ අපේ රටේ මිනිස්සු කවදාවත් හරක් මස්වත් කාලා නෑ. මේ බොහෝම මෑතක තමයි මේවා ඔක්කොම පුරුදුවෙලා තියෙන්නේ. මත්පැන් බීලා නෑ. ඒවා ඔක්කොම පුරුදු කළේ සුද්දෝ.

සුද්දා කළ හදියක්...

දුම් පානය කියන එක තිබිලා නෑ. බොහෝම කලාතුරකින් තිබිලා තියෙනවා. ඒත් මේ බෙහෙත් කොළ වර්ග තමයි පානය කරලා තියෙන්නේ. එහෙම නැතුව දුම් පානය කරලා නෑ. දුම්කොළ පාවිච්චියක් ලංකාවේ තිබිලා නෑ. සුද්දෝ තමයි දුම් පානය පුරුදු කළේ. ටවුන් වල ගිහිල්ලා සුද්දෝ බොනවා. එතකොට සිංහලයෝ මොකද කරන්නේ? අර ලේන්සු කෑලි කරේ දාගෙන... දෙකට නැමී නැමී සුද්දෝ ගාවට යනවා. ගියාම මොකද සුද්දෝ කරන්නේ? සිගරට් එක දෙනවා "ආ... ඉඳා... බීපං..." සුද්දා බීලා පෙන්නනවා.

ඉතින් මේ ගොල්ලෝ මොකද කළේ? අපේ සිංහලයෝ ටික ඇස් දෙකත් ඇරන්, කටත් ඇරන් බලන්

හිටියා සුද්දා මේක බොන හැටි. සුද්දා මොකද කරන්නේ? සිගරට් එක උරලා දුම් වළල්ල පිටකරනවා කටින්. සිංහලයෝ උඩ ගියා මේක බලලා. ඔන්න පටන් ගත්තා. එහෙම තමයි අපට පුරුදු කළේ. බොන්න පුරුදු කළේ සුද්දෝ. මස් කෑම පුරුදු කළේ සුද්දෝ. මේවා ඉස්සර තිබුණේ නෑ.

බොන්න ටිකක් නැති මඟුල මොකටද...?

නමුත් මේ වෙනකොට කොච්චර නොමග ගිහිල්ලද කියන්නේ... ඔන්න මඟුල් ගෙයක් තියෙනවා. හැබැයි බොන්න නෑ. ඒ එන මිනිස්සු වැඩිපුර එන්නේ මොකේටද? බොන්න බලාගෙන. ඉතින් කියනවා, 'බොන්න ටිකක් නැති මඟුල මොකටද?' කියලා.

සමහර තැන් තියෙනවා මළගෙවල්. සොහොන හදන්න සෙනඟ නෑ බොන්න දුන්නේ නැත්නම්. මළගෙයක් වෙච්ච ගමන් බොන්න කැමති අය නිල මැස්සෝ වගේ කිට්ටුවෙනවා. ඊටපස්සේ ඒ ගොල්ලෝ රැඳිලා ඉන්නේ මොකේටද? වරින් වර ඒ ගොල්ලන්ට පොඩ්ඩ පොඩ්ඩ බොන්න දෙනවා. ඔන්න සම්පදා නෑ. මනුෂ්‍යයන් විනාශ වෙන කරුණු ඒවා. සීල සම්පදා කියන එක තියෙන්න ඕනෙ. සීල සම්පදාව කියලා බුදුරජාණන් වහන්සේ මෙතැනදි දේශනා කළේ පංචසීලය ගැන. පංචසීලය හරියට ආරක්ෂා කරනවා නම් සතුන් මැරීමෙන් වැළකිලා, සොරකම් කිරීමෙන් වැළකිලා, වැරදි කාම සේවනයෙන් වැළකිලා, මත්පැන් මත්ද්‍රව්‍ය පාවිච්චියෙන් වැළකිලා සිටිනවා නම් එයා තුළ සීල සම්පත්තිය තියෙනවා.

07. චාග සම්පදා

ඊළඟට බුදුරජාණන් වහන්සේ දේශනා කළා හත්වෙනි එක තමයි චාගසම්පදා. චාග සම්පදා කිව්වේ ත්‍යාග සම්පත්තිය. ත්‍යාග සම්පත්තිය තියෙන කොට එයා සකස්කොට දන් දෙනවා. ගෞරව සම්ප්‍රයුක්තව දන් දෙනවා. සිය අතින්, තමන්ගේ අතින් දන් දෙනවා. අහක නොදාන දේවල් දෙනවා. අහක දාන දේවල් නෙමෙයි දෙන්නේ. අහක දාන්නේ නැති දේවල් දෙනවා. 'තමන්ට ආපහු මේවා ලැබෙනවා නේද' කියන අදහසින් දෙනවා. මෙහෙම දෙනකොට ඒ ලබාගන්න එක්කෙනාට හොඳ දෙයක් ලැබෙනවා. දෙන එක්කෙනා හොඳ දෙයක් දෙනවා. ගරුසරු සහිතව දෙනවා. තමන්ගේ අත් දෙකෙන් දෙනවා. අන්න එබඳු දානය පිණිස මෙයා මසුරුමළ දුරුකරපු සිතින් තමයි ගෙදර වාසය කරන්නේ.

චුට්ටක් දීලා වරුවක් කියවනවා...

දන් දෙන එක්කෙනා, පින් දහම් කරන එක්කෙනා එකක් දීලා ඉවර කරලා 'ආයෙමත් ඊළඟ එක මම කොහොමද දෙන්නේ?' කියලා කල්පනා කරනවා. ලෝභ කෙනා එහෙම නෙමෙයි. චූට්ටක් දෙනවා. දීලා වරුවක් කියවනවා. වරුගණන් කියවනවා, 'මම අසවල් දේ දුන්නනේ...' කියලා වරුගණන් කියව කියවා ඉන්නවා. එයා අලුතෙන් දෙන්නේ නෑ. දන් දෙන්න පුරුදු වෙච්ච එක්කෙනා එහෙම නෙමෙයි. එකක් දීලා නවතින්නේ නෑ. එයා ඊළඟ එකට සූදානම් වෙනවා. ඒ වගේ එයා හැම තිස්සෙම ජීවිතයට දන්දීම කියන එක තියෙනවා. බුදුරජාණන් වහන්සේ දේශනා කරනවා එයා අත හෝදගෙන ඉන්නේ දන්දීම පිණිස. එයාගෙන් ඉල්ලන්න

සුදුසුයි. යාචයෝගා කියන්නේ ඒක. එයා ගාවට ඇවිල්ලා කවුරුහරි මොනවහරි ඉල්ලුවොත්, එයා පළුවන් හැටියට හොඳට දෙනවා. එයාගෙන් ඉල්ලන සුදුසුයි. (දානසංවිභාගරතෝ) එයා හරී ආසයි දන් බෙදන්න. අන්න ඒක ගිහි ජීවිතේ තුළ ඔබට තියෙන සම්පත්තියක්. චාග සම්පදා.

08. ප්‍රඥා සම්පත්තිය

අටවෙනි කරුණ තමයි පඤ්ඤා සම්පදා. ප්‍රඥා සම්පත්තිය. ප්‍රඥා සම්පත්තිය කියන්නේ මොකක්ද? **(උදයත්ථගාමිනී පඤ්ඤාය සමන්නාගතෝ හෝති. අරියාය නිබ්බේධිකාය පඤ්ඤාය සම්මා දුක්ඛක්ඛය ගාමිනියා)** ඒ ප්‍රඥාව තමයි අනිත්‍ය ගැන තියෙන අවබෝධය.

එහෙම නම් ගිහි කෙනෙකුට අනිත්‍ය ගැන තියෙන අවබෝධය එයා තුළ තියෙන සම්පත්තියක්. දැන් බලන්න බුදුරජාණන් වහන්සේ මේ ගිහි ජීවිතය ගතකරන කෙනාව ලෝකෝත්තර මාර්ගයෙන් ඉවත්කරලා තියෙනවද? එයාට ලෝකෝත්තර මාර්ගය ස්පර්ශ වෙවී තමයි මේක දියුණු කරන්න තියෙන්නේ. බලන්න කොච්චර ලස්සනයිද කියලා? ප්‍රඥාව කියන්නේ සම්පත්තියක්. ඊළඟ එක තමයි මේ ප්‍රඥාව කියන සම්පත්තිය ඇතිවුණාට පස්සේ එයාගේ ජීවිතයට අවබෝධය කියන එක බොහොම ඉක්මණට ඇතිවෙන එකක්.

මේ දුකෙන් මගේ ශාස්තෘන් වහන්සේ නිදහස් වුණා...

ඔබ දන්නවනේ සුප්පියා උපාසිකාව. සුප්පියා කිව්වේ කවුද? සීවලී හාමුදුරුවන්ගේ අම්මා. සුප්පියා

උපාසිකාවගේ දරුවා කුස ඇතුළේ වැඩුණා අවුරුදු හතයි, මාස හතයි, දවස් හතයි. සාමාන්‍යයෙන් මාස දහයකින් දරුවෙක් බිහි වෙන්න ඕන. මේ සුප්පියා උපාසිකාව සෝවාන්ඵලයට පත්වූ කෙනෙක්. ඒ සුප්පියා උපාසිකාව විවාහවෙච්ච සුප්පිය උපාසකතුමාත් සෝවාන්ඵලයට පත්වුණ කෙනෙක්. එහෙනම් ඒ දෙන්නා විවාහවෙන්න ඉස්සෙල්ලා සෝතාපන්න වෙච්ච දෙන්නෙක්.

දැන් ඔන්න මේ සුප්පියා උපාසිකාවගේ කුස ඇතුළේ දරුවා වැඩෙනවා. නමුත් බිහිවෙන්නේ නෑ. දැන් වේදනාව... වේදනාව එනකොට සුප්පියා උපාසිකාව මොකද කරන්නේ? විලාප දෙනවද? නෑ. දරුවට ශාප කරනවද? නෑ. මොකක්ද කරන්නේ? කුස අත ගගා කියනවා "අනේ! මේ දුකෙන් තමයි භාග්‍යවත් බුදුරජාණන් වහන්සේ නිදහස් වුණේ. මේ දුකෙන් මාගේ ශාස්තෘන් වහන්සේ නිදහස් වුණා. මේ දුකෙන් නිදහස් වන ධර්මයක් මාගේ ශාස්තෘන් වහන්සේ දේශනා කළා..." කිය කියා අතගාන්නේ බඩ.

කැරකි කැරකී ධර්මයටම...

බලන්න මේ ධර්මයට ආපු එක්කෙනා කැරකි කැරකි ධර්මයටම එන ලස්සන. වෙන කෙනෙක් නම් හතර දික්බාගේම දුවනවා. 'කිසි පිහිටක් නැතෙයි' කියයි මේකේ. දැන් ඔන්න අවුරුදු හතයි, මාස හතයි, දවස් හතක් ගියා. මේ ලෝකෙට හඬ ගගා කෑගහගෙන ගියේ නෑ. ඇයි? දෙන්නම ජීවිතේ ගැන අවබෝධයකින් යුක්තයි. ප්‍රඥාවන්තයි. මෙන්න මේ ලක්ෂණ, මේ සම්පත්ති තියෙනවා.

බුදුරජාණන් වහන්සේ ළඟට ගියා සුප්පිය උපාසක. ගිහින් කිව්වා, "ස්වාමීනී, භාග්‍යවතුන් වහන්ස, සුප්පියා උපාසිකාව අවුරුදු හතයි, මාස හතයි, දවස් හතක් මූඪගර්භව සිටිනවා. මේ සුප්පියා උපාසිකාව මහත් වූ වේදනාවකින් පෙළෙනවා. මහත් වේදනාවකින් පෙළෙද්දී ඒ සුප්පියා උපාසිකාව බුදුරජාණන් වහන්සේගේම ගුණ කිය කියා කුස අතගානවා, වේදනාව සමනය කරගැනීමට." මේ කරුණ සැලකළා.

දවස් හතක් මහා දාන...

බුදුරජාණන් වහන්සේ වදාළා, "සුප්පිය, ඒ සුප්පියා උපාසිකාව සුවපත් වේවා! ඒ සුප්පියා උපාසිකාව සුවපත් වූ දරුවෙකු බිහිකරාවා...!" කියලා සෙත් පැතුවා. එතැන සෙත් පැතුවා විතරයි, පෙරහන් කඩයකින් වතුර පෙරෙනවා වගේ කිසිම අපහසුවකින් තොරව ගෙදර එනකොට දරුවා බිහි වෙලා. හරි සතුටුයි.

හරි සතුටුවෙලා අනිත් සැණෙන් ආපසු දිව්වා බුදුරජාණන් වහන්සේ දකින්න. සුප්පිය උපාසක ගිහිල්ලා බුදුරජාණන් වහන්සේට වන්දනා කරලා කිව්වා, "ස්වාමීනී, සතුට ඉවසන්න බෑ. හරි සතුටුයි... මගේ බිරිඳ නීරෝගීව සුවසේ ඉන්නවා. පින්වන්ත ලස්සන පුතෙක් ලැබිලා ඉන්නවා. ස්වාමීනී, දවස් හතක් අපිට දන් දෙන්න ආසයි. ඒ සඳහා අපට අවස්ථාව ලබාදෙන සේක්වා..." බුදුරජාණන් වහන්සේ කිව්වා, "බොහෝම හොඳයි" කියලා.

එතකොට බුදුරජාණන් වහන්සේ ඇහුවා මුගලන් මහරහතන් වහන්සේගෙන් "මොග්ගල්ලාන, මේ දවස්වල දානේ කාටද තියෙන්නේ...?"

"ස්වාමීනී, උපාසක කෙනෙක් භාර අරන් ඉන්නවා."

"එහෙනම් ඒ උපාසකට කියන්න, 'ඔබේ දානේ වෙන දවසක දෙන්න. මේ සුප්පියා උපාසිකාවගේ දානය දෙන්න සලස්වන්න' කියලා."

මුගලන් මහරහතන් වහන්සේ වැඩියා අර දානේ භාරගත්ත පින්වතාගේ ගෙදරට. ගිහිල්ලා කිව්වා, "පින්වත් උපාසක, සුප්පියා උපාසිකාව අවු හතයි, මාස හතයි, දින හතක් මූඪගර්භව හිටියා. දැන් ඒ සුප්පියා උපාසිකාව නීරෝගීව ඉන්නවා සුවපත් දරුවෙකු බිහිකරලා. දැන් තෙරුවන් කෙරෙහි ප්‍රසන්නව බුදුරජාණන් වහන්සේ ප්‍රමුඛ භික්ෂු සංඝයාට දානය දෙන්න සූදානමින් ඉන්නවා."

ශ්‍රද්ධාවට නම් ඇපවෙන්න බෑ...

එතකොට මෙයා කියනවා, "අනේ ස්වාමීනී, හරි වැඩේනේ. දැන් දානෙට බඩු ගෙනැල්ලා තියෙන්නේ..." ඉතින් කිව්වා, "එහෙම නම් ස්වාමීනී, ඔබවහන්සේ කරුණු දෙකකට ඇප වෙන්න ඕනෙ කිව්වා. දානෙට ගෙනාපු බඩු නරක් නොවී තියෙන්න ඕන. මගේ ශ්‍රද්ධාව වෙනස් නොවී තියෙන්නත් ඕනෙ. එහෙනම් මේ දෙකට ඇපවෙන්න ඕන..." කිව්වා.

මුගලන් මහරහතන් වහන්සේ වදාළා, "පින්වත, බඩු නරක් නොවීම මං භාර ගන්නම්. හිත නරක් නොවෙන එක තමා සතුයි. ශ්‍රද්ධාව රැකගැනීම තමා සතු එකක්. ඒක මට ඇපවෙන්න බෑ. තමා සතු එකක් තමන්ගේ ශ්‍රද්ධාව රැකගන්න එක. ඒක පරිස්සම් කරන්න මට බෑ. මට පුළුවන් ඒ බඩුමුට්ටු ටික නම් පරිස්සම් කරලා දෙන්න."

කළයක් අස්සේ මොන සැපක්ද...?

දැන් ඔන්න දානේ දෙනවා දවස් හතම. දැන් අර පොඩි දරුවා ඇවිදිනවා. අවුරුදු හතයි, මාස හතයි, දවස් හතක් මව් කුසේ හිටියනේ. හොඳට මෝරපු ළමයෙක්. ඇවිදිනවා. දැන් මේ සීවලී කුමාරයා. ලස්සන පොඩි දරුවෙක්. ඇවිදලා කතාබස් කරනවා. හත්වෙනි දවසේ ඒ අම්මගේ ඇඟිල්ලේ එල්ලිලා මේ චූටි බබා ස්වාමීන් වහන්සේලාගේ මූණු බල බලා යනවා දූන්. සැරියුත් මහරහතන් වහන්සේ ළඟ නැවතුණා පොඩි දරුවා. හොඳට බැලුවා ඇස් ඇරගෙන සැරියුත් මහරහතන් වහන්සේ දිහා.

සැරියුත් මහරහතන් වහන්සේ ඇහුවා, "බබෝ, සැප සනීප කොහොමද...?" එතකොට අර චූටි එක්කෙනා කියනවා, "අනේ ස්වාමීනී, මොන සැපක්ද? මං අවුරුදු හතයි, මාස හතයි, දවස් හතක් කළයක් අස්සේ හිටියා."

සතුට වැඩිකමට වින්ඳ දුකත් අමතක වුණා...

අම්මට හරිම සංතෝසයි. "අනේ, මගේ මේ සිඟිති පුතා, ධර්ම සේනාධිපති සාරිපුත්ත මහරහතන් වහන්සේ එක්ක දොඩ දොඩ ඉන්න අපූරුව..." බුදුරජාණන් වහන්සේ දැක්කා මේ අම්මගේ හිත දරු සෙනෙහෙන් වෙලී යනවා.

බුදුරජාණන් වහන්සේ අහනවා, "සුප්පියා, ඔබ කැමතිද මේ වගේ දරුවන් ලැබෙනවට...?"

"අනේ ස්වාමීනී, මේ වගේ දරුවන් හතක් වුණත් මං කැමතියි." දැන් මේ කවුද කියන්නේ. සෝතාපන්න

වෙච්ච ශ්‍රාවිකාවක්.

ප්‍රඥාව තිබුණොත් සැණෙකින් ධර්මයට...

එතකොට බුදුරජාණන් වහන්සේගේ මුවින් නිරායාසයෙන් පිටවුණා ඕකට තමයි කියන්නේ **(අසාතං සාත රූපේන)** අමිහිරි දේවල් මිහිරි ස්වරූපයෙන්, **(පියරූපේන අප්පියං)** අප්‍රිය දේවල් ප්‍රිය ස්වරූපයෙන්, **(දුක්ඛං සුඛස්ස රූපේන)** දුක... සැප ස්වරූපයෙන්, මෙතැන ලස්සන වචනයක් තියෙනවා. **(පමත්තමතිවත්තති)** ප්‍රමාද කෙනාව යට කරනවා.

මේක කියපු ගමන් අර සුප්පියාට එක ක්ෂණයෙන් අර්ථ වශයෙන් වැටහුණා. දැක්කද ප්‍රඥා සම්පත්තියේ මහිමය? ප්‍රඥා සම්පත්තියේ ආනුභාවය? ප්‍රඥා සම්පත්තිය තිබ්බේ නැත්තම් දරු සෙනෙහසින් එයාගේ හිත වැහෙනවා. දන් දුක්කනේ එයාගේ හිත දරු සෙනෙහසින් වැහිලා නෑ.

එක දරුවෙක්වත් එපා...

දරු සෙනෙහසෙන් හිත වැහුණා නම් මොකද වෙන්නේ? අර අදහසට විරුද්ධව එයා හිතනවා 'එයාට බැන්නා. එයාට දොස් කිව්වා' කියලා. දරු සෙනෙහසින් හිත වැහුණා නම්, අවිද්‍යාවට බැඳුණා නම් හිතන්නේ එහෙම තමයි. නමුත් මෙයා මාර්ගඵලලාභී කෙනෙක් නේ. ඒ නිසා අවිද්‍යාවට බැඳිලා නෑ. හැමතිස්සේම එයාගේ ජීවිතේ ප්‍රඥා සම්පත්තිය තියෙනවා. යෝනිසෝ මනසිකාරය තියෙනවා. එකවරම අර්ථ වශයෙන් වැටහුණා. "අනේ ස්වාමීනී, මට එක දරුවෙක්වත් එපා" කිව්වා ඒ මොහොතෙම.

බලන්න ඒ බණ පදය අහලා, අර්ථ වටහාගෙන එහෙම ප්‍රකාශයක් මුවින් පිටවෙන්න, මොනතරම් ප්‍රඥා සම්පත්තියක් එතුමිය තුළ පිහිටලා තිබෙන්න ඇද්ද? මේ නිසා මේ ප්‍රඥා සම්පත්තිය අපේ ජීවිත තුළ තිබෙන්නට ඕනෙ.

ඒ ප්‍රඥා සම්පත්තියෙන් තමයි අපි මේ ලෝකය තුළ පැටලෙන්නේ නැතුව ඒවායින් බේරෙන්න උපකාර වෙන්නේ. ප්‍රඥා සම්පත්තිය තිබුණේ නැත්නම්, නුවණින් මෙනෙහි කිරීම පිහිටන්නේ නෑ. නුවණින් මෙනෙහිකිරීම තිබුණේ නැත්නම්, ප්‍රඥා සම්පත්තිය පිහිටන්නේ නෑ. ඒ නුවණින් මෙනෙහි කිරීම තුළ එයා ජීවිතය ගැන කල්පනා කරනවා. ජීවිතය ගැන නුවණින් විමසනවා.

නිතරම කල්පනා කරන්න...

බුදුරජාණන් වහන්සේ එක් තැනක දේශනා කරලා තියෙනවා 'ස්ත්‍රියක් වුණත්, පුරුෂයෙක් වුණත්, ගිහි වුණත්, පැවිද්දෙක් වුණත් නිතර නිතර කල්පනා කළ යුතු දේවල් අතර එකක් තමයි අපි මරණයට පත්වෙනවා. මරණය ඉක්මවා ගියපු අය නෙමෙයි කියන එක. ඒ නිසා මැරෙන්න එපා... කියන කරුණ අපට ලබන්න බෑ.

ඊළඟ එක තමයි 'නැසී, වැනසී යන දේවල් නැසී වැනසී යන්න එපා...' කියන කරුණ අපට ලබන්න බෑ.

'ජරාවට පත්වෙන දේවල් ජරාවට පත්වෙන්න එපා...' කියලා ලබන්න බෑ.

'හොඳ වේවා, නරක වේවා, යම් කර්මයක් සිද්ධවෙනවද ඒක විපාක දෙන්න එපා...' කියන කරුණ අපට ලබන්න බෑ.

මේ කාරණා නිතර නිතර හිතන්න කියනවා. ඒ කෙරෙහි අපි නොසිතා හිටියොත් තමයි නොමග යන්න තියෙන්නේ. ඒවා නිතර නිතර හිතනවා නම් තමයි ඒ කෙනා ප්‍රඥාවන්ත කෙනෙක් වශයෙන් තමන්ගේ ජීවිතේ ගැන නුවණින් සලක සලකා, නුවණින් කල්පනා කර කර, නුවණින් විමස විමසා දියුණු කරගන්නේ. ඒක අපේ ජීවිතේට විශාල ලාභයක්. ඉතින් එහෙම කෙනා හැම තිස්සෙම ප්‍රඥාවෙන් තමයි කල්පනා කරන්නේ. නුවණින් තමයි කල්පනා කරන්නේ ජීවිතේ ගැන.

අපිට තාමත් ගැලවෙන්න බැරිවුණා...

චුට්ටක් හිතලා බලන්න... අපි මේ ගතකරන ජීවිතේ ගැන. අපි සංසාරේ කොයිතරම් ජීවිත ලබපු අයද? අපට සංසාරේ කෙළවරක් නැතිව මේ වගේ ජීවිත හම්බවෙලා තියෙනවා. සත්තු අතරේ ඉඳලා තියෙනවා කෙළවරක් නැතුව. ජලයේ ඉපදිලා තියෙනවා කෙළවරක් නැති ජීවිතවල. දෙවියන් අතර, බඹුන් අතර කලාතුරකින් අපි ගිහිල්ලා ඇති.

සත්‍යයට කවදා වෙනකම් පිටුපාන්නද...?

ඒ නිසා අපි කෙළවරක් නැති ගමනක ගමන් කරමින් හිටපු ජනතාවක්. අපි හැමතිස්සේම හිරවෙලා හිටියේ ඇසට, කණට, නාසයට, දිවට, ශරීරයට, මනසට. මේකෙන් අපට ගැළවෙන්න බැරිවුණා තාමත්. මේ ගැන අපි අනිත්‍ය වශයෙන් නුවණින් විමසන්නට පටන්ගන්න දවසට,. නුවණින් විමස විමස යනකොට අපිට ඡායාමාත්‍රව යාන්තම් තේරුම්ගැනීමක් ඇතිවෙන්න පුළුවන් 'හැබෑව නේන්නම.. මේවා අනිත්‍යයි' කියලා.

දුක් විඳීම මත නොවෙයි... ප්‍රඥාව දියුණුවීම මතයි...

අපිව කොච්චරවත් මේ ලෝකයේ මිනිස්සු මැරෙනවා පේනවා. වයසට යනවා පේනවා. ලෙඩවෙනවා පේනවා. ඒ වුණාට අපට 'මේවා අනිත්‍යයි' කියන එක නුවණින් විමස විමසා බලන තුරු හිතට වදින්නේ නෑ. හිතට කාවදින්නේ නෑ. බුදුරජාණන් වහන්සේගේ ධර්මය දුක් විඳලා අවබෝධ කරන එකක් නෙමෙයි. ධර්මය තියෙන්නේ දුක් විඳීම තුළ නෙමෙයි. මේ ධර්මය තුළ තියෙන්නේ ප්‍රඥාව දියුණු කිරීම මත මිසක්, දුක්විඳීම මත නෙමෙයි. දැන් බලන්න මේ ධර්මය කොච්චර පැහැදිලිද කියලා? බුද්ධ කාලේදී බොහෝ දෙනෙක් හිතුවේ මේ ධර්මය තියෙන්නේ කුමක් මත කියලද? දුක් විඳීම මත කියලා. ඒ නිසා ගිහි ජීවිතේ අත්හැරපු අය කෙළින්ම පෙළඹුණේ මොකේටද? අත්තකිලමථානුයෝගයට. දුක් විඳලයි මේකෙන් බේරෙන්න තියෙන්නේ කියලා, නොකා නොබී හිටියා. කටු සයනවල සැතපී හිටියා. තනි කකුලෙන් හිටගෙන හිටියා. ඊළඟට තනි කකුලෙන් හිටගෙන හුලං බිබී හිටියා. සමහරු අසූචි කෑවා දුකෙන් නිදහස්වෙන්න හිතාගෙන. සමහරු ගොම කෑවා දුකෙන් නිදහස්වෙන්න හිතාගෙන. හම් තම්බලා බිව්වා, ආහාරවලින් පිරිසිදු වෙයි කියලා හිතාගෙන. සමහරු ගස්වල මුල්, කොළ ආදිය කෑවා දුකෙන් නිදහස් වෙන්න කියලා හිතාගෙන. එක එක දුෂ්කර ව්‍රතවල යෙදෙන්න පටන් ගත්තා.

මිථ්‍යාව බැහැරකර ආර්ය සත්‍ය මතුකර දෙන ප්‍රඥාවක්...

'ප්‍රඥාව දියුණුකිරීම මත මේකේ තියෙන්නේ.' කියලා ලෝකෙ කවුරුත් දන්නේ නෑ බුදුරජාණන්

වහන්සේ කියාදෙන තුරු. උන්වහන්සේ කියලා දුන්න ඒ ප්‍රඥාව නිකම්ම එකක් නෙමෙයි. ජීවිතේ අවබෝධය ඇති කරවන, හේතුඵල දහම මනාකොට පෙන්වාදෙන, ආර්ය සත්‍ය මතුකරලා දෙන ප්‍රඥාවක්. ඒ ප්‍රඥා සම්පන්න, දිට්ඨි සම්පන්න ශ්‍රාවකයා තමයි අවබෝධ කරගන්නේ, 'හේතුඵල දහමකින් තමයි මේ දේ සිද්ධවෙන්නේ' කියලා.

අවිද්‍යා වැරහැලි ඉවතලා...

මේ දීර්ඝ සංසාරේ අපි ගමන් කරන්නේ ස්ථිර වූ දෙයක් තිබිලා නෙමෙයි. මේ හේතු නවත්තගන්න විදිහක් නෑ අපට. ඇයි දන් අපට හැදිලා තියෙනවානේ මිච්ඡා දිට්ඨි, මිච්ඡා සංකල්ප, මිච්ඡා වාචා, මිච්ඡා කම්මන්ත, මිච්ඡා ආජීව, මිච්ඡා වායාම, මිච්ඡා සති, මිච්ඡා සමාධි, මිච්ඡා ඤාණ, මිච්ඡා විමුක්ති. මේවා හැදිලා තියෙන්නේ සංසාරේ ගමන්කරන එක්කෙනා තුළ. ඉතින් මේකෙන් ගැලවෙන්න එපායැ. ඒක සිඳ බිඳ ගෙන යන ආකාරයට සම්මා දිට්ඨියට එන්න ඕනේ. සම්මා සංකල්ප, සම්මා වාචා, සම්මා කම්මන්ත... මේ ආදී ඒ ආර්ය ධර්ම තමන්ගේ ජීවිතේ තුළ අර මිථ්‍යා මාර්ගය බිඳගෙන ඉස්සරහට එන්න ඕනෙ.

සැමටම පොදු ධර්මතාවය...

මෙතැන හේතුප්‍රත්‍ය ධර්මයක් නේ තියෙන්නේ. ඉබේ සංසාරේ හැදිලා නෙමෙයිනේ. හේතු නිසා මේ දුක පවතින්නේ. එතකොට මේ හේතු නිසා සකස්වෙච්ච ලෝකේ ඒ හේතු තියෙනකල් සකස් වෙවී යනවා. හේතු නැතිවුණාම නිරුද්ධ වෙලා යනවා. අනිත්‍ය දේවල්වල තියෙන ස්වභාවික දේ තමයි ඒ ධර්ම න්‍යාය. අනිත්‍ය

දෙයක තියෙන ලක්ෂණය මොකක්ද? අනිත්‍ය දෙයක් හටගන්නේ හේතු නිසා. හේතු නිසා හටගන්නා වූ ඒ දේ, හේතු සකස් වෙවී තියෙනකල් පැවති පැවතී තියෙනවා. හේතු සකස්වීම නිරුද්ධ වුණාම ඒක නිරුද්ධවෙලා යනවා. ඒක තමයි තියෙන ධර්මතාවය. ඒ ධර්මතාවය මත තමයි මේ ලෝකෙ තියෙන්නේ.

පැතීමක් ගැන කතාවක් නෑ...

ඉතින් ඒ නිසා අපි ප්‍රාර්ථනා කළාට ප්‍රාර්ථනාවෙන් නෙමෙයි ඒක සිද්ධවෙන්නේ. ඒක සිද්ධවෙන්නේ ක්‍රියාවෙන්. ආර්ය අෂ්ටාංගික මාර්ගයේ මාර්ගාංග ඔක්කොම ගත්තොත්, ඒ එකකවත් තියෙනවද පැතීමක් ගැන 'සම්මා පැතීම' කියලා? එහෙම පැතීමක් නෑනේ.

පැතීමකින් වෙනස් කරන්න පුළුවන් වෙන්නේ ආත්මයක් තිබ්බොත් නේ. අනන්ත ලක්ඛණ සූත්‍රයේ තියෙනවා, **(රූපං භික්ඛවේ අනත්තා)** "මහණෙනි, රූපය අනාත්මයි. **(රූපං ච හිදං භික්ඛවේ අත්තා අභවිස්ස)** මහණෙනි, රූපය ආත්මයක් වුණා නම්, **(නයිදං රූපං ආබාධාය සංවත්තෙය්‍ය)** මේ රූපය ආබාධය පිණිස පවතින්නේ නෑ. ආත්මයක් වුණා නම් **(ලබ්භේථ ච රූපේ)** රූපයෙන් මේවා ලැබෙන්න ඕනේ. **(ඒවං මේ රූපං හෝතු)** මාගේ රූපය මෙසේ වේවා. **(ඒවං මේ රූපං මා අහෝසි)** මාගේ රූපය මෙසේ නොවේවා කියලා මේක ලබන්න බෑ.

ප්‍රඥාවෙන් තේරුම්ගන්න දවසටයි...

එහෙනම් අපිට අපේ ජීවිතයේ 'මාගේ වේදනාව, මාගේ සංඥාව, මාගේ සංස්කාර, මාගේ විඤ්ඤාණය

මෙසේ වේවා...' කියලා ලබන්න බෑ. මේවා මෙසේ නොවේවා... කියලා ලබන්නත් බෑ. මොකද හේතුව? අනාත්මයි. මේ කාරණය ප්‍රඥාවෙන් අපි තේරුම් ගන්න දවසට තමයි අපේ ශ්‍රද්ධාවත් එක්ක අපට තේරුම් ගන්න පුළුවන් වෙන්නේ; එහෙනම් මෙතන තියෙන්නේ ක්‍රියාවකින් සකස්වෙවී යන, හේතුවකින් සකස් වෙවී යන දෙයක් කියලා.

දැන්වත් නැඟිටිමු...

දැන් අපි අකුසල් කළා කියමු. ඒක අපි ක්‍රියාවකින් නෙමෙයිද කරන්නේ? කයින් හෝ වචනෙන් හෝ මනසින් හෝ කරන්න තියෙන්නේ. ඔන්න අපි කුසල් කළා කියමු. කුසලුත් කරන්න තියෙන්නේ කයින්, වචනයෙන්, මනසින්. එහෙනම් සකස් වුණේ හේතුවකින් නම්, ඒ හේතුව හැටියට තියෙන්නේ ලෝභ සහගතව ක්‍රියාවලියක් නම්, ඒක සකස් වෙන්නේ අයහපත පිණිසයි. ඒ ක්‍රියාවලිය නවත්වන ක්‍රියාවලියක් ඇතිවුණොත් ඒ සකස්වීම නැවතිලා යනවා. ඒක ධර්මතාවයක්. අන්න ඒ ධර්මතාවය තමයි මේ ප්‍රඥාවෙන් යුක්තව ශ්‍රාවකයා වටහා ගන්නේ.

බලන්න... මෙයා පටන්ගන්නේ මොකෙන්ද? උට්ඨාන සම්පදාවෙන්. හොඳට හරි හම්බකරන ගිහි කෙනා මෙතැනින් තමයි පටන්ගන්නේ. උට්ඨානසම්පදා, ආරක්ඛසම්පදා, කල්‍යාණමිත්තතා, සමජීවිකතා, ශ්‍රද්ධාසම්පදා, සීල සම්පදා, චාගසම්පදා, ප්‍රඥා සම්පදා.

ඒ නිසා මේ ජීවිතය ආර්ය ජීවිතයක් බවට පත්කරගන්න...

මේ සම්පත්ති අටෙන් මනුෂ්‍යයා සමන්විත නම්, මේ අෂ්ට සම්පත්තියෙන් යුක්ත නම්, එයා මේ සංසාරේ පුරා ගෙවාපු ජීවිතවලට වඩා තමන්ට මේ ලැබිච්ච ජීවිතේ වෙනසක් නැද්ද? අනිවාර්යයෙන්ම තියෙනවා. සංසාරේ පුරා තිබිච්ච ජීවිතයට වඩා මේ ජීවිතේ ඒකාන්තයෙන්ම වටිනවා. එයාගේ ජීවිතේ ආර්ය ජීවිතයක් බවට පත් කරගන්න පුළුවන්. ශ්‍රේෂ්ඨ ජීවිතයක් බවට පත් කරගන්න පුළුවන්. ගෞතම බුදු සසුනක පිහිට ලැබූ උදාර ශ්‍රාවකයෙක් බවට පත්වෙන්න පුළුවන්. නිකම් යන්නන් වාලේ සසරේ යන කෙනෙක් නොවේ. ඉතින් මේ නිසා ඒ උතුම් සම්පත් තමන්ගේ ජීවිත වලට ඇති කරගෙන, ඒ උතුම් සම්පත් තුළ පිහිටා, මේ ගෞතම බුදු සසුනේ පිළිසරණ ලැබූ උතුම් ශ්‍රාවකයෙකු වීමේ වාසනාව උදාවේවා!

සාදු! සාදු!! සාදු!!!

මහාමේඝ ප්‍රකාශන

● ත්‍රිපිටක පොත් වහන්සේලා :

01. මජ්ඣිම නිකාය 1 කොටස
(මූල පණ්ණාසකය)
02. සංයුත්ත නිකාය 1 කොටස
(සගාථ වර්ගය)
03. සංයුත්ත නිකාය 2 කොටස
(නිදාන වර්ගය)
04. ඛුද්දක නිකාය 1 කොටස
05. ඛුද්දක නිකාය 2 කොටස
(විමාන වත්ථු , ප්‍රේත වත්ථු)
06. සංයුත්ත නිකාය 3 කොටස
(ඛන්ධක වර්ගය)
07. දීඝ නිකාය 1 කොටස
(සීලස්කන්ධ වර්ගය)
08. සංයුත්ත නිකාය 4 කොටස
(සළායතන වර්ගය)
09. අංගුත්තර නිකාය 1 කොටස
(ඒකක, දුක, තික නිපාත)
10. මජ්ඣිම නිකාය 2 කොටස
(මජ්ඣිම පණ්ණාසකය)
11. මජ්ඣිම නිකාය 3 කොටස
(උපරි පණ්ණාසකය)

● සදහම් ග්‍රන්ථ :

01. කියන්නම් සෙනෙහසින් මිය නොයන් හිස් අතින්
02. තෝරාගනිමු සැබෑ නායකත්වය
03. පැහැදිලි ලෙස පිරිසිදු ලෙස දෙසූ සේක සිරි සදහම්
04. දම් දියෙන් පණ දෙව් විමන් සැප
05. බුදුවරුන්ගේ නගරය
06. සයුර මැද දූපතක් වේ ද ඔබ...?
07. ගිහි ගෙයි ඔබ ඇයි?
08. ඔබේ සිත සමඟ පිළිසඳරක්
09. මෙන්න නියම දේවදූතයා
10. ආදරණීය වදකයා
11. සයුරේ අසිරිය ධර්මයේ
12. විෂ නසන ඔසු
13. සසරක ගමන නවතන නුවණ
14. විස්මිත හෙළිදරව්ව
15. දිළිසෙන සියල්ල රත්තරන් නොවේ
16. අනතුරින් අත්මිදෙන්නට නම්...
17. අතරමං නොවීමට...
18. සුන්දර ගමනක් යමු
19. කවදා නම් අපි නිදහස් වෙමුද?
20. ලෙඩ දුක් වලින් අත්මිදෙන්නට නම්...
21. ලෝකය හැදෙන හැටි
22. යුද්ධයේ සුළමුල
23. රහතන් වහන්සේ මරණින් මතු ඇත නැත
24. නුවණැස පාදන සිරි සදහම්
25. මරණය ඉදිරියේ අසරණ නොවීමට නම්
26. අපේ නව වසර බුද්ධ වර්ෂයයි
27. පිරුවානා පොත් වහන්සේ
28. හේතුවක් නිසා
29. අවබෝධ කළ යුතු ධර්මය මෙයයි
30. සැබෑ බිරිඳ කවුද?
31. පහන් සිළ නිවෙන ලෙස පිරිනිවී වැඩි සේක
32. සසරට බැඳෙමුද සසරින් මිදෙමුද?
33. රහතුන්ගේ ධර්ම සාකච්ඡා
34. සැබෑ දියුණුවේ රන් දොරටුව
35. බලන් පුරවරක අසිරිය
36. මමත් සිත සමාහිත කරමි බුදු සමිඳුනේ...
37. එළිය විහිදෙන නුවණ
38. සැබෑ ශ්‍රාවකයා ඔබ ද?
39. අසිරිමත් ය ඒ භාග්‍යවතාණෝ...
40. නුවණැත්තෙක් වෙන්නට නම්
41. බුද්ධියේ හිරු කිරණ
42. නිවන්නට භව ගිමන් දෙසූ සදහම් ගිමන්
43. සිතට සුවදෙන භාවනා
44. ඒ භාග්‍යවතුන් වහන්සේගේ ශ්‍රාවකයා වෙමි මම
45. සසරක රහස
46. නුවණින් ලොව් එළිය කරනා මහා ඉසි-වරයාණෝ
47. ස්වර්ණමාලී මහා සෑ වන්දනාව
48. සොඳුරු හුදෙකලාව

49. මඟ හොඳට තිබේ නම්...
50. මගේ ලොව හිරු මඬල ඔබයි බුදු සමිඳුනේ
51. නුවණැත්තන් හට මෙලොවේ - දකින්ට පුළුවනි සදහම්
52. සිත සනසන අමා දහම්
53. අසිරිමත් සම්බුදු නුවණ
54. ගෞතම සසුනේ පිහිට ලබන්නට...
55. බුදුරජාණන් වහන්සේ කුමක් වදාළ සේක් ද?
56. පින සහ අවබෝධය
57. සැබෑ බසින් මෙම සෙත සැලසේවා
58. සැපයක්ය එය නුඹට - සැනසෙන්න මෙත් සිතින්
59. අසත්‍යයෙන් සත්‍යයට...
60. කවුරුද ලොව දැකගත්තේ - ඒ සම්බුදු සිරි සදහම්
61. පිරිනිවුණි ඒ රහත් මුනිවරු
62. බාධා ජයගත් මගමයි යහපත්
63. භව පැවැත්මේ සැබෑ ස්වභාවය
64. සුගතියට යන සැලැස්මක්
65. පින් මතුවෙන වන්දනා
66. බුදුමුවින් ගලා ආ - මිහිරි දම් අමා දුන්
67. ශ්‍රී සම්බුද්ධත්ව වන්දනා
68. යළි යුගයක් ආවා ලොව සම්බුදු
69. පිනක මහිම
70. බුදු නෙතින් දුටු හෙට දවසේ ලෝකය

● සදහම් සිතුවම් පොත් පෙළ :

01. ඡත්ත මාණවක
02. බාහිය දාරුචීරිය මහරහතන් වහන්සේ
03. පිණ්ඩෝල භාරද්වාජ මහරහතන් වහන්සේ
04. සුමන සාමණේර
05. අම්බපාලී මහරහත් තෙරණියෝ
06. රට්ඨපාල මහරහතන් වහන්සේ
07. සක්කාර නුවර මසුරු කෝසිය
08. කිසාගෝතමී
09. උරුවේල කාශ්‍යප මහරහතන් වහන්සේ
10. සංකිච්ච මහරහතන් වහන්සේ
11. සුප්පබුද්ධ කුෂ්ඨ රෝගියා
12. බුද්ධ දිවාකරයාණෝ
13. සුමන මල් වෙළෙන්දා
14. කාලි යක්ෂණී

● මහාමේඝ මාසික පුවත් සඟරාව

පූජ්‍ය කිරිබත්ගොඩ ඤාණානන්ද ස්වාමීන් වහන්සේ විසින් සරල සිංහලට පරිවර්තනය කරන ලද ත්‍රිපිටක පොත් වහන්සේලා ඇතුළුව සියලුම සදහම් ග්‍රන්ථ, ධර්ම දේශනා කැසට් පට සහ සංයුක්ත තැටි ලබාගැනීමට විමසන්න....

ත්‍රිපිටක සදහම් පොත් මැදුර

කොළඹ : ☎0114 255 987, 077 47 47 161
thripitakasadahambooks@gmail.com

පොල්ගහවෙල : ☎037 4942069, 0773 216685
info@mahameghapublishers.com